KB172840

치열했던 12인의 대학 입시 이야기

# 공부라는 여정

치열했던 12인의 대학 입시 이야기

# 공부라는 여정

유청훈 · 최미선 지음

좋은땅

내가 몇 년 전부터 독서에 대하여 깨달은 바가 큰데

마구잡이로 그냥 읽어 내리기만 한다면 하루에

백 번 천 번을 읽어도 읽지 않은 것과 다를 바가 없다.

무릇 독서하는 도중에 의미를 모르는 글자를 만나면 그때마다

널리 고찰하고 세밀하게 연구해서 그 근본 뿌리를 파헤쳐

글 전체를 이해할 수 있어야 한다. 날마다 이런 식으로 읽는다면

수백 가지의 책을 함께 보는 것과 같다.

이렇게 읽어야 책의 의리를 훤히 꿰뚫어 알 수 있게 되는

것이니 이 점 깊이 명심해라.

– 다산 정약용 –

　　위의 글은 우리에게도 잘 알려진 조선 후기 실학자의 대표 격 인물이자 해당 시대를 대표하는 천재 중 한 명인 다산 정약용 선생이 공부에 대한 자신의 철학을 말한 것입니다. 우리는 자라오면서 수없이 많은 공부와 마주칩니다. 그 공부가 학문적이든 아니든, 단순한 것이든 복잡한 것이든, 공부가 우리의 삶의 한 일부를 차지한다는 것은 부인

할 수 없는 사실입니다. 공부를 한다는 것은 모르는 것을 알아가며 체득한 지식이 자신의 일부가 되게 하는 과정입니다. 공부하는 방식은 한 가지에만 있지 않고 그 수를 헤아릴 수 없습니다. 수많은 사람이 공부에 도전해 왔고, 지금도 그리고 앞으로도 도전할 것입니다. 제가 도전이라는 단어를 쓴 이유는 공부란 일정 부분 넘어야 할 물리적, 심리적 진입 장벽이 있다고 느끼기 때문입니다. 그리고 동시에 공부는 나이, 성별, 직업 등에 상관없이 모두에게 열려 있습니다. 이 책은 수많은 공부 중에서 대학 입시에 관한 공부를 다룹니다. 한국에서 태어나 고등 교육을 받기 위해서 꼭 통과해야 할 대학 입시라는 공부의 한 영역에서 성과를 낸 12명의 학생들과 자신만의 공부법이 무엇이었는지 인터뷰를 진행하였습니다. 그리고 인터뷰의 내용을 지면으로 옮겨 이 책이 완성되었습니다.

'공부에는 왕도가 없다.'라는 격언은 한국에서 태어났으면 한 번쯤은 반드시 들어 보는 아주 고전적인 격언입니다. 기원전 5세기 무렵 기하학(오늘날의 수학)을 공부하는 데 어려워하는 페르시아의 왕 다리우스가 당시 유명한 수학자이자 '유클리드 기하학'으로도 잘 알려진 유클리드에게 기하학을 속성으로 배울 방법이 없냐고 물었다고 합니다. 유클리드는 왕에게 간결한 대답으로 왕의 질문에 답을 했다고 알려져 있습니다. 당시에 유클리드가 '공부에는 왕도가 없다.'라고 왕에게 말한 의도는 공부라는 것은 속성으로 배울 수 없다는 것이었습니다. 어느 분야든지 공부를 한다는 것은 시간을 투입하고, 노력을 투입해 자신의 것으로 만드는 과정입니다. 인터뷰에 응한 12명의 학생들이 대학 입시에서 필요한 공부를 통해 어떤 식으로 자신만의 공부법을 완성시키고 원하는 결과를 얻게 되었는지에 대한 과정이 이 책에 담겨 있습니다.

앞에서 언급한 다산 정약용 선생의 공부에 대한 철학은 하루아침에 완성된 것이 아닐 것입니다. 평생을 학문에 정진하며 수많은 학습과 그 과정에서 발생하는 수많은 고민, 그리고 시행착오를 거쳐서 완성된 축적의 산물일 것입니다. 이 책에 있는 각 학생의 공부에 대한 경험과 고민의 흔적들이 자신의 공부 방법을 개선하고 자신에게 맞는 공부법을 찾아 본인이 세운 목표를 달성하기를 원하는 모든 분들에게 도움이 되기를 소망합니다.

# 목차

# 1
# 배신당하지 않으려면 노력으로 대비하기

{ 권범진 - 충북대학교 수의예과 }

**Q. 자기소개 부탁해요.**

A. 안녕하세요. 저는 고등학교를 졸업하고 재수로 충북대학교 수의예과에 정시 일반전형으로 입학하게 된 권범진이라고 합니다.

**Q. 유년기 시절부터 공부를 좋아하였나요?**

A. 전 어렸을 때부터 공부를 그렇게 좋아하지는 않았습니다. 그냥 부모님께서 공부와 관련된 이것저것을 어릴 적부터 많이 시키셨고, 저는 그것들을 묵묵히 소화하는 아이였습니다. 공부를 좋아하지는 않았지만, 그래도 또래 친구들에 비해 공부는 조금 더 잘하는 아이였던 것으로 기억합니다.

**Q. 그렇다면 어렸을 때 하고 싶었던 것이 있었나요?**

A. 저는 의외로 꿈 많은 아이였습니다. 경찰, 판사, 지하철 기관사, 가수 등 의대를 목표로 세우기 전까지는 다양한 꿈을 꾸곤 했습니다. 지금 돌이켜 생각해 보면 세상 물정에 대해 아무것도 모르는 철없는 어린아이만이 할 수 있는 행동인 것 같습니다.

**Q. 초등학생 때에 중고등학교 과정 선행 학습은 얼마나 진행하였나요?**

A. 특히 수학을 중점적으로 선행 학습을 진행했습니다. 아시다시피 수학이 매우 중요한 과목이기 때문에 부모님께서 더 집중적으로 시키신 것도 있지만, 제가 수학을 어렸을 때부터 좋아했기 때문에 수학만큼은 남들보다 더 잘하고 싶다는 의지가 가장 크게 작용한 것 같습니다. 대략 초등학교 3학년 때부터 다니던 수학 학원에서 선행 학습을 시작하여 매년 약 세 학년 위의 과정을 선행 학습하였고, 초등학교를 졸업할 때 즈음에는 고등학교 수1, 수2(現 수(상), 수(하)) 과정까지 모두 마쳤던 것으로 기억합니다.

**Q. 선행 학습할 때 어렵다고 느끼진 않았나요?**

A. 어렵지 않았다고 말하면 거짓말입니다. 아무리 수학을 좋아한다고 해도 초등학생 때에 중·고등학교 수학을 미리 배우는 것이 쉽지는 않았습니다. 그래도 그 전까지는 제 스스로가 공부를 잘한다고 믿어 왔었는데, 처음 해당 과정을 배울 때에 학원에서 치른 시험에서 여태껏

받아 보지 못했던 점수를 받고 좌절하여 운 적도 많이 있었습니다.

그래서 저는 한 번에 두 과정을 들었습니다. 제가 다니던 학원은 한 학기가 3개월로 운영되었고, 학기 단위로 배우는 과정이 바뀌었습니다. 각 학기마다 두 과정씩 진도를 나가면서 부족한 과목만 다음 학기에 다시 듣는 방식으로 학습을 진행하였습니다. 이를테면, 중2 1학기, 2학기 과정을 나갔는데, 전자는 통과했지만 후자는 부족하다면 다음 학기 때 중2 2학기, 중3 1학기 과정을 진행하는 방식으로 부족한 과목은 다시 공부하고, 그와 동시에 새 과정을 진행하는 방식으로 진도를 빠르게 뺐습니다. 매 학기 진행하면서 느낀 점은 처음에는 버겁게 느껴졌던 과정도 반복 학습을 통해 서서히 익숙해지면서 쉽게 느껴지기 시작했다는 것입니다.

지금 생각해 보면 많은 학습량과 그에 따른 충분한 반복 학습이 따라 주었기 때문에 빠르게 선행 학습을 진행할 수 있었던 것 같습니다.

## Q. 그렇다면 수학 이외의 과목은 선행 학습을 하지 않았나요?

**A.** 수학과 더불어 영어도 선행 학습을 진행하였습니다. 초등학생 시절에는 어학원에 다니면서 회화, 듣기, 어휘 등 영어에 대한 기본적인 감각을 익히는 것 위주로 공부하였고, 중학생 때부터 문법, 독해 등 본격적으로 입시 영어를 공부하면서 궁극적으로 내신, 수능 영어를 위한 대비를 하였습니다.

그 이외에 국어와 과학은 딱히 선행 학습을 했던 기억이 나지 않습니다. 국어는 그때까지만 하더라도 크게 중요한 과목이라 생각하지 않았고, 제가 어릴 때부터 이과 성향이 강했기 때문에 과학은 중학교에 입학한 후 학교 수업을 잘 따라가기만 해도 무리가 없을 것이라고 판단해 선행 학습을 진행하지 않았던 것으로 기억합니다.

**Q. 중학교 생활은 어떠했나요? 처음부터 잘했나요?**

**A.** 중학교 생활이 처음부터 순탄치만은 않았습니다. 아무래도 초등학교 공부와 다른 중학교 공부에 처음에는 적응하지 못했던 것 같습니다. 수학, 영어, 그리고 과학은 곧잘 하였습니다. 그동안 해 온 것들이 있었기 때문에 특히 수학, 영어에서 빛을 봤던 것 같습니다. 자랑을 조금만 하자면 수학 실력은 중학교 3년 내내 공부를 안 하고 100점을 맞을 정도였습니다.

하지만 그 외의 과목에서 어려움을 겪었습니다. 특히, 사회나 도덕 등의 문과 과목에서 애를 먹었던 것 같습니다. 앞서 언급했던 초등학생 때 중학교 수학 선행 학습에서 좌절을 맛보았던 것처럼 중학교 첫 지필평가에서 초등학생 때 받아 보지 못한 점수로 인해 또다시 좌절을 맛보아야 했습니다.

**Q. 그렇다면 중학교에 입학하고 나서는 공부에 대한 의지가 생겼나요?**

**A.** 중학생 시절은 '명문 고등학교 진학' 그리고 최종적으로 '의대 진학'이라는 목표가 생기던 시기였습니다. 부모님, 선생님, 그리고 주변의

지인분들께서 상산고등학교, 한일고등학교 등의 명문 고등학교 진학에 대한 중요성을 이야기해 주시면서 저 또한 그런 명문 고등학교에 진학해서 '의대 진학'이라는 꿈을 이루어야겠다는 생각이 들었습니다. 초등학생 때와는 달리 명시적인 목표가 설정이 되니 공부에 대한 의지가 생겼던 것 같습니다.

하지만, 지금 와서 생각해 보면 의지가 그렇게 컸던 것은 아니었습니다. 당시의 저는 지방대 의대가 서울대보다 합격 커트라인이 높다는 것도 몰랐고, 명문 고등학교 진학도 너무 막연하게 느껴지던 그냥 세상 물정 모르던 순진한 중학생이었습니다. 확고한 목표를 향한 의지에 불타 공부에 매진하는 학생은 아니었습니다.

**Q. 그렇다면 중학생 때 1학년 시기를 제외하고는 공부를 곧잘 했나요?**

**A.** 그렇습니다. 중학교 1학년 때 학교 공부의 쓴맛을 맛보면서 저는 제 공부에 문제가 있었다는 것을 깨달았습니다. 우선 대표적으로 수업 시간에 해당 과목 선생님께서 강조하신 내용이나 따로 필기하신 내용의 중요성을 알지 못했다는 것입니다. 지필평가 문제는 결국 해당 과목의 학교 선생님께서 출제하시기 때문에 수업 시간에 선생님께서 특히 강조하신 내용이 출제될 가능성이 높다는 사실을 간과한 채 저는 오로지 자습서와 문제집만 몇 바퀴 돌리는 식으로 공부했습니다.

중학교 1학년이 끝날 때까지만 하더라도 수업 시간에 배운 내용만으로 공부했을 때 어느 정도 성적이 나왔기 때문에 선행 학습이 필요 없다고 생각하였지만 2학년에 들어서서 국어에, 특히 문학에 발목을 잡히게 되었습니다. 문학 개념과 문학 지문에 대한 올바른 접근법의 부재로 인해 문학 문제를 푸는 데에 애를 많이 먹었습니다. 그 결과 2학년 1학기 중간고사에서 73점이라는 제가 그동안 받은 점수 중 가장 낮은 점수를 받았습니다. 그 때부터 저는 국어 학원에 다니면서 국어의 개념 및 기본부터 차근차근 다지기 시작했습니다. 어느 정도 기본 실력이 쌓이고 나니 그것을 바탕으로 조금 더 심화된 문제를 푸는 것도 중학교 교과과정상에서는 크게 무리가 없었던 것 같습니다. 이를 바탕으로 2학년 2학기 때부터 본격적으로 고득점을 회복할 수 있었던 것 같습니다.

## Q. 중학교 졸업이 가까워질 당시 고등학교를 선택하는 기준은 무엇이었나요?

A. 앞서 말씀드렸듯이 저는 중학생 때부터 의대 진학을 목표로 두었기 때문에 부모님께서는 최대한 수준 높은 고등학교에 진학하여 학생부종합전형을 노려보자고 하셨습니다. 제가 그때까지 해 온 선행 학습, 반복 학습이 있기 때문에 수준 높은 고등학교에서도 내신을 잘 딸 수 있을 것이라고 하셨습니다.

저희 때부터 자사고, 특목고 등이 인문계 고등학교와 마찬가지로 후기 선발 학교로 전환되었습니다. 따라서 자사고에 지원했다가 불합격했을 시에 미달이 난 고등학교에 찾아갈 수밖에 없는 상황이었습니다.

제 내신 성적으로는 자사고 지원은 무리라고 생각하여 일찌감치 포기하였고, 대신에 인문계 고등학교 중 수준이 높은 고등학교로 지원하기로 마음먹었습니다.

제가 사는 지역은 비평준화 지역으로 내신 성적으로 해당 고등학교의 합·불 여부를 가리는 방식입니다. 저희 지역에 가장 수준이 높은 고등학교로는 모 자율형 공립 고등학교 하나와 모 일반계 사립 고등학교가 있습니다. 저는 처음에는 면학 분위기, 기숙사, 실적 등을 모두 고려하여 그중 후자에 진학하기를 희망하였습니다. 하지만 제 내신 점수로는 해당 학교로 진학할 수 없었고, 결국 그보다 한 단계 아래 학교인 고등학교에 진학하게 된 것입니다.

**Q. 해당 고등학교는 지역에서 수준이 높은 학교인데, 그럼 진학이 확정되었을 때의 마음가짐은 무엇이었나요?**

A. 솔직히 말씀드리자면 저는 입학 날까지도 정신을 못 차렸습니다. 수준 높은 고등학교라 거기에 진학한 학생들은 모두 중학교 때 공부 잘했다는 것은 당시의 저도 너무나도 잘 알고 있었습니다. 그렇기에 저도 무언가를 준비해야겠다는 생각을 안 한 것은 아니지만 그때까지만 하더라도 고등학교 생활이 막연하게 느껴지고, 공부에 대한 의지가 그렇게 크지도 않았기 때문에 다니는 학원만 열심히 다니는 정도였던 것 같습니다.

당시 모의고사를 보면 그래도 수학은 그동안 해 온 것이 있었기 때문에 틀리는 문제 수는 많아야 한 개였습니다. 하지만 영어 실력은 처참했습니다. 예비 고1이던 해 2019학년도 수능을 학원에서 풀어 보았을 때 4등급이 나오더군요. 국어 또한 앞서 언급했듯이 중학교 문제가 풀릴 정도로는 올렸지만 고등학교 국어 지문을 쉽게 소화할 수 있을 정도는 아니었습니다. 게다가 그 당시에는 수능에서 국어가 중요한 과목인지도 몰랐었습니다.

지금 돌이켜 생각해 보면 그 당시 저는 수학만 좋아하고 다른 과목에는 크게 관심이 없던 아이였습니다. 중학교 졸업 전에 비하면 공부에 대한 의지가 커진 것은 사실이었으나 그것만으로 고등학교 공부를 따라가기에는 역부족이었습니다.

### Q. 하지만 고등학교에 진학해서는 처음부터 잘했던 것으로 기억하는데 입학 후 마음가짐이 바뀐 것인가요?

A. 그렇습니다. 마음가짐이 바뀌게 된 가장 큰 이유는 환경이었던 것 같습니다. 제가 처음 고등학교에 진학했을 때 친구들을 사귀게 되었고, 자연스레 중학교 내신 성적도 공유하게 되었습니다. 그런데 주변 친구들과 내신 성적을 비교해 보니 저보다 성적이 낮은 친구가 단 한 명도 없더군요. 게다가 다들 중학교 때 공부를 잘했던 친구들이다 보니 공부에 대한 열의도 상당했습니다. 그때 제가 깨달았습니다. '아! 내가 이 학교에서 살아남으려면 지금까지 해 오던 공부로는 택도 없겠구나! 앞으로 진짜 열심히 해야겠다!' 그때부터 속된 말로 미친 듯이

공부하기 시작했던 것 같습니다.

또 다른 이유는 기숙사입니다. 제가 다니던 고등학교는 희망자에 한해서 성적순으로 기숙사생을 모집하였습니다. 제가 운 좋게 입학과 동시에 기숙사에 들어갈 수 있었고, 자연스레 면학 분위기가 형성된 곳에서 저 또한 분위기에 맞추어 열심히 공부할 수 있게 되었습니다.

**Q. 고등학교에 입학해서 첫 시험을 준비하는 과정은 어떠했나요?**
**A.** 중학교 입학 후 처음 1년에 좌절을 맛보았던 기억을 되살려서 기본에 충실하겠다는 생각으로 공부하였습니다. 우선 학교 수업을 열심히 들었고, 각 교과별 선생님께서 강조하셨거나 따로 필기해 주셨던 내용을 절대로 빼놓지 않고 필기한 후 복습하였으며, 그 외에 수업에서 다루었던 내용들도 자습 시간을 이용해 제 것으로 만들었습니다.

학교 수업 내용을 완벽하게 이해하고 다지는 것을 일차적으로 한 후, 학원 수업을 통해 심화 학습을 하고 자습 시간을 이용해 복습하는 식으로 공부하였습니다.

각 과목별로 세부적으로 말씀드리자면, 먼저 수학은 그동안 해 온 것이 있기 때문에 수업 시간에 풀었던 문제들과 유인물, 그리고 추가적으로 참고서에 있는 문제들만 풀어 보아도 성적은 꽤 괜찮게 나올 수 있었습니다. 국어, 영어와 같은 언어 과목들은 각 지문에서 선생님께서 강조하셨던 부분, 이를테면 국어 문학 지문에서는 정서 표현이나 형식상의 표현, 영어에서는 중요 문법이나 주제문 등을 중심으로 하여 지문들을 몇 번씩 반복 학습하였습니다. 그 외의 과학, 사회 등의 과목은 내신 시험의 특성상 세부적이고 흔히 말하는 지엽적인 내용도 얼마든지 출제가 가능하다는 것을 염두에 두고 시험 범위 내의 배용을 꼼꼼하게 몇 번씩 반복 학습하는 형식으로 공부하였습니다.

## Q. 고등학교 하루 일과가 어떻게 되었나요?

**A.** 주중에 저의 하루 일과는 다음과 같습니다. 06시 30분 기상 및 아침 점호, 07시~7시 30분 아침 식사, 08시~09시 등교 및 오전 자습, 09시~17시 학교 수업, 17시~18시 오후 자습, 18시~19시 저녁 식사, 19시~23시 40분 기숙사로 이동 및 야간 자습, 00시~6시 30분 취침.

주말은 국·영·수·과학 학원을 다니면서 보냈습니다. 이때에는 자습은 거의 하지 않았던 것으로 기억합니다. 앞서 말씀드렸듯이 저는 기숙사 생활을 하였기 때문에 주중에는 학원을 다닐 수 없었고 수업이 없는 거의 모든 시간은 자습으로 활용하였습니다. 그래서 저는 주말을 학원 수업을 통해 교과 내용을 심화적으로 배울 수 있는 시간으로 활용하였고, 그 외의 시간은 일주일 내내 바쁘게 움직인 제게 내리는 보상 시간으로 활용하였습니다.

## Q. 그렇다면 첫 지필평가 성적은 어떠하였나요?

**A.** 우선 성적부터 말씀드리자면 이와 같았습니다. 국어 95.5점(1등급), 수학 77점(2등급), 영어 90점(1등급), 통합과학 92점(4등급).

제가 이과 성향이었기 때문에 시험 전에는 출제 과목 4개 중 수학, 과학이 자신 있는 과목이었지만, 아이러니하게도 첫 시험은 국어, 영어를 잘 보았고, 수학, 과학을 못 보았습니다. 아무래도 저희 학교가 수준이 높다 보니 저와 같이 수학에 강점을 가지고 있는 친구들이 많았던 것 같고, 첫 시험이라는 긴장감 또한 크게 작용하였습니다. 통합과학은 시험 난이도가 쉬웠는데 제가 몇 문제를 실수로 틀리는 바람에 등급이 확 떨어졌던 것으로 기억합니다.

당연히 저는 이 결과에 만족할 수 없었습니다. 이 시험을 통해 저희 학교 학생들의 수준을 잘 파악할 수 있었고, 이를 넘기 위해서 그보다 더 큰 노력이 필요하다는 것 또한 깨닫게 되었습니다. 또한, 시험 중 실수를 하였을 때 나타나는 단 몇 점의 감점을 통해 등급이 이렇게나 떨어질 수 있다는 것을 체감하게 되었고, 실수를 줄이려는 노력 또한 병행하게 되었습니다.

**Q. 중간고사 때 배운 점이 많군요. 그렇다면 바로 다음 기말고사는 잘 보았나요?**

A. 그렇습니다. 저는 그 기말고사를 준비하던 시기를 제 고등학교 3년 생활 동안 가장 열심히 준비하던 시기로 기억합니다. 이 당시에는 수업을 제외한 거의 모든 시간을 자습 시간으로 활용하였고, 시험 기간 3주 전부터는 거의 매일 기숙사에서 연장 학습을 신청하여 끝까지 공부하였습니다.

그렇게 고등학교 1학년 1학기 최종 내신 평점은 1.33이 나왔습니다. 사실 아쉬움이 많이 남았습니다. 무엇보다 당시 수학 최종 등급은 2등급 중 1등이었고, 기말고사 수학에서 실수로 두 개를 틀렸었기 때문에 더욱더 아쉬움이 남을 수밖에 없었습니다. 그렇지만 해당 학기 생활을 통해서 의지를 가지고 열심히 공부하였기 때문에 후회가 남지 않는다는 것을 깨달았고, 앞으로도 남은 학기 동안에도 그때와 같은 마음가짐으로 공부한다면 이와 같은, 또는 이보다 더 높은 점수를 받아 학생부종합전형으로 의대에 합격할 수 있을 것이라는 희망 또한 가질 수 있었습니다.

**Q. 첫 학기가 끝나고 난 후 여름 방학 동안에는 어떻게 지냈나요?**

A. 1학년 여름 방학 때에도 학기 중과 다름없이 주중에는 기숙사 생활을 하였습니다. 학기 중과는 달리 방학 중에는 학교 수업이 없었기 때문에 해당 시간은 모두 자습 시간으로 바뀌었습니다. 대신 오전 시간에 한해서 학원 수업을 듣는 것을 허가해 주었기 때문에 저는 오전에는 학원 수업을 듣고, 오후에는 식사 시간을 제외한 모든 시간을 자습하는 데에 사용했습니다. 당시 저의 주중 하루 순 공부 시간은 약 8~9시간 정도 되었던 것으로 기억합니다. 주말에는 학기 중과 다름없이 학원에 다니고 남은 시간은 제게 주는 보상과 같은 휴식 시간으로 사용하였습니다.

그리고 학기 중에는 당장 앞에 있는 지필평가가 가장 중요했기 때문에 주로 듣는 학원 수업이 내신 대비 위주였다면 방학 중에는 모의고사 및 수능 대비 위주의 수업이었습니다.

수학은 그 당시 남은 진도를 마저 빼는 수업으로 진행하였습니다. 과학 또한 2, 3학년 내신 및 향후 수능까지 대비하여 물리학1, 화학1 등의 과목의 선행 학습을 본격적으로 진행하였습니다. 대부분의 대학에서 내신이든 수능이든 수학의 반영 비율이 가장 높기 때문에 방학 중에도 수학을 가장 집중적으로 공부했던 것으로 기억합니다.

가장 차이가 났던 것은 국어, 영어 등의 언어 과목입니다. 국어와 영어는 내신과 수능에 있어서 가장 큰 차이점이 지문의 내용을 원래 알고 있었는지의 여부라고 생각합니다. 내신 시험은 주로 수업 시간에 다루었던 지문 위주로 출제하기 때문에 지문을 꼼꼼하게 정리하는 위주로 수업을 들었다면, 수능 시험은 처음 보는 지문을 수험생이 올바르게 사고하고 독해할 수 있는지를 평가하는 시험이기 때문에 독해력을 높이고 부족한 개념을 정리하는 방식의 수업을 들었습니다.

사실 이러한 생활은 1학년 여름 방학 때만의 생활은 아니었습니다. 그이후 네 차례의 방학 때에도 코로나19로 인해 기숙사 생활을 하지 못했던 것만 제외하면 학원에서 들었던 수업 내용과 생활 패턴은 모두 동일했던 것으로 기억합니다.

**Q. 여름 방학이 끝난 후 2학기 생활은 어떠했나요? 성적은 그대로 유지되었나요?**

A. 2학기 생활이 1학기 때와는 크게 다른 점은 없었습니다. 주중과 주말의 생활 루틴, 수업 내용, 공부 방법 및 습관 등은 1학기 때와 모두 동일했던 것으로 기억합니다. 다만 성적은 1학년 때에 비해 떨어졌습니다. 수학은 1등급으로 올라갔지만, 국어, 영어 등의 과목에서 성적이 떨어졌기 때문입니다. 최종적으로 1학년 2학기 내신 평점은 1.67이 나왔고 1학년 최종 내신 평점은 1.5로 마무리되었습니다.

하지만 2학기는 1학기와는 다르게 미련이 남지는 않았던 것으로 기억합니다. 이때에는 시험 중 실수한 기억도 없었고, 1학기 때와 마찬가지로 최선을 다해서 공부했었기 때문에 크게 그때의 생활을 후회하거나 그러진 않았던 것으로 기억합니다.


**Q. 1학년을 마치고 2, 3학년 때에는 어떠했나요?**

A. 솔직하게 말씀드리자면 제 공부 루틴이 깨지기 시작한 지점이 2학년 시작 당시라고 생각합니다. 제가 2학년 때 코로나19가 본격적으로 확산되기 시작하여 5월 말까지 등교하지 못하고 집에서만 생활하였고 그 후에도 2학년은 격주 등교를 실시하였습니다. 그렇게 학교가 운영되다 보니 공부 분위기를 제대로 잡을 수가 없었습니다. 저도 나름대로 집에서 혹은 집 근처 독서실에서 제대로 해 보려고 노력하였지만, 학교 기숙사만큼의 분위기를 낼 순 없었습니다. 그렇게 공부 루틴이

깨지며 내신 점수도 떨어지기 시작하였고, 결국 1학년 말 1.5였던 내신 평점은 3학년 1학기 말 1.67까지 떨어졌습니다.

## Q. 3학년 때 수시로 어떤 대학교에 지원하였나요?

A. 저는 우선 의대만을 목표로 했기 때문에 수시 6장을 모두 의대로 지원하였습니다. 의대로 경희대학교 학생부종합, 아주대학교 학생부종합, 건양대학교 학생부교과, 건국대학교 글로컬캠퍼스 학생부종합, 계명대학교 학생부교과, 대구가톨릭대학교 학생부교과, 이렇게 여섯 군데에 지원하였습니다. 사실 이 당시에는 재수를 굉장히 쉽게 생각하였기 때문에 '되면 되고, 안 되면 재수하고.'라는 생각으로 모두 의대에 원서를 제출하였던 것 같습니다. 그렇게 6개 대학 모두 1차도 통과하지 못하고 떨어졌습니다. 지금 생각해 보면 아무리 저희 학교가 동네에서 수준이 높은 고등학교라고 하더라도 이 정도 내신 가지고 수시 학생부교과나 종합 전형으로 의대에 붙으려고 했던 것은 너무 무리였던 것 같습니다.

## Q. 그럼 남은 건 정시였을 텐데 현역 때 수능은 잘 보았나요?

A. 예상하셨겠지만 당연히 망쳤습니다. 앞서 말씀드렸다시피 전 2학년 때부터 공부 루틴이 깨지기 시작하였고, 수능까지 더 심해졌습니다. 지금 생각해 보면 체력 문제였던 것 같습니다. 2년 동안 대입을 위해 앞만 보고 뛰어오다 보니 심적으로나 육체적으로나 많이 지쳐 있었

고, 그에 따라 공부 의지도 많이 꺾여 있었던 것 같습니다. 당연히 공부가 잘될 리가 없었고 수능도 보기 좋게 망쳤습니다. 수능 이틀 후 가채점을 한 후 바로 재수학원을 알아보았습니다.

사실 이미 예견된 수순이었습니다. 수능 전까지 치렀던 평가원 모의고사에서도 의대는 고사하고 서·성·한도 갈까 말까한 점수가 나왔었는데 그때의 저는 '모의고사는 망쳤지만 수능은 분명히 잘 볼 거야!'라는 무모한 자신감에 차서 공부도 제대로 안 하였습니다. 당연히 수능 점수가 잘 나올 리가 없었습니다.

### Q. 재수를 결정하게 되었을 때 기분이 어떠하였나요?

**A.** 처음 재수를 결정하였을 때에는 사실 실감이 나진 않았습니다. 현역 때에는 저도 그렇고 주변의 친구들도 그렇고 말로만 재수하겠다는 말을 많이 하였습니다. 하지만 그건 말뿐이었고 실제로 그렇게 될 것이라고는 생각을 한 적이 없었던 것 같습니다. 그런데 막상 진짜로 재수를 결정하게 되니 처음에는 현실을 부정하게 되었던 것 같습니다. 그리고 우선 기숙학원에 들어가기로 결정하였습니다. 앞서 제가 언급했듯이 2학년 때 코로나 팬데믹이 시작되어 등교할 수 없게 되면서 공부가 잘되는 환경이 조성되기가 어려웠고, 그것이 공부 루틴이 망가지는 시발점이 되었다고 생각합니다. 더욱이 3학년 여름 방학 때 서울의 모 재수종합학원에서 시행하던 써머스쿨을 들었던 경험이 있는데, 그때에도 기숙사 생활만큼의 효과를 볼 수는 없었습니다. 물론 이것은

사람마다 다르겠지만, 개인적으로 재수는 반드시 기숙학원에서 해야겠다고 생각했습니다.

또한, 저는 '내 인생에서 대학 입시는 이번이 마지막이다.'라는 생각으로 임하기로 결심했습니다. 현역 때 재수를 염두에 두고 공부를 하였기 때문에 수능을 망쳤다고 생각했습니다. 따라서 재수를 할 때에는 삼수 따위는 생각하지 않고 반드시 이번에 끝내야겠다는 생각으로 공부할 것이라고 다짐했습니다.

### Q. 재수학원에 처음 들어갔을 때의 기분은 어떠하였나요?

A. 재수 기숙학원과 학교 기숙사 생활은 차원이 다르다는 것을 깨달았습니다. 우선 일주일에 한 번 휴가가 아닌 한 달에 한 번 휴가(그마저도 코로나19로 인해 취소된 적도 있습니다.)가 허용되었고, 휴대전화는 고사하고 교재 구매 등의 목적 외에는 인터넷 사용 자체가 불가하였습니다. 또한 현역 때와 재수 당시의 대입에 대한 압박감 또한 차원이 달랐습니다. 현역 때 실패하면 재수지만, 재수 때 실패하면 꼼짝없이 삼수생이 되기 때문이죠.

현역 때 열심히 공부하지 않은 것에 대한 후회와 함께 남은 기간 동안 매일매일 이렇게 생활해야 한다는 것에 대한 막막함이 함께 밀려왔던 것 같습니다. 이러한 점들 때문에 처음 약 2주 동안은 학원 생활에 적응하는 것이 매우 힘들었습니다.

**Q. 재수하면서 힘들었던 점은 무엇인가요?**

A. 아무래도 정해진 시간에 일찍 일어나야 한다는 점, 그리고 자유가 없다는 점, 앞서 말씀드렸듯이 정해진 용도 외의 인터넷 사용 자체가 불가능하고 학원이 정해 준 틀 내에서 밥 먹고 공부하고 수업 듣는 생활을 반복해야 한다는 점이 힘들었습니다. 하지만 무엇보다도 제일 힘들었던 점은 압박감입니다. 이 힘든 생활을 제대로 보내지 않으면 처음부터 다시 시작해야 한다는 생각, 시험에서 성적이 안 나오거나 작게는 문제가 안 풀릴 때 '삼수하면 어떡하지.'라는 걱정, 이러한 압박감 때문에 가장 스트레스를 받았던 것 같습니다. 하지만 아이러니하게도 그것이 저의 재수 생활에 있어서 열심히 하려는 의지를 북돋았던, 가장 큰 원동력이 되었다고 생각했습니다. 이러한 압박감이 없었다면 저는 현역 때와 마찬가지로 내년을 염두에 두며 공부하였을 것이고, 재수 또한 실패로 끝났을 것입니다.

**Q. 재수를 하면서 장수생 선배들도 많이 보았을 텐데, 그 분들을 보면 무슨 생각이 들던 가요?**

A. 솔직히 말씀드리면 제일 먼저 드는 생각은 측은지심이었습니다. 아무래도 고등학교 생활을 포함하면 다들 5년 넘게 대학 입시를 위해 자유를 뺏긴 채 하루에 10여 시간씩 공부하는 모습이 같은 수험생으로서 짠하다는 생각이 들었습니다. 하지만 그다음에 드는 생각은 위기감이었습니다. 그 분들을 보면서 저 또한 까딱하면 이듬해에 그렇게 될 수

있다는 점을 절대로 빼놓고 생각할 수 없습니다. 그래서 저는 재수 생활 내내 장수생 선배들을 보며 스스로를 더욱더 채찍질할 수 있는 기회로 삼으려고 노력을 많이 했습니다.

## Q. 재수를 하면서 가장 힘들었던 과목이 무엇인가요?

A. 국어입니다. 우선, 최근 바뀐 평가원의 국어 영역 출제 경향 때문입니다. 기존에는 최상위권 학생들을 변별할 수 있는 수단이 영어 영역이었다면, 최근에는 영어 영역이 절대평가로 전환되면서 최후에 남은 과목이 국어다 보니 평가원에서는 국어 영역의 난이도를 높일 수밖에 없게 되었습니다. 또한, 기존의 난이도를 높이는 방식이 지문의 길이를 늘리는 것이었다면, 최근에는 지문의 길이를 줄이는 대신 정보의 밀도를 높이고 내용을 짜임새 있게 출제하여 학생들의 더 근본적이고 본질적인 독해력을 요구하는 것으로 바뀌는 추세입니다. 이로 인해 원래부터 언어 영역에 약점을 가지고 있던 저는 기본적인 독해 요령이나 개념이 잘 다져져 있지 않은 상태에서 더 애를 먹을 수밖에 없었습니다.

또한, 공부 방법의 문제 때문입니다. 앞서 언급했듯이 바뀐 출제 경향 때문에 본질적으로 하는 공부가 필요하다고 선생님께서는 항상 강조하셨는데, 저로서는 너무 뜬구름 잡는 소리로 들렸었고, 제대로 된 공부 방법을 몰라 6월 평가원 모의고사 때까지 현역 때 했던 것처럼 문제 푸는 양으로만 승부하려고 하였습니다. 그 결과 6월 모의평가에서 현역 때와 비교해 전혀 나아지지 않은 성적(3등급)을 받아 좌절하기도 하였습니다.

## Q. 그렇다면 그렇게 힘들어 하던 국어 영역을 어떻게 극복하였나요?

**A.** 결론부터 말씀드리면 지문 정리입니다. 6월 모의평가 직후 수업에서 문학 선생님께서 학급 전체 상담 중 하신 말씀이 있습니다. "평가원 모의고사 및 수능 국어는 이렇게 굵직한 것들이나 중요한 것들을 묻는 시험이다. 세부적이고 지엽적인 것들 위주로 묻는 사설 모의고사들과는 차원이 다르다. 이 시험에서 고득점을 받으려면 기출 분석 및 지문 정리가 정말 중요하다. 많은 학생들을 보면 기출 분석이 지문을 단순히 읽고 문제를 푸는 것이라고 착각하는 것 같다. 그렇게 양으로만 승부하면 나중에 그 지문을 다시 보았을 때 내용이 기억나지만 틀렸던 문제는 또 틀리는 상황이 벌어진다. 그렇다면 그 전에 그 지문을 공부하였을 때 얻은 것이 무엇이냐? 시간만 날린 꼴이 되어 버린 것이다. 지금이라도 늦지 않았으니 기출 분석 시 지문 정리하는 연습을 반드시 하길 바란다. 공부할 때 제일 느리게 가는 학생이 수능장에서 제일 빨리 간다."

문학 선생님의 이러한 말씀을 듣고 그동안 지문과 문제 수로만 승부하려던 저의 공부 방법이 잘못되었음을 깨달았고, 공부 방법을 완전히 바꾸게 되었습니다. '지문 정리'에 맞추어 기출 분석을 다음과 같은 순서로 진행하였습니다.

## 〈독서〉

1. 지문을 읽기 전 단락을 끊는다.

2. 도입부를 자세하게 읽으며 글의 화제, 전제, 앞으로의 전개 방향 등을 파악한다. (도입부가 글 전체를 파악하는 데의 매우 중요한 열쇠입니다.)

3. 단락별로 소통하며 빠르게 글을 읽고 문제를 푼다. (제한 시간은 {(문제 수)×2}분)

4. 채점을 한다. (다만 기출 분석 시 저에게 문제를 맞혔는지 여부는 중요한 요소가 아니었습니다.)

5. 각 단락별 핵심 내용 및 핵심 문장을 파악한다.

6. 글의 전개 방법을 파악하며 2번의 도입부 독해를 통해 파악한 전개 방향과 일치하는지 비교한다. (5~6번 과정을 진행할 때에는 노트 및 연습장을 이용하여 정리하였습니다.)

7. 문제와 선지의 내용들을 보며 글의 핵심 내용과 어떻게 연결이 되는지 파악한다. (앞서 언급했듯이 평가원 국어 시험은 핵심 내용들을 위주로 묻는 시험이기 때문에 넣은 과정입니다.)

8. 그래도 미심쩍은 부분들이 있다면 선생님께 질문을 하여 해결한다.

## 〈문학〉

1. 〈보기〉를 읽고 해당 작품의 내용 및 형식을 파악한다.

2. 작품을 읽으며 주제, 화자의 정서 등을 파악한다. 이 때, 문학은 인간에 대한 학문이므로 문학 작품은 모두 인간의 마음이나 상황 등을 설명하고 있다는 점을 염두에 두자.

3. 문제를 풀고 채점한다. (제한 시간은 {(문제 수) + 1}분)

4. 각 작품들을 다시 읽으며 화자(시) 및 인물(소설)이 어떤 인물, 사물, 또는 상황에 어떠한 정서를 보이고 있는지 다시 파악한다. (이 때, 꼼꼼히 할 필요는 없습니다. 말씀드렸듯이 수능은 핵심을 묻는 시험이기 때문에 고등학생 입장에서 해당 작품을 처음 접했을 때 파악할 수 있는 핵심적인 내용들만 출제하기 때문입니다.)

5. 각 문제와 선지들을 작품과 연결해 보며 출제자가 해당 지문 세트를 통해 물어보려고 했던 내용과 내가 파악한 핵심 내용이 일치하는지 비교해 본다. (이때, 선지의 내용이 주요 정보인지, 지엽적인 것인지도 파악해 보면 좋습니다. 수능 시험에서 답은 99.9% 핵심 내용으로만 출제되기 때문입니다.)

6. 그래도 미심쩍은 부분들이 있으면 선생님께 질문을 하여 해결한다.

대강 말씀 드리자면 이런 방식입니다. 이러한 방법으로 공부하면 한 지문을 분석하는 데 문학은 약 20~30분, 독서는 약 1시간~1시간 30분 정도 소요되었던 것으로 기억합니다. 하지만, 하루에 한두 지문밖에 공부하지 못하면서도 제대로 공부했다는 성취감은 매우 컸던 것으로 기억합니다. 약 두세 달을 이와 같이 공부하니 9월 모의평가원에서 성적을 1등급까지 올릴 수 있었습니다.

**Q. 재수를 하면서 가장 크게 느낀 것은 무엇인가요?**
**A.** 이렇게 말씀드려야 할 것 같습니다. "원하는 것을 얻으려면 이 정도의 고생은 필요하다." 저는 재수 때 공부하면서 현역 시절과 비교를 정말 많이 하였던 것 같습니다. 이런 식으로 공부를 해도 의대에 가기가 어려운데, 현역 때 그것밖에 공부하지 않고서 의대에 붙을 것이라는 무모한 자신감으로 차 있었던 저 스스로가 우습고 한심하게 느껴졌던 것 같습니다.

**Q. 수능 전 일주일에는 기분이 어떠하였나요?**
**A.** 일단 떨리는 마음이 제일 컸던 것 같습니다. 지난 아홉 달 동안 대입을 위해 열심히 노력한 것을 결과로써 증명해야 하는 날이 얼마 남지 않아서 그러하였던 면도 있었고, 목표가 의대이기 때문에 한 과목이라도 못 보면 바로 삼수생이 될 수 있다는 압박감 또한 매우 컸던 것으로 기억합니다.
하지만 떨리는 마음과 함께 끝까지 최선을 다해서 남은 일주일을 후회 없이 보내야겠다는 생각도 들었습니다. 그러기 위해서 저는 남은 수업을 더 열심히 들으면서 빠진 부분을 보충하면서 구멍을 메꾸었고, 그동안 정리한 필기 노트를 다시 정독하며 배우고 공부한 내용 또한 복습하였습니다.

**Q. 그렇다면 수능 전날과 당일에는 기분이 어떠하였나요?**

A. 전날에는 부모님과 통화하고, 수험표를 배부받으며 선생님께 공지 사항을 듣고, 다음 날 수능이 끝난 후 바로 퇴사해야 했기 때문에 교재들을 버리고 짐을 정리하느라 정신은 없었습니다. 모든 일정이 끝난 후 밤에 기숙사 침대에 누우니 걱정부터 앞섰던 것 같습니다. 앞서 국어 성적을 어느 정도 올리긴 하였지만 여전히 가장 힘들어하던 과목이었기 때문에 '1교시 국어부터 망쳐 버리면 어떡하지…'라는 생각이 가장 앞섰던 것 같습니다. 또한 다음 날이 결전의 날이라고 생각하니 떨려서 잠을 제대로 청하지 못하였던 것 같습니다. 수능 당일 고사장으로 이동하기 위해 학원을 나서서 버스로 이동할 때는 지난 아홉 달 간의 생활이 주마등처럼 지나가며 만감이 교차하던 시간이었던 같습니다. 그러면서 떨지 말고 최선을 다해서 '맞출 수 있는 문제라도 다 맞고 오자.'라는 다짐으로 수능에 임하였습니다.

**Q. 수능장에서 시험을 치를 때 어떠하였나요?**

A. 솔직히 말씀드리면 전 시험을 되게 잘 봤다고 생각했습니다. 영어를 제외한 모든 과목을 시간을 남기고 다 풀었기 때문입니다. 국어와

수학은 10여 분을 남기고 다 풀었고, 탐구 두 과목은 각각 5분씩을 남기고 다 풀었습니다. 다만 영어는 못 봤다고 생각했기 때문에 영어 비중이 낮은 대학으로 지원해야겠다는 생각까지 하였습니다.

**Q. 수능을 다 치르고 나서는 기분이 어떠하였나요?**

**A.** 처음 수능장을 나설 때에는 실감이 잘 나지 않았습니다. 시험공부를 열심히 해 보신 분들은 아시겠지만 시험이 끝나면 실감이 안 나고 계속 공부하지 않으면 큰일 날 것만 같은 느낌이 들곤 합니다. 저도 수능 직후에는 그 느낌이 가장 컸던 것 같습니다. 그리고 그때부터 수시 논술을 대비하여야 했기 때문에 그 이후 두 주 동안은 실제로 정신이 없었던 것도 있습니다. 논술까지 끝난 후에는 이제 정말로 놀아도 된다는 생각에 신이 제일 났던 것 같습니다.

**Q. 수능 성적은 어떠했나요?**

**A.** 국어 백분위 96(1등급), 수학 백분위 99(1등급), 영어 원점수 88점(2등급), 물리학1 백분위 95(1등급), 지구과학 백분위 98(1등급). 이렇게 나왔습니다. 생각한 만큼 점수가 높게 나오지는 않았습니다. 수학, 물리학1 등의 과목에서 실수를 하기도 하였고, 문제를 다 푼 후 꼼꼼하게 검토하지 않았던 것도 패인이라고 생각합니다. 이 점수로는 의대는 무리라고 생각했기 때문에 수능 당일 가채점 후 바로 논술에 승부를 걸어야겠다고 생각했습니다. 물론, 논술을 포함한 수시 6장 모두 떨어졌

습니다. 아무래도 논술 자체가 경쟁률도 높고 준비 기간도 얼마 안 되
다 보니 합격하는 것이 매우 힘들었던 것 같습니다.

**Q. 수시는 전부 다 떨어졌군요. 그렇다면 정시 원서는 어디로 접수하였나요?**

A. 현역 때에는 정시로 의대를 넣고 안 되면 재수를 하겠다는 마인드
로 지원하였지만, 재수 때에는 안전하게 지원해야 했기 때문에 수능
예측 시스템을 통해 성적에 맞추어 신중하게 지원하였습니다. 그렇게
성적에 맞게 가군의 충북대학교 수의예과, 나군의 전남대학교 수의예
과, 다 군에 강릉원주대학교 치의예과에 지원하였습니다. 사실 영어
만 1등급이었으면 치의예과까지는 무난하게 붙었을 것이라고 생각하
였지만 간발의 차로 2등급이었기 때문에 수의예과까지 낮추어 지원할
수밖에 없었습니다. 그렇게 다군은 예비 86번에서 탈락하였고, 가군과
나군은 최초 합격하여 최종적으로 충북대학교 수의예과에 진학하기
로 결정하였습니다.

**Q. 어쨌든 잘 마무리했군요. 혹시 그동안 공부하면서 후회가 되는 점은
있나요?**

A. 우선은 고등학교 2, 3학년 때 공부 습관이 무너지지 않고 계속해서
열심히 했으면 어땠을까 하는 생각이 듭니다. 1학년 말까지 내신이 나
쁘지 않았고 실제로 제 고등학교 친구 중 내신이 약 1.2~1.3 정도 되는
친구가 학생부종합 전형으로 의대에 진학하였기 때문에 끝까지 열심

히 하였다면 저도 수시로 의대에 진학할 수 있지 않았을까하는 아쉬움이 드는 것은 부정할 수 없는 것 같습니다. 또한, 앞서 제가 재수 당시 6월 모의고사 이후 잘못된 공부 방법을 교정하였다고 하였는데, 재수 시작 당시부터 그것을 알아서 처음부터 그 방법대로 공부하였으면 어떠했을까 하는 생각도 듭니다. 흔히 성적은 서서히 오르는 것이 아니라 처음에는 지지부진하다가 어느 순간 갑자기 오르는 이른바 계단식으로 오른다고 알려져 있기 때문에 처음부터 올바른 방법으로 공부했으면 최고 득점까지도 바라볼 수 있었을 것 같은 아쉬움이 듭니다.

**Q. 그런 점이 아쉬운가 보군요. 어쨌든 그동안 정말 수고 많았습니다. 마지막으로 이 글을 볼 수험생들에게 해 주고 싶은 말이 있나요?**

**A.** 재수하는 동안 제가 가장 싫어하던 말이 있습니다. "노력은 배신하지 않는다." 매년 수만 명의 수험생들이 노력에 배신당합니다. 1년 내내 수능 시험만을 위해 정말 열심히 노력하고도 그들은 재수생, 삼수생이 됩니다. 그것이 노력의 문제였을까요? 아닙니다. 그것은 그들이 올바른 공부를 하지 못했기 때문입니다. 제대로 된 공부를 하지 않고 엉뚱한 공부를 하다가 수능으로부터 제대로 뒤통수를 맞은 것이죠. 제가 생각하는 대입에서의 가장 중요한 세 가지 요소는 성실성, 영리함, 운이라고 생각합니다.

우선 성실성은 말 그대로 노력을 통해 얻는 것입니다. 저는 노력을 하지 말라고 하는 것이 아닙니다. 노력한 사람들이 모두 성공하지는 않

공부라는 여정

는다는 것이지, 성공한 사람 중에 노력하지 않은 사람은 매우 드뭅니다. 아무리 좋은 머리를 가졌더라도 그것만 믿은 채 성실히 공부하지 않는다면 결코 원하는 점수를 얻을 수 없을 것입니다. 저 또한 현역 때에는 성실함이 부족해 실패의 쓴맛을 맛보아야 했습니다. 머리가 좋다면 더 적은 노력으로도 성공할 수 있겠지만, 머리가 나쁘더라도 뛰어난 노력을 통해서 얼마든지 잘 볼 수 있는 시험이 수능입니다.

다음으로 제가 강조하고 싶은 것은 영리함입니다. 많은 수험생들이 이것의 중요성을 간과한 채 공부 시간, 공부량 등의 요소만을 고려하고 헛공부만 하다가 수능을 망치는 것입니다. 영리하게 공부하기 위해서는 수능 시험이 각 과목을 통해 평가하고 싶은 것을 확실히 알고, 올바른 공부 방법을 실천해야 합니다. 그러기 위해서 학교 또는 학원 수업을 정말 잘 들어야 하고, 질문이나 상담을 통해 선생님들과 함께 잘못된 공부 방법을 교정해 나가야 합니다.

마지막으로 운입니다. 아무리 영리하게 또 열심히 공부하였다고 하더라도 시험장에서는 운 또한 따라 주어야 합니다. 앞의 두 가지를 모두 실천한 후 하늘에 맡기는 수밖에는 없습니다. 하지만 여러분이 할 수 있는 모든 것을 실천하였다면 수능 날 운이 따르지 않아 결과가 썩 좋지 않더라도 최소한 후회는 남지 않을 것입니다.

이 글은 보시는 학생 여러분 모두 제 글을 통해 조금이나마 도움을 얻으셨기를 바라면서 대학 입시에서, 더 나아가 여러분이 준비하시는 시험에서 좋은 결과를 얻을 수 있도록 저 또한 진심으로 응원하겠습니다. 앞서 언급했던 "노력은 배신하지 않는다."라는 말을 살짝 바꾸어 이하 줄이겠습니다.

배신당하지 않으려면 노력해야 한다.

# 2

# 끈기를 잃지 않는다면 당장 하고 싶은 게 없어도 괜찮아, 해야 할 것만 꾸준하게

{ 김상호 - 고려대학교 식품자원학과 }

**Q. 자기소개 부탁해요.**

A. 안녕하세요. 저는 수도권에 위치한 국제고를 졸업하고 현재 고려대학교 식품자원경제학과에 재학 중인 김상호(가명)입니다.

**Q. 어쨌든 어려서부터 공부에 흥미를 가지고 성적이 어느 정도 나왔으니까 고려대학교에 진학을 하게 되었을 텐데 어려서부터 공부를 좋아했다거나 특별한 무언가가 있었나요?**

A. 솔직히 공부를 좋아했거나 독서를 즐겨 하는 편은 아니었습니다. 애들하고 축구하고, 야구하는 것을 좋아하는 등 노는 것을 좋아하던 학생이었습니다.

**Q. 어렸을 때는 그러면 노는 것 좋아하는 해맑은 학생이었군요.**

A. 네. 학교 끝나고 집에 오면 항상 TV를 봤던 것 같습니다. 항상 스포츠 경기들을 틀어 두고 중요한 국제 대회, 국가 대항전들은 꼭 챙겨 봤습니다. 그 당시 관심이 가는 예능이나 드라마 역시 많이 시청했습니다. 부모님도 학교에서 주어지는 과제, 진행되는 수업에 있어서 뒤처지는 모습을 보이지 않는다면 크게 공부나 TV 시청과 관련해 터치하시지 않았습니다.

**Q. 그러면 본인은 무작정 놀았다기보다는 주어진 과제 등 해야 할 것은 하고 노는 학생이었나 봐요.**

A. 네, 맞습니다. 주어진 과제도 하고 학원도 빠지지 않고 가고 그랬습니다.

**Q. 그러면 초등학교 때 학원은 혹시 많이 다녔나요?**

A. 제가 초등학교 4학년 때 1년 정도 호주에 살았습니다. 그전에는 학업 관련해서는 영어 학원만 다니고 예체능 쪽으로는 피아노와 합기도, 미술 학원을 다녔습니다. 호주를 갔다 온 뒤로는 부모님께서 책을 어느 정도 접하고 논리적으로 사고하고 구술, 논술하는 능력이 필요하다고 판단을 하셔서 논술 학원에 다니게 되었습니다.

**Q. 혹시 호주는 어떤 이유로 가게 된 건가요?**

A. 앞서 말씀드렸듯이 아버지가 공부에 대한 부담을 주시지는 않았지만 영어가 들렸으면 좋겠다는 생각을 항상 가지고 계셨습니다. 읽고 쓰는 능력이 조금 부족하더라도 영어가 들리면 향후 사는 데 큰 도움이 될 것 같다고 판단하셔서 저를 호주로 보내셨습니다. 특히 고등학교를 진학했을 때 영어에 대한 대비가 잘되어 있지 않으면 그 격차를 따라잡기가 쉽지 않겠다고 판단하셨기에 그런 선택을 하셨던 것 같습니다. 호주에서는 공부를 많이 했다기보다 새로운 문화를 경험하고 한국에서처럼 학교에 다니고 놀고 그랬었습니다.

**Q. 그러면 한국에 돌아오고 나서 중학교에 진학하게 되었을 때 본인 스스로 공부를 열심히 해야겠다는 다짐이나 목표 의식이 있었나요?**

A. 전혀 아닙니다. 그냥 초등학교 때와 크게 다르지 않게 생활했습니다. 수업에 뒤처지지 않게 따라가려 했지만 그렇다고 해서 우수한 성과를 보이기 위해 크게 노력을 하는 학생은 아니었습니다.

**Q. 중학교에 진학하기 전에 선행 학습을 어느 정도 했나요?**

A. 초등학교 6학년 겨울, 그러니까 중학교 진학 직전부터 수학 학원을 다녔는데 그때 중1 과정을 미리 배운 정도였습니다.

**Q. 수학 말고 다른 과목도 학원을 다녔나요?**

A. 초등학교 때부터 다닌 논술 학원을 2학년 때까지 다니고 2학년 겨울 방학 때부터 영어 학원을 처음 다니기 시작했습니다.

**Q. 그렇다면 중학교 당시 성적은 어땠나요?**

A. 전 과목 평균 90점 정도를 받았었습니다. 근데 중학교 1학년 당시 담임 선생님께서 염려하셨던 것이 제가 좋아하는 과목, 중요하다고 생각하는 과목만 공부하려 하고 그렇지 않다고 판단되는 과목들은 경시하는 경향이 있었던 점입니다. 개인적으로 선호하거나 중요하다고 판단되는 과목과 그렇지 않은 과목 간 성취도의 차이가 크게 났었기 때문입니다. 심각할 때는 50점 아래로 맞기까지 했으니 그런 점을 염려하셨던 것 같아요.

제가 살았던 지역이 비평준화 지역이었는데 제 내신으로 고등학교를 지원했을 경우 지역 내에서 세 번째로 가는 학교도 간당간당할 점수였습니다. 졸업 당시 전교 등수도 정원이 380명 정도였는데 40등 후반이었을 정도로 크게 공부로 두각을 나타내는 학생은 아니었습니다. 선호하는 과목은 잘했지만, 전체적으로는 학업에 있어서 평범한 학생이었습니다. 물론 중학교 내내 그런 경향을 보이지는 않았고 중학교 3학년 때는 조금 다른 모습을 보였습니다. 같이 놀던 친구가 같이 다니자고 제안을 해서 영어 학원을 다니게 되었고, 학원에서 영어 실력이 나쁜 편이 아니니 특목고를 갈 생각이 있냐고 물었습니다. 마침 부모님께서도 집 근처에 국제고가 있으니 진학을 했으면 하는 바람이 있으셔서 특목고를 준비하게 되었습니다.

## Q. 특목고를 지망하기 전부터 그럼 문과를 가겠다는 생각을 갖고 있었던 건가요?

A. 아니요. 그전까지 저는 단 한 번도 문과를 가겠다는 생각을 가져 본 적이 없습니다. 중학교 때도 국어보다 수학 과목이 성취도가 더 좋은 편이었고 인문 계열 과목에 큰 흥미를 가져 본 적이 없었기에 일반 고등학교에 진학하면 성적이 어떻게 나오든 이과에서 최대한 버틸 생각을 가지고 있었습니다. 특히 그 당시 저에게 국어와 사회 같은 과목은 말도 잘해야 하고 사회적 이슈에도 관심을 가져야 하지만 수학과 과학 같은 과목은 혼자 탐구하고 공부하기를 좋아하는 제 성향상 노력하면 충분히 잘할 수 있겠다는 생각이 있어서 이과를 희망했던 것 같습니다.

## Q. 이과가 아닌 문과밖에 없는 국제고를 진학해야겠다고 생각을 바꾼 계기는 무엇인가요?

A. 처음에는 부모님께서 내심 원하셨고 학원에서도 권유를 하니 그냥 쓰겠다고 했던 것 같아요. 그래서 처음에 학교에 얘기했을 때 학년 부장 선생님을 비롯해 1학년 때부터 저를 봐 왔던 선생님들이 조금 의아해하셨어요. 국제고와 성향이 잘 맞지 않고 평소에 그렇게 학구적인

이미지를 보이지 않았아서 그런지 원서 쓰기 직전까지 의사를 계속 물어보셨습니다. 면접 직전까지도 고민을 많이 했습니다.

**Q. 그런 고민을 뒤집고 면접장에 들어가게 한 결정적인 무언가가 있었을까요?**

**A.** 사실 그전까지 준비를 해 왔는데 그걸 뒤엎고 면접장에 안 들어갈 정도로 제가 용기가 있지는 않았고요. 그리고 면접 전날에 학원에서 같이 준비를 하면서 본 한 친구가 정말 인성도 좋고 똑똑하다는 느낌을 줬었어요. 국제고에 진학하게 되면 그렇게 똑똑하고 인성도 좋은 사람들을 만날 수 있겠다는 생각이 들더라고요. 일반 고등학교에도 물론 유능한 학생들이 많겠지만 면접 준비 때 만난 학생을 보며 저런 친구들과 같은 학교에서 함께 배우고 더 성장하고 싶다는 생각이 들었습니다.

**Q. 결국 합격을 하고, 입학하기 전에 어떤 준비를 했나요?**

**A.** 영어는 당시 다니던 학원에서 토플·텝스 리스닝, 리딩 파트를 수강한 것이 전부입니다. 수학 과목은 중학교 3학년 때 그 당시 고1 과목이었던 수Ⅰ, 수Ⅱ 과목을 공부했었고 겨울방학 때 수Ⅰ 과목과 미적분Ⅰ 과목을 공부했었습니다. 사실 미적분Ⅰ은 그 당시 이해를 잘 못 했었고 그냥 한 번 내용을 훑어본다는 느낌이었습니다. 실질적으로는 1학년 1학기 과목인 수Ⅰ 과목을 집중적으로 공부를 했던 것 같아요.

아무래도 국제고다 보니 영어를 잘하는 학생은 많지만 수학을 잘하는 학생은 그다지 많지 않다고 들었고, 그중에서 수학을 잘하면 여러모로 유리할 것이라고 생각했습니다. 또한 앞서 말씀드렸듯이 제가 수학을 좋아했던 것도 있어서 영어보단 상대적으로 수학을 더 열심히 공부하고 입학을 했던 것 같습니다.

### Q. 처음 국제고에 진학했을 때 분위기는 어땠나요?

A. 설립된 지 얼마 안 된 학교다 보니 명문고로 만들겠다는 분위기가 있었던 것 같아요. 잘 따라오지 못하거나 힘들어하는 학생들을 선생님들이 보듬어 준다기보다 학생들이 따라오지 못한다면 그것은 학교 시스템이나 분위기의 문제가 아닌, 적응하지 못한 학생들의 탓이라고 하셨던 기억이 있어요. 심지어는 적응을 못하는 학생들에게 전학을 권유하는 분위기도 알게 모르게 있었습니다. 그래도 저는 좋은 친구들을 만나서 열심히 축구를 하며 초반을 잘 버텼던 것 같아요.

### Q. 그렇다면 첫 시험은 어땠어요?

A. 운이 좋게 잘 봤던 것 같아요. 사실 대부분의 학생들이 중학교 때 전교 내신이나 등수가 매우 높고, 말을 할 때도 잘한다는 느낌을 주는 학생들이 많아서 조금 걱정을 했었어요. 그런데 중간고사 전 4월 사설 모의고사를 봤는데 제 수학 점수와 등수가 낮은 편이 아니었고, 중간고사 시험으로만 내신 등급 산출을 했을 때 그렇게 나쁜 내신은 아니

어서 다행이라는 생각이 들었습니다.

## Q. 그럼 학업적으로 뒤처지지 않았다는 거네요.

**A.** 하지만 1학기 때만 그랬지 2학기 때는 팔을 다치면서 공부에 대한 의지가 바닥을 기던 상황이어서 공부를 거의 하지 않았던 것 같아요. 비 오는 날 기숙사에서 수업하는 건물로 가는 길에 뛰다가 넘어졌거든요. 손을 잘못 짚어서 인대를 다치게 되었고, 가뜩이나 글씨를 쓰는 오른손이어서 더더욱 치명적이었죠. 국어 수행평가 논설문을 쓰는데 왼손으로 쓰다 보니 분량도 다 채우지 못해 반에서 제일 낮은 점수를 받기도 했던 기억이 납니다. 팔 때문에 자습 시간에 병원도 많이 다녀서 공부 시간을 많이 확보를 하지 못했고 내신이 조금씩 떨어지기 시작했던 것 같아요. 그렇지만 모의고사는 내신과 다른 느낌이어서 그런지 계속 나쁘지 않게 나왔었고 그 상황 속에서 수학 위주로 공부를 하다 보니 수학 내신은 1, 2등급을 맞았습니다. 수학 내신 등급이 잘 나오다 보니 다른 과목 내신 등급이 많이 낮았음에도 불구하고도 몇몇 선생님들께서 팔 아픈 상황 속에서도 열심히 했다고 하시면서 많이 챙겨 주셨습니다.

## Q. 그럼 1학년을 몇 등 정도로 마친 건가요?

**A.** 200명 기준으로 80~90등 정도였습니다. 잘했다고 볼 수는 없지만 제기준에서 잘하는 학생들 사이에서 선방을 했다는 생각이 들었습니다.

**Q. 1학년 때의 꿈은 무엇이었고 그것을 위해 2학년에 올라가기 전 방학 때 뭘 준비했나요? 공부에 대한 인식의 변화는 있었나요?**

A. 1학년 때는 수학 과목을 좋아했었고 모의고사를 보더라도 성적이 나쁘지 않아서 수학교육과를 희망했었습니다. 문과가 주인 국제고에서는 독특한 진로를 희망했던 것이죠. 하지만 일단 팔이 아픈 상태였기에 치료를 받는 데에 중점을 두었습니다. 공부 역시 그냥 주어진 것만 하자는 주의였고 나중에 희망하는 진로 성취를 위해 더 무언가를 하거나 새로운 진로를 탐구하고 공부에 대한 마음가짐을 새로 가진 것도 아니었습니다. 그냥 치료 받으면서 미적분 I 과목만 공부했습니다.

**Q. 그럼 1학년 때 희망을 했던 사범대 진학을 안 하게 되었는데 무슨 계기가 있었을까요?**

A. 우선 이과 진학을 하는 친구들보다 선행 학습이 늦었다고 생각이 들었어요. 아무래도 기숙사 생활을 하다 보니 다른 학생들에 비해 학원을 가는 것이 제한되는 상황이었거든요. 개인적으로 확률과 통계까지는 공부한 상태로 겨울 방학에 미적분 II를 공부해야 다른 친구들에 비해 밀리지 않겠다고 생각을 했었는데 그러지 못했기에 쉽지 않다고 판단을 했었습니다.

**Q. 2학년 올라갈 때는 희망하는 진로도 없다 보니 공부에 대한 동기 부여가 많이 안 되었을 것 같은데요.**

A. 네. 맞습니다. 사실 공부에 대한 동기는 1학년 입학할 때부터 크게 없었습니다. 흔히 대한민국에서 얘기하는 대학 서열에 대해서도 무지했었거든요. 한 일화로 1학년 입학했을 때 진학 희망 대학을 적어서 제출을 하라 한 적이 있었는데 대학 서열에 무지했던 저는 과거 유명 야구 선수들을 배출했던 서울 중위권 대학을 적어서 낸 적이 있었습니다. 저는 서울에 있는 유명한 대학이어서 적어 냈는데 선생님들이나 다른 학생들이 한창 꿈이 클 1학년 시기 희망하던 대학과는 조금 거리가 멀더라고요. 희망 진로도 없고 다른 학생들처럼 학과 상관없이 무조건적으로 희망하는 대학이 있는 것도 아니었으니 공부에 대한 동기 부여가 거의 없었다고 할 수 있었죠. 그렇다고 해서 미래에 뭐를 해야할지 탐구를 하지도 않았던 것 같아요.

**Q. 이렇게 희망 진로도 없고 진학 희망 대학도 없는 상황 속에서 학업은 어떻게 이어 나갔나요?**

A. 그냥 해야 하니까 했어요. 학교에서 하라는 것, 예를 들면 수행평가 준비라든지, 발표 준비라든지, 조별 활동 같은 것들은 미리 준비하면서 지냈던 것 같아요. 다른 학생들처럼 좋은 내신 성적을 받기 위해 추가적으로 더 공부를 하지는 않았지만 그냥 기본적으로 수업을 따라가는 데 지장이 가지 않게 하고 같은 조의 친구, 학우들에게 피해가 가지

공부라는 여정

않을 정도로 주어진 것들만 했던 것 같습니다.

**Q. 목표도 없고 꿈도 없으면 그냥 다 놓을 수도 있었을 텐데 최소한 학교에서 하라고 한 것들은 한 이유가 무엇인가요?**

A. 일단 학교 특성상 수행평가에서 조별 과제가 많았는데 다른 학생들에게 피해를 주고 싶지 않았고 개인 발표나 과제 역시 너무 대충 진행을 하면 그것 역시 선생님에 대한 예의가 아니라고 생각이 들어서 정성껏 잘은 하지 못했지만 최소한의 성의는 보이려 했던 것 같습니다.

**Q. 그럼 그때까지 대학 진학에 대해서 심각하게 고민을 해 보지 않았다는 거네요.**

A. 네. 맞습니다. 2학년 1학기 때까지는 대학에 대한 진지한 고민 없이 그냥 흘러가는 대로 살았던 것 같아요. 그러다 보니 2학년 1학기 때 내신은 더 낮아져서 100등 밖으로 밀려 나가기까지 했죠. 그나마 고3들이 새벽같이, 그리고 점심시간과 저녁 시간까지 쪼개 가며 공부하던 것을 보고 저 역시 고3이 되면 뚜렷한 목표 의식이 없더라도 책상에 최대한 앉아서 공부를 해야겠다는 생각을 했습니다. 근데 그때 가서 공부를 하려면 미리 공부하는 습관을 길러야겠다는 생각도 들었고 축구 같이 하던 3학년 선배들의 수능이 얼마 남지 않았다는 것, 곧 내가 고3이라는 실감이나 2학기 때부터는 공부를 시작했습니다. 개인 수행평가도 꼼꼼하게 챙기고 시험 준비도 열심히 했습니다. 그러다 보니 고

등학교 생활 중 가장 좋은 내신이 나와서 60~70등 정도로 올라가게 되었습니다. 모의고사 역시 내신 준비를 하지 않을 때 공부를 해 와서 그런지 성적이 계속 잘 나오는 편이었습니다.

**Q. 근데 생각해 보니 200명 중 60~70등 정도면 잘한 것은 아닌 것 같은데요.**

A. 일반고 기준으로 수치상으로만 보면 잘하지 않은 것이 맞지만, 제가 나온 곳이 특목고였고, 학교 특성상 내신이 4점대 초반만 되어도 서울에 있는 중상위권 대학은 학생부 종합전형으로 갈 수 있는 상황이었어요. 상대적으로 일반고에 비해 내신을 따기가 어려운 학교였다 보니, 못한 것은 아니었던 것 같습니다.

**Q. 그럼 2학년 때 모의고사도 잘 나오고 2학기 때 공부하는 습관을 들이면서 내신도 잘 나왔는데 3학년에 올라가기 전, 진로를 정했나요? 공부는 어떻게 했나요?**

A. 그때까지도 그냥 대학을 가야겠다는 생각만 했지 희망하는 학과나 진로를 정하지는 않았습니다. 일단 열심히 하고 나중에 원서를 쓸 때 정해야겠다는 생각을 했습니다. 고2 겨울 방학에는 우선 사회탐구 과목을 정해서 개념 인강을 들으면서 내용을 숙지했고, 국어는 학원을 다니기 시작했습니다. 원래 다른 과목에 비해 국어가 많이 약하기도 했고 점점 국어의 지문 길이가 길어지고 복합 지문도 생기면서 난이도

가 올라갔기에 필요성을 느꼈습니다. 영어 내신이 좋은 편은 아니었으나 모의고사는 꾸준히 1등급이 나왔었고 그것을 유지하기 위해 영어 역시 구문 독해, 문제 풀이 관련 인강을 수강했습니다. 수학은 그냥 계속해서 꾸준히 해 왔던 습관을 유지했습니다.

## Q. 수시가 아닌 정시로 대학을 갔는데 종합 전형을 쓰지 않은 이유가 있었을까요?

A. 저는 1·2학년 때부터 종합전형으로 대학을 가는 게 쉽지 않겠다는 생각을 했었습니다. 물론 내신도 중요하지만 생활기록부에 있는 활동들이 진로와 어떻게 연관이 되고 그러한 활동들과 지원한 학과 간의 연관성, 즉 스토리텔링이 중요하다고 생각을 했습니다. 그런데 저는 1, 2학년 때 명확한 목표도 없었고 축구를 열심히 한 것 말고는 크게 활동한 것이 없다 보니 자연스레 지원하는 학과에 맞는 생활기록부가 없었고 자기소개서에 쓸 내용이 없던 거죠. 어느 학과에 지원을 해도 정성적 요인이 부족했기 때문에 수능으로 대학을 가야겠다는 생각을 했었습니다.

## Q. 대입을 위해 3학년은 어떤 식으로 보냈나요?

A. 저희 때는 수능 연계 교재가 있었고 직접 연계도 꽤 되던 상황이어서 학교에서 수능 연계 교재로 하는 수업을 일단 들었습니다. 고3이 되니 수업을 듣지 않으며 인강과 자습 위주로 공부를 하는 친구들도

꽤 있었는데 저는 '수업을 들으면 뭐라도 하나 얻어 가는 것이 있겠지.' 라는 생각으로 학교 수업을 들었습니다. 수업 외 자습에 임하는 저의 태도도 바뀌었습니다. 아침 6시 10분에 가는 자습도 참여하고 점심, 저녁 시간에 밥을 빨리 먹고 올라와서 자습실에 들어가 공부를 할 정도로 시간을 아껴 가면서 공부를 했습니다. 예전처럼 자습 시간에 나가서 놀거나 딴짓을 하는 모습도 고쳤고요. 2학년에서 3학년으로 같이 올라오신 선생님들은 제가 많이 변했다며 놀라셨고 이전에 저를 모르던 담임 선생님은 제가 원래 그렇게 착실했던 학생이라고 인식하셨습니다.

**Q. 3학년을 보내면서 힘들었던 점이 없었나요?**

**A.** 사실 아버지가 6월 모의고사 이후로 갑자기 건강이 안 좋아지셔서 걱정이 되기는 했었어요. 제가 기숙사 생활을 하기도 했고···. 그런데 병원에 가서 몇 번 봤을 때 생각했던 것만큼 상태가 나쁘시지 않아서 그 이후로는 마음을 잘 추스르고 공부에 임했던 것 같습니다.

**Q. 6월 모의평가는 어떻게 봤나요?**

**A.** 6월 모의평가 매우 잘 본 것 같아요. 그 당시 국어가 어렵게 나왔었는데 백분위도 100이 나왔고 수학과 영어 탐구 역시 1등급 컷 근처긴 했으나 잘 본 편이었습니다. 점수가 잘 나왔다고 해서 기쁘거나 들뜨는 것은 전혀 없었고 그냥 별 생각 없이 똑같이 공부를 했던 것 같습니

다. 다만 평소에 약하다고 생각이 들었던 국어 점수가 잘 나와서 열심히 하면 된다는 성취감을 느꼈던 것 같습니다.

## Q. 6평 이후 방학은 어떻게 보냈나요?

A. 저희는 공식적인 방학이 딱 1주일이었어요. 그러다 보니 무언가 거창한 것을 한다기보다 그냥 평소에 하던 것을 꾸준히 해야겠다는 생각만 했었습니다. 그리고 제 인생에 고3 때만큼 공부를 열심히 했던 적이 없었고 그렇게 에너지를 쏟으며 달려 본 적이 없었기에 그 1주일은 조금 쉬었던 것 같아요. 제 스스로 몸이 힘들다는 느낌도 받았기에 매일 일정 분량의 국어와 수학 문제를 푸는 것 외에는 쉬었던 것 같습니다. 얘기를 들어 보니 친구들은 그 1주일마저도 독서실을 끊고 학교에서처럼 공부를 했다고 하는데 저는 방학 동안은 하루에 5시간 정도만 공부하고 쉬었던 것 같습니다.

## Q. 고3 때는 학교 수업을 제외하고 얼마나 공부를 한 건가요?

A. 수업이 8시 30분부터 4시 30분까지여서 사실 자습 시간이 완전 많다고 볼 수는 없었지만 아까 말씀드린 대로 아침에 일찍 일어나서 자습을 나가고 점심·저녁 시간을 쪼개서 활용하는 형태로 시간을 확보했습니다. 하루에 최소 6시간 30분 정도, 수업 시간에 자습을 주시면 많으면 8시간 정도를 확보했습니다. 고등학교 기숙사 생활을 하기 전에는 잠을 많이 자는 편이었는데 고등학교 진학 후 학교 계획표에 의

해 자연적으로 5시간 반 정도로 줄였고 3학년 때는 5시간 안팎으로 잤습니다. 금요일 저녁에는 국어 학원을 가서 자습을 많이 못했고 기숙사에 있는 토요일은 7시 30분 정도에 일어나 적어도 9시간 이상은 했습니다. 일요일은 아침에 수학 학원도 가고 집에서 조금 쉬다가 오후에 학교를 들어가 5시간 정도 한 것 같습니다. 주중에 제 나름대로 달렸으니 일요일에는 2시간 정도 집에서 낮잠도 자면서 쉬었던 것 같습니다.

절대적으로 봤을 때 다른 학생들에 비해 공부 시간이 특출 나게 많은 편이 아니라고 볼 수도 있는데 저희 학교 학생들 중에서는 제가 자습시간을 매우 많이 확보한 편이었습니다. 3학년이어도 어느 정도 계획표가 정해져 있다 보니 순수히 자습만 하는 시간이 많지 않았거든요.

**Q. 수시를 준비하지 않은 상태로 2학기를 맞이했을 텐데 1학기 때와 달라진 점이 있을까요?**

**A.** 수시를 준비하지 않다 보니 다른 학생들이 자기소개서를 쓸 때 저는 그냥 똑같이 공부를 했습니다. 다만 2학기부터는 수업 시간에 선생님들께서 자습 시간을 많이 주셔서 오히려 저의 자습 시간은 더 많이 확보가 되었죠.

**Q. 그렇게 같은 패턴대로 생활을 하면서 응시한 9월 모의평가 성적은 어땠나요?**

A. 그전까지 계속 잘 나오던 성적이 떨어졌어요. 백분위 100까지 나오던 국어가 낮은 2등급이 나왔어요. 매일매일 기출과 연계 교재, 독서, 문학, 화작문까지 풀고 학원 커리큘럼대로 열심히 공부를 이어 나갔는데 갑자기 성적이 떨어져서 당황했었죠. 게다가 처음으로 영어가 2등급이 나왔어요. 그때 영어를 어렵게 내서 많은 친구들이 당황도 했었고 나중에 보니 1등급 비율이 5% 정도더라고요. 평가원에서 영어를 상대적으로 경시하던 수험생들에게 경각심을 일깨워 준 듯한 느낌이 들었어요. 다행히 나머지 과목은 다 1등급을 받았습니다. 성적 하락에 대해서 영어는 상대적으로 제가 다른 과목에 덜 신경 썼으니 그럴 만하다고 생각이 들었으나 국어는 하라는 대로 꾸준히 해 왔는데 갑자기 성적이 하락한 것이고 어디서 잘못되었는지 원인을 파악하기 힘들었죠. 그때의 성적 하락의 원인은 아직도 모르겠네요.

**Q. 그렇게 원인 분석이 제대로 되지 않은 상태에서의 수능 직전에 응시한 10월 교육청 모의고사는 어떻게 나왔나요?**

A. 나머지는 1등급이 나오긴 했지만 국어는 여전히 1등급이 나오지 않았습니다. 2등급이 나왔지만 N수생이 응시하지 않은 시험이니 실제 등급이 2등급이 아니라는 뜻이죠. 여전히 그 이유를 잘 모르겠어요. 1학기에 응시한 모의고사에서 국어 등급이 잘 나왔다고 자만을 한 적도

없었고 국어가 쉽다고 생각했던 적도 없었어요. 국어를 경시하지 않고 오히려 1학기 때보다 더하면 더했지 덜하지는 않았으니 조금 답답했던 것 같아요. 더불어 영어에서 1등급이 나왔지만 9월 평가원 모의고사보다 난이도가 훨씬 올라가서 영어를 경시하면 안 되겠다는 생각이 들던 시험으로 기억을 합니다.

**Q. 국어에 대한 해법을 찾지 못한 상태로 수능은 어떻게 봤나요?**

**A.** 국어 화작문 파트에서 문제를 틀리게 되면 좋은 등급을 맞기 힘들다고 다들 많이 얘기했었는데 수능 때 거기서 3문제를 틀렸어요. 이미 1등급이 날아간 상태였던 거죠. 어휘와 문학 문제도 각각 하나씩 틀리게 되어 3등급 문을 열게 되었습니다. 국어 시험이 끝나고 문학 말고는 나쁘지 않게 봤다고 생각이 들었는데 예상치 못한 화작문 문제들과 어휘 문제를 틀린 것을 보고 상당히 당황을 했던 기억이 있습니다. 탐구 과목도 한 문제씩 틀렸는데 1등급 컷이 다 제 앞에서 잘려서 2등급을 받았습니다. 수학과 영어도 딱 1등급 커트 점수를 받았습니다.

**Q. 수능 채점을 하고 나서 어떤 생각이 들었나요?**

**A.** 자동 채점을 돌리고 국어 앞 문제에서 ×가 쳐져 있는 것과 탐구 과목에서 2등급이 나올 수도 있겠다는 생각이 들면서 역시 수능은 다르고 쉽지 않다는 생각이 들었습니다. 이전까지 응시했던 모의고사에 비해 아쉬운 성적이 나와서 학교에서도 재수를 권유했습니다.

## Q. 결국 그해 대학 진학은 어떻게 결정을 했나요?

A. 부모님께서는 일단 대학을 걸어 놓고 생각을 해 보자 하셔서 정시 원서를 접수하긴 했습니다. 다행스럽게 가장 희망했던 '중경외시' 라인의 한 캠퍼스에 추가 합격이 되어 진학을 하게 되었습니다. 그 당시에는 어차피 수능을 다시 볼 건데 뭐 하러 등록을 하냐는 생각이었지만 결과적으로 이후 학원비 감면 등 좋은 선택이었다고 생각합니다.

## Q. 처음 대학에 들어갈 때는 어떠한 생각을 가지고 있었나요?

A. 애초에 학교 이름만 보고 흥미가 전혀 없던 어문 계열의 학과를 선택했고 재수 생각으로 인해 재밌는 20살을 보내야겠다는 생각을 하지는 않았습니다. 어문 계열의 취업 걱정과 3학년 때 열심히 노력했던 것, 수능보다 잘 나왔던 모의고사 성적이 아쉬웠기에 수능 준비를 정말 잘해야겠다는 생각을 했었습니다. 대학 시간표의 경우 전공 공부 중심이 아닌, 수능 공부에 효율적이도록 짰고, 수업도 교수님에 대한 예의로 제출하라는 과제만 제출했었습니다. 같은 학과 학생들과도 크게 교류하지 않았습니다. 그리고 집에 와서 대부분의 시간을 수능 공부에 할애했습니다. 그냥 재수를 하는 친구들에 비해 절대적인 공부량이 적지만, 적어도 1학기를 마치고 반수반에 들어갔을 때 수업과 진도를 어느 정도는 따라가자는 생각으로 최대한 열심히 했습니다. 1학기 기말고사 기간, 수능 150일 전부터 재수학원에 들어가게 되었습니다.

**Q. 처음 학원에 들어갔을 때의 상황과 가지고 있던 목표나 생각에 대해서 얘기해 줄 수 있을까요?**

**A.** 반수반 수강 기간 때는 특별한 것을 배운다기보다 공부하는 습관, 새로운 환경에서의 적응, 선생님들의 정신 교육이 주였고 정규반으로 편성이 되기 전, 6월 사설 모의고사를 응시했습니다. 전년도 6, 9월 모의고사와 수능 성적, 올해 6월 모의고사 성적, 6월 사설 모의고사 성적을 기준으로 반 배정을 받았고 그 학원에서 제일 높은 반에 배정을 받았습니다. 그런데 제가 생각했던 것보다 수준이 높은 반은 아니었고 다른 사람들을 통해 시너지를 얻는다기보다 그냥 제 페이스에 맞춰서 잘해야겠다는 생각을 했습니다.

처음 학원에 갈 당시에 한 생각은 남은 150일 열심히 하자는 것뿐이었지 '어디 대학 무슨 과를 꼭 진학해야겠다.' 같은 목표를 고민조차 할 여유가 없었어요. 저는 2월부터 재종반에 다니던 학생들에 비해서 절대적인 공부량이 적은 상태로 6월 반수반에 들어온 것이고 그냥 진도를 맞추고 뒤처지지 말아야겠다는 생각뿐이었습니다. 많은 사람들이 좋다고 하는 대학에 진학을 하면 물론 좋긴 하겠지만 그건 나중에 수능을 보고 나서 생각할 일이고 지금은 주어진 것을 열심히 하자는 주의였습니다.

**Q. 수능 공부에 중점을 두었지만 그래도 학교를 다니면서 공부를 하다 보니 학습량이 다른 N수생들보다 적었을 텐데 응시한 6월 모의평가와 사설 모의고사 성적은 어땠나요?**

A. 운이 좋게도 성적이 매우 잘 나왔었어요. 학원 다니기 전에 개별적으로 신청해 응시한 6월 모의평가에서는 탐구 한 과목에서만 2등급이 나오고 나머지 과목에서는 다 1등급이 나왔습니다. 각 과목마다 1~2개 정도밖에 틀리지 않았고요. 반수반에 들어가서 응시한 사설 모의고사에서는 학원에서 1등을 했습니다. 고3 때도 9월 이전 성적이 좋았던 터여서 그 당시 성적이 잘 나왔다는 사실에 엄청 즐겁지는 않았어요. 그래도 다른 학생들에 비해 늦긴 했어도 열심히 준비하면 잘 따라갈 수 있겠다는 자신감을 갖게 해 준 시험이었습니다. 고3 때 열심히 해 둔 것이 남아 있어서 6월에 응시한 두 시험을 잘 볼 수 있었다고 생각이 듭니다.


**Q. 고3 때와 다르게 공부하는 시간이나 방법에 있어서 뭐가 달라졌나요?**

A. 학원에서 제공되는 교재와 수업 정도가 차이점이었던 것 같아요. 예를 들어 국어의 경우 고3 때 단과 강의에서 배운 방식 그대로 반수 때도 적용을 했습니다. 성적이 떨어진 경험이 있음에도 불구하고요. 다만 차이점은 고3 때는 그냥 혼자 끙끙 싸매고 무식하게 공부했던 것에 비해 반수 때는 어느 정도 요령이 생긴 느낌이 들었어요. 문제를 기계적으로 풀기만 했던 고3 때와는 다르게 반수 때는 수능에 최적화된

강사진들의 수업을 듣다 보니 더 간단하고 편하게 푸는 방법을 터득했던 것 같아요. 그리고 그날 배웠고 스스로 공부했던 것을 집에 가기 전에 정리하면서 복습을 하는 습관도 기르게 되었습니다. 결국, 고3 때 쌓아 온 공부에 추가적으로 내공을 쌓으면서 요령과 스킬을 통해서 잘 다졌던 것 같습니다.

고3 때는 주말 하루 정도는 쉬엄쉬엄 한 반면에 반수 때는 학원을 매일 갔습니다. 평일에는 수업 시간을 제외하면 평균적으로 8시간 이상 자습 시간을 확보했고 토요일에는 대략 10시간, 일요일에도 1시에 등원을 해서 7월까지는 5시간, 그 이후부터는 같은 반에 있던 이과 친구들의 권유로 같이 8~9시간 정도 자습을 했습니다. 학원 수업이 적은 편은 아니라서 드라마틱하게 자습 시간이 늘어난 것은 아니지만 그래도 고등학교 다닐 때보다는 수업 시간이 줄었기에 자습 시간들이 늘어났던 것 같습니다.

**Q. 그렇게 학원에 적응도 하고 공부에 피치를 올렸을 때 응시한 9월 모의평가 성적은 어땠나요?**

**A.** 시험이 워낙 쉽게 나온 것도 있어서 국어와 수학에서 각각 1문제를 틀렸습니다. 시험이 쉽게 나온 것도 있고 고3 때도 수능에서 예상치 못한 문제를 틀리기도 했기에 점수에 있어서는 크게 일희일비하지 않았습니다.

**Q. 그렇게 꾸준히 페이스를 잃지 않으며 공부를 하며 응시한 두 번째 수능은 어땠나요?**

**A.** 국어가 엄청 어렵게 나와서 국어가 끝나자마자 시험장이 난리가 났던 기억이 있습니다. 저 역시도 국어가 어려웠고 점수가 잘 안 나올 거라고 생각이 들었지만 그래도 마음을 다잡았습니다. 일단 남은 과목들 최선을 다해 응시하고 결과는 나중에 생각하자고 다짐을 했습니다. 마음을 다잡기 위해 수능 성적이 생각보다 안 나왔을 경우 그냥 바로 12월에 입대를 하고 돌아와서 학점 복구하고 공대 복수전공을 준비하면 된다는 생각을 했더니 오히려 마음이 편해졌던 것 같습니다. 그렇게 마음을 다잡고 응시한 나머지 과목들은 제 페이스대로 잘 풀었던 것 같습니다.

다행스럽게 국어가 저만 어려운 것이 아니어서 국어에서 백분위가 98이 뜨고 마음을 다잡고 푼 나머지 과목에서 수학은 1문제 틀리고 영어는 1등급에 탐구는 다 맞았습니다.

**Q. 수능 성적이 잘 나왔는데 원서는 어떻게 넣었나요?**

**A.** 제 성적으로 합격이 안정적인 성균관대 글로벌경제학과에 지원을 했고 지방대 한의대와 현재 재학 중인 고려대 식품자원경제학과에 원서를 제출했습니다. 3곳 다 합격을 했고 고려대 식품자원경제학과를 선택하게 되었습니다.

**Q. 공부를 하면서 느낀 것과 공부를 해서 얻은 결과에 대해 만족하나요?**

**A.** 우선 반수를 하면서 얻게 된 결과에 대해 만족을 합니다. 고3 때 당장 좋은 성적을 받은 것은 아니었지만 그때 쌓아 온 것을 토대로 반수를 했고 좋은 성과를 이루었다는 사실에 만족하고 있습니다. 나름 한국에서 좋다고 얘기해 주는 대학에 진학하게 된 것 역시 되게 좋지만 그것 이상으로 얻은 것이 있습니다. 제가 뭔가에 몰두하고 열심히 하려고 마음을 먹으면 버틸 수 있는 끈기와 에너지가 있다는 사실을 알게 되었습니다. 그래서 나중에 대입보다 어떻게 보면 더 어렵고 힘든 상황을 맞닥뜨릴 수 있는데 과거 열심히 해서 버티고 좋은 성과를 낸 기억을 토대로 '그때 버텼으니 지금의 나도 버틸 수 있을 거야.'라고 생각을 할 것 같아요. 과거의 경험을 바탕으로 더 큰 고비도 이겨 낼 수 있는 자신감을 갖게 된 것이죠.

**Q. 상호 씨가 생각했을 때 공부는 어떤 마음을 가지고 해야 하나요?**

**A.** 개인적으로는 무식하게, 하라는 대로 해야 할 것 같아요. 학교에 계신 선생님들, 학원에 있는 선생님들 모두 다 수험생들보다는 경험이 많은 분들이고 여러 경우들을 봐 왔으며 좋은 노하우 및 결과가 있기에 그 자리에 있다고 생각이 듭니다. 물론 방향이 100% 맞지 않고 그분들의 지도법이 각각의 학생들에게 완전히 적합할 수는 없지만 대부분 경험적으로 나온 것이기에 시키는 것에 대한 의문보다는 해당 지도법에 따라 열심히 하는 것이 중요한 것 같아요.

그리고 아무리 좋은 수업을 들어도 결국은 본인의 것으로 만드는 것이 중요한 것 같아요. '학습' 중 '학'에만 조금 더 치중을 하는 경우가 있는데 아무리 좋은 선생님의 수업을 듣는다 한들 본인의 것으로 만들지 못한다면 의미가 없기에 '습'이 공부에 있어서 굉장히 중요한 것 같습니다. 스스로 풀어보고 탐구해 보고 복습하는 과정이 꼭 필요한 것 같아요. 하지만 적절한 균형과 조화는 필요한 것 같습니다. 학원을 다닐 때 다 아는 내용이라고 수업을 들으려고 하지 않고 오로지 '습'만 하려고 하는 학생들이 있었는데 그 역시도 좋은 것은 아닌 것 같습니다. '학'과 '습'의 적절한 균형이 시기, 상황마다 필요할 것 같습니다.

**Q. 인터뷰를 마치면서 대입을 준비하는 학생들에게 하고 싶은 말이 있나요?**

**A.** '하면 된다.'는 말이 항상 성립하는 것은 아니지만 일단 열심히 하면 후회는 없는 것 같아요. 제가 고3 때 수능 성적이 조금 아쉬웠지만 제 나름대로 열심히 해서 그런지 수능 후에 '공부를 더 할걸, 어떤 강의를 들어 볼걸, 어떤 자료가 좋다던데 참고해 볼걸.' 같은 후회는 전혀 하지 않았어요. 입시에서 물론 결과가 중요하지만 최선을 다하면 과정에 있어서 후회는 안 하는 것 같고 당장 성적이 아쉽더라도 결국 나중에 도움이 되는 것 같아요. 입시 상황에서 주어진 것에 최선을 다했으면 좋겠습니다. 그리고 입시 기간에는 대인관계에 대한 스트레스를 최소화하는 것이 중요하기에 웬만하면 참고 양보하는 마음 넓은 사람이 되어 다른 사람과 큰 갈등이 없었으면 좋겠습니다. 감사합니다.

# 3

# 과목별 완벽한 공부 방법과 '욕심 많은 학생'의 완벽하게 '나'를 알고 조절하는 법

{ 김지오 - 연세대학교 정치외교학과 }

**Q. 자기소개 부탁해요.**

A. 안녕하세요. 저는 현재 연세대학교 정치외교학과에 재학 중인 김지오입니다.

**Q. 처음 공부를 열심히 해 보고 싶다고 생각하게 된 계기가 무엇이었나요?**

A. 저는 초등학교 때부터 남들에게 뒤처지는 것을 잘 못 견뎌 하는 성격이었어요. 욕심이 많아서 무엇이든지 제가 제일 잘해야 했고 남들보다 부족하다는 생각이 들면 심한 스트레스를 받기도 했죠. 공부와 관련된 경험은 아니지만 극단적인 예로 초등학교 시절 체육 수업 시간을 들 수 있을 것 같아요. 하루는 '곤봉 돌리기'를 수행평가로 해서 통과하지 못하면 강당에 남아서 통과할 때까지 곤봉을 돌려야 했던 적이 있

었어요. 체육 실력이 남들보다 떨어지던 저는 마지막으로 집에 돌아갔죠. 그 스트레스로 인한 복통 때문에 끙끙 앓다가 한의원에 가느라 다음 날 소풍도 가지 못했어요. 이때부터 저는 어렴풋이 제가 남들보다 욕심도 많고 남들에 비해 뒤처지는 것을 견디지 못한다는 것을 느꼈던 것 같아요.

초등학교 때부터 누가 시키지 않아도 공부를 열심히 했던 것 역시 같은 맥락이었고요. 중학교에 진학해서도 저는 3학년 1학기 때까지 전교 2등을 항상 유지할 만큼 열심히 공부했어요. 높은 성적을 받으면 부모님이 좋아하시고 친구들이 부러워하고 선생님이 칭찬해 주시고, 이렇게 다양한 사람들에게 인정받고 관심받는 것에서 종종 제 가치를 발견했던 것 같아요. 주변 사람들의 칭찬과 인정을 받으면 받을수록 그 기대에 부응하고 싶어졌고, 계속해서 그것들을 독차지하고 싶었던 거죠. 그것을 얻어 가는 과정에서 일종의 짜릿함도 느낄 수 있었던 것 같아요. 단순하고 솔직한 이유이지만 인정받고 칭찬받는 것이 좋아서 공부를 열심히 하게 되었다고 말하고 싶어요. 고차원적인 목표나 대의가 있는 것은 아니었지만 현재까지도 앞으로 나아가는 데 가장 크게 작용하는 요인이라고 생각해요.

## Q. 외국어고등학교에 진학하게 된 계기는 무엇인가요?

A. 저는 중학교 3학년 1학기에, 남들보다 늦게 외국어고등학교로의 진학을 결정했어요. 사실 그전까지는 자사고 진학을 염두에 뒀었고 특별

히 가고 싶은 학교도 있었거든요. 어렸을 때부터 공부에 대한 욕심이 많다 보니 특목고에 가야겠다는 생각은 1학년 때부터 했고, 중학교 때까지 과목 간의 편차가 있기보다는 골고루 내신 성적을 잘 받아 왔기 때문에 외고보다는 자사고가 적합하다고 생각했던 것 같아요. 3학년 1학기 때까지 전교 2등을 유지해 왔으니 목표를 바꾸지 않았어도 무리 없이 진학할 수 있었을 거예요. 그러던 제가 외고 진학을 결정하게 된 계기는 3학년 1학기 초에 있었던 외고 주최 경시대회에 참가했던 경험이었어요. 그때 처음 외고에 가 보았는데 선배들의 멋있는 모습, 영어 위주의 커리큘럼 등 학교에 대한 첫인상이 너무 좋아서 여기에서 공부해 보고 싶다는 생각이 문득 들었어요. 제가 또 하나에 꽂히면 끝까지 해내는 스타일이거든요. 많이 늦었더라도 외고 입시를 도전해 보기로 결정했죠. 당연히 학교와 학원 선생님들은 저를 말리셨어요. 외고는 영어 내신만 평가하니까 저에겐 불리할 것이라는 우려였어요. 그렇지만 제게는 외고에 가야겠다는 확신이 있었고, 면접과 자기소개서를 꼼꼼히 준비한 끝에 외고에 진학하게 되었어요.

**Q. 중학교에서 고등학교에 진학하는 겨울 방학의 시기는 어떻게 보냈나요?**
**A.** 합격 발표를 받은 당일은 무척이나 기뻤지만, 기쁨은 정말 잠시였어요. 남들보다 늦게, 조금은 가벼운 마음으로 준비했던 대가가 저를 기다리고 있었거든요. 인생에서 다시 돌아가고 싶지 않은 순간을 꼽으라면 전 아마도 재수 시절과 외고 진학 직전의 겨울 방학을 꼽을 거예

요. 육체와 정신이 동시에 힘들었던 기간이었기 때문이에요. 합격 이후 저는 다른 합격자 친구들에 비해 뒤처진 상태이거나 뒤처지고 있는 상태라는 생각을 정말 많이 했어요.

먼저 저는 일본어과에 진학했는데 일본어과 합격 커트라인이 다른 과에 비해 낮다는 이야기를 정말 많이 들었거든요. 물론 커트라인만으로 합격자들의 실력을 단정 지을 수는 없겠지만, 심리적으로 위축되는 것은 어쩔 수 없었던 것 같아요. 또 같이 합격한 친구들이 예전부터 이미 단과 학원에 다니면서 선행 학습을 하고 있다는 것을 뒤늦게 알았어요. 3학년 때 부랴부랴 외고입시를 준비했던 저와 달리, 처음부터 외고를 염두에 두던 친구들은 미리 준비를 해 오고 있었어요.

이미 출발점부터 달랐던 거죠. 물론 남들보다 늦게 시작한다고, 조금 뒤처진다고 해서 크게 문제가 되지 않는 것, 또 무리 없이 성공할 수 있다는 사실을 지금은 너무 잘 알아요. 그러나 어린 저에게는, 특히 남들과 비교하는 것에 익숙해져 있고 뒤처지는 것을 더욱 견디지 못했던 저에게는 정말 큰 스트레스였어요. 그만큼 위기의식도 강하게 느꼈고요. 그래서 저는 무작정 친구에게 조언을 구해 국어, 일본어 과외를 받았고 영어, 수학 단과 학원에 다니기 시작했어요. 당시의 저는 살인적인 스케줄을 소화하기 위해 정말 쉴 틈도 없이 치열하게 노력했어요.

부모님이나 선생님이 시킨 것이었다면, 그 힘듦의 탓을 돌릴 수라도 있었을 테지만. 제 욕심에서 비롯된 온전한 제 선택이었기 때문에 더더욱 책임을 지려고 했던 것 같아요. 몇 달을 정말 죽은 듯이 공부만 했지만 절대적인 시간이 남들보다 부족할 수밖에 없었고, '부족하다'는 느낌을 강하게 받은 채 고등학교에 진학하게 되었어요. 게다가 진학 후 저는 제 상대적인 위치를 더욱 체감하면서 위축되는 일이 잦아졌어요. 실제로 이때부터 성취하는 경험의 빈도가 점점 줄어들기도 했고, 현실에 안주하는 등 많은 슬럼프를 겪었던 것 같아요.

## Q. 선행 학습을 한 것이 유의미한 효과가 있었는지?

A. 우선 저는 무작정 진도만 빼는 것에 목적을 둔 선행 학습은 무의미하다고 생각해요. 저도 외고에 진학하기 전 국어, 영어, 수학, 일본어에 대해 일종의 선행 학습을 했었어요. 결과적으로 수학, 일본어 외에는 큰 효과를 얻지 못했어요. 일본어는 언어였기 때문에 선행 학습이 당연히 많은 도움이 될 수밖에 없었죠. 수학의 경우는 실질적으로 실력을 기를 수 있었다기보다는 접해 봤다는 사실로부터 오는 안정감을 얻는 정도의 효과만 있었던 것 같아요. 이런 형태의 선행학습은 단기적으로는 효과가 있을지 몰라도, 장기적인 관점에서는 전혀 도움이 되지 않는다고 확신해요.

더 나아가 저는 선행 학습을 통한 진정한 효과를 보기 위해서는 다음의 과정을 거쳐야 한다고 생각해요. 우선 선행 학습을 시작하기 전에 기존에 알고 있던 지식을 정리할 충분한 시간, 즉 복습 시간이 필요해요. 얇은 종합 문제집을 한 권 정도 풀어 보고 틀린 문제에 대한 의문점이 없어졌을 때 선행 학습을 시작하는 것을 추천해요. 선행 학습을

공부라는 여정

시작하고 기본 개념 학습을 마치면, 1~2회 정도의 모의고사 혹은 문제집 한 권을 풀어 보고, 부족한 지점을 찾아내고, 그것을 메꾸는 과정을 반복해야 해요.

약점을 보완하는 단계야말로 선행 학습이 유의미해지기 위한 필수적인 단계라고 할 수 있어요. 기본 개념의 진도만 무작정 많이 빼는 형태는 안 하느니 못하다고 생각해요. 사실 저는 선행 학습 혹은 예습보다는 복습에 더 강한 비중을 두는 편이고 강하게 추천해요. 예습은 단지 처음 마주했을 때의 당황함을 줄이는, 심리적 안정감을 위한 수단이라고 느껴지거든요. 무작정 공부의 양을 늘리는 것보다는 부족한 부분을 파악하고 그 약점을 메워 나가면서 자기 주도적인 학습 능력을 키우는 게 중요하다고 생각해요.

### Q. 고등학교 진학 이후 적응하기 어려웠던 점은 무엇이었나요?

**A.** 1학년 시절은 한마디로 '적응의 시기'였다고 할 수 있을 것 같아요. 특히 가장 어려웠던 점은 오로지 홀로 공부하는 습관을 들여야 했다는 것이에요. 우선 저희 고등학교는 전원 기숙학교로 외출이 거의 허용되지 않았어요. 사교육의 힘을 빌리기가 어려워졌다는 거죠. 불과 몇 주 전만 해도 정형화된 학원 스케줄에 맞춰 공부하다가, 계획부터 스스로 세우고 알아서 공부하라니! 상당히 어려운 일이었죠. 부끄러운 일이지만 입학 직후 자율 학습 시간에는 뭘 해야 할지 몰라 단어장을 펴 놓고 잤던 기억이 꽤 있어요. 또한 외고 특성상 TOEFL, TEPS 진도를 따

라가는 것 자체도 벅차게 느껴졌어요. 공부해야 하는 양은 점점 늘어나는데 능동적인 학습 습관이 몸에 배지 않았으니 초반에는 정말 우왕좌왕했죠. 그런 상태에서 첫 내신 시험 중 영어와 수학에서 모두 5등급을 받았어요. 저에게는 정말 큰 좌절이었어요.

이때의 실패를 통해 저는 두 가지의 큰 변화를 겪었어요. 먼저, 혼자서 공부하는 습관을 기르게 되었어요. 더 이상 뭘 해야 할지 모르겠다고 손 놓고 있을 수만은 없었으니까요. 인터넷 강의 하나를 듣더라도 제 수준에 맞춰 시간을 쪼개고 계획을 세웠어요. 작은 계획을 하나둘 실천해 나가는 것에서 성취감도 느낄 수 있었죠. 또 스스로 세운 계획은 제 역량에 따라서 유연하게 수정할 수 있다는 장점도 있었어요. 상대적으로 약한 파트가 있으면 시간을 더 분배하고, 당일 계획을 해내지 못했다면 내일의 계획을 조금 수정하고 공부 계획에 대해 자율권을 가지는 게 훨씬 편하고 효율적이라는 걸 깨달은 거죠. 이때의 경험은 제 전반적인 학습 습관을 바꿨고, 재수 방식을 결정하는 데도 영향을 주었어요. 물론 적응하는 데는 많은 시간이 걸렸고 힘들었지만 인생 전반에 있어 큰 도움이 되었던 시절이라고 생각해요.

두 번째로, 정시로 대학을 가야겠다는 다짐을 하게 되었어요. 물론, 첫 내신을 망쳤다는 이유만으로 수시를 포기한 건 아니에요. 이후 모의고사 성적이 내신에 비해 상대적으로 높았기 때문에 내렸던 결정이었죠. 비교적 수시에 유리하지 않았던 학교 특성을 고려하기도 했고요. 또한 아예 내신 공부를 하지 않겠다는 건 아니었어요. 내신을 챙기되 그 목적도 결국 모의고사 성적 향상에 초점을 두려고 한 것이었죠. 내신 과목도 수능에 필요한 과목 위주로 선택해서 활용했어요.

## Q. 기숙학교를 추천하나요?

A. 기숙사는 외부와 동떨어져 고립된 또 하나의 사회라고 생각해요. 저희 학교는 외출이 쉽지 않았고 전교생이 24시간을 함께 생활하다 보니, 엄격한 규칙과 악습들이 많았어요. 그런 불편한 상황에 적응하는 것 역시 앞서 말했던 적응의 일환이었던 거죠. 기숙사 생활을 하다 보니 다른 학교에 비해 동아리 활동, 체육대회, 선후배 간의 관계에 특수함이 더해졌고, 공부를 방해하는 요인이기도 했어요. 너무 단점만 이야기했지만 저는 기숙학교를 추천해요. 물론 개선되어야 할 점이 매우 많지만, 기숙사 생활의 장점 역시 존재한다고 생각해요. 일종의 사회생활을 미리 체험했기 때문에 지금의 제가 있는 것 같거든요. 전국에서 모인 다양한 사람들과 부대껴 지내는 것이 대학 생활인데, 미리 사회생활 능력을 기를 수 있는 계기가 되었던 거예요. 친구, 선후배, 선생님처럼 다양한 타인과의 관계를 어떻게 관리해야 할지, 갈등 상황에서 처신은 어떻게 해야 할 것인지를 몸소 배울 수 있었던 거죠.

## Q. 고등학교 2학년 겨울 방학에 어떤 변화가 있었나요?

A. 고등학교 2학년 겨울 방학 부모님의 권유로 2개월 동안 윈터스쿨에 참여했던 경험이 있어요. 결과적으로 그 경험이 제게 도움이 되긴 했

지만, 캠프 자체가 도움이 되었다기보다는 학습적인 면에서 하나의 다짐을 하는 계기가 되었죠. 만약 재수를 하게 되면 종합 학원에는 절대 가지 않겠다는 다짐이요.

저는 국어, 영어, 사탐에는 큰 어려움이 없었고 수학에만 큰 문제가 있었어요. 그런데 캠프에서는 국어, 영어, 수학 세 과목의 수업 시간을 동일하게 부여했고 매 시간 엄청난 양의 숙제를 내 주었어요. 당장 국어만 보더라도 잘하는 파트와 부족한 파트가 나뉘는데, 그런 차이를 무시하고 모두 같은 시간을 공부하게 하는 건 너무 비효율적이라고 생각했어요. 게다가 다른 과목의 숙제를 하다 보니 오히려 제가 부족했던 수학 공부 시간이 부족하더라고요. 자율 학습을 하는 습관이 몸에 배어 가고 있던 상태였다 보니 이렇게 통제하고 정형화된 스케줄을 강제하는 것에 거부감도 들었어요. 만약 재수를 하게 되더라도 공부 계획에 있어 주도권을 가지는 방식을 찾아서 해야겠다는 생각이 들었죠. 물론 제가 과목 간에 편차가 없고 자율 학습 능력이 부족한 상태였다면 만족스러운 경험이었을 수도 있어요. 그렇지만 저는 그 상태가 아니었어요. 저처럼 특정 과목을 보완하기 위해 자율권이 확보되는 환경을 원하거나, 이런 고민을 하는 친구가 있다면, 사람마다 맞는 학습 습관이 다르다는 점을 잊지 말고 옳은 선택을 하라고 말해 주고 싶어요.

## Q. 공부에 왕도가 있다고 생각하나요?

A. 대학에 합격한 이후 주변 사람들로부터 "어떤 방법으로 공부해서

재수에 성공할 수 있었어?"라는 원초적인 질문을 가장 많이 받았어요. 그때마다 항상 일관되게 대답해요. 공부에 있어 절대적으로 옳은 방법, 무조건 성적이 오르는 방법은 없어요. 각자 부족한 과목과 영역이 다르고, 그에 따라 학습해야 하는 양에도 차이가 나고, 선호하거나 적합한 학습 형태도 다르다고 생각하거든요. 저는 수학이라는 확실하게 약한 과목이 있었고 그것을 보완하려는 의지가 커서 독학 재수라는 방식을 선택했어요. 수학에 절대적으로 많은 시간을 투자할 수 있는 자율권을 확보하고자 했던 거죠. 나머지 과목에 상대적으로 강점이 있었고 자율 학습에 익숙했던 경험이 있었기 때문에 저에게는 독학 재수의 방식이 적합했고 또 성공할 수 있었다고 생각해요. 그렇다고 해서 모든 친구들에게 반드시 독학 재수를 하라고 권하고 싶지는 않아요. 과목 간의 편차가 크지 않거나 자율 학습의 경험이 부족한 친구에게는 종합 재수 학원에 들어갈 것을 권할 것 같아요. 특히 수동적 학습만 해왔던 친구가 독학 재수를 하게 된다면 초반에 자율 학습에 습관을 들이느라 시간을 허비할 가능성이 커요. 사람마다, 그리고 상황마다 적합한 공부 형태가 다를 수밖에 없기 때문에 모두에게 적용되는 절대적인 정답은 없다고 생각해요.

## Q. 재수를 결정하게 된 계기는 뭔가요?

**A.** 처음에는 수능 점수에 대한 불만족스러움이 가장 큰 이유였던 것 같아요. 평소 모의고사 점수를 제 실력이라고 믿고 실력에 비해 수능

에서 터무니없이 낮은 점수를 받았다고 생각한 거죠. 그런데 점점 잘 나왔던 모의고사 점수들이 운이 아니었을까 하는 의심이 들었어요. 제 고3 시절은 치열하지 못했고 이 상태로 대학에 가면 할 수 있는 최선의 노력을 하지 않았던 그 시절이 너무 후회될 것 같았어요. 후회로 가득 찬 미래를 보내고 싶지 않고 미래의 나에게 부끄럽고 싶지 않다는 생각에 스스로 확신을 가지고 부모님을 설득했죠.

물론 이 생각들은 시간이 좀 흐른 뒤 정제된 것들이고, 그 당시에 가장 지배적이었던 감정은 부끄러움이었어요. 중학교에서 나름대로 공부를 잘한다고 외고에 진학했는데 이 성적에 맞춰 대학에 가면 중학교 동창들이 저를 한심해할 것 같다는 자격지심이 있었거든요. 그 시절에는 어린 마음에 좋은 학벌이 절대적인 기준이라고 생각했었던 거죠. 그때는 그런 것들이 절 동기 부여하게 만들었던 것 같아요. 저 진짜 독했거든요. 그 독함을 만들어 줬던 모난 감정들이지 않나 싶어요.

**Q. 재수를 시작할 때 가졌던 마음가짐을 알려 주세요.**

**A.** 기대 반, 걱정 반이었던 것 같아요. 다시 도전할 수 있는 기회를 어렵게 얻은 만큼 잘해 내서 성공하자는 기대 반, '더 못하면 어떡하지 반수를 했어야 하나….' 하는 걱정 반으로 시작했던 거죠. 그런데 오히려 물러날 곳이 없다는 데서 오는 '절박함'이 저를 더 불타오르게 했던 것 같아요. 게다가 저는 중학교 때부터 검사를 장래 희망으로 꼽아 왔는데 검사가 되려면 기본적으로 좋은 학벌이 베이스가 되어야 하는 게

사실이잖아요? 그렇게 보면 지금은 겨우 시작점에 불과한데 이것부터 못 해내고 실패하면 안 될 것 같다는 생각이 들었어요. 더 큰 목표를 꿈꾸기 위한 작은 발판에 불과한데 여기서 실패하면 그 목표를 꿈꿀 수도 없으니까 반드시 성공해서 스스로에게 증명해야 한다는 절박함이 있었죠.

또 함께 느꼈던 감정이 '오기'였어요. 저는 재수를 결정하는 과정에서도 어려움이 있었거든요. 부모님의 강력한 반대와 학교 선생님들의 걱정은 저를 주저하게 만들었고 결과적으로 시작점이 지체되기도 했었죠. 그래서 저는 더더욱 성공해서 보여 주고 싶었어요. 그런 걱정들이 아무것도 아니었다고. 저는 원래 잘할 수 있었다고 증명해 보이고 싶었던 오기, 그 감정이 저를 더 절박하게 했었죠. 재수 초기의 전 참 위축되어 있었는데 돌아보니 위축되었던 모습들이 제 성공의 밑거름이었다는 생각도 드네요.

### Q. 본인을 가장 위축되게 만들었던 요인이 있었나요?

A. 안 좋은 습관일 수도 있는데 저는 남들과 끊임없이 비교하는 습관이 있어요. 모순적이지만 그 습관이 저를 위축되게 하면서 동시에 재수를 성공하게 한 원동력이었어요. 그런데 위험한 게 끊임없이 비교를 하다 보면 무력감에 빠질 수 있어요. 저는 오산에서 강남의 학원까지 광역버스를 타고 통학을 했는데, 늦은 아침이나 이른 저녁에 버스를 타면 직장인이나 대학생들을 마주칠 수밖에 없었어요. 눈앞에 바로

비교 대상이 있다 보니 그때마다 저는 제 선택이 옳았는지를 끊임없이 고민하게 되었고 끝없이 위축되었어요. 그래서 저는 아예 그들을 마주칠 가능성이 희박한 시간대의 버스, 즉 첫차와 막차를 타고 학원을 다녔어요. 최대한 눈에 안 보이게 했던 거죠.

같은 맥락에서 저는 재수를 시작할 때부터 마칠 때까지 되도록이면 중학교, 고등학교 친구들과 연락하지 않으려고 했어요. 실제로 여름 방학에 밥을 사 주러 와 주었던 중학교 친구 2명과 같이 재수하던 고등학교 친구 2명 외에는 아무와도 연락을 하지 않았죠. 이미 시작부터 많이 위축되었고 자존감이 낮아졌는데 굳이 더 위축될 만한 계기를 만들고 싶지 않았던 것 같아요.

## Q. 재수할 때의 하루 일과는 어땠나요?

A. 우선 저는 재수를 시작하면서 못해도 하루 15시간 이상의 공부 시간을 확보하고, 그중에 6시간은 약점이었던 수학에 투자할 것을 목표로 정했어요. 그런데 최소 15시간 이상의 시간을 확보하려면 잠을 거의 못 잘 수밖에 없어요. 실제로 저는 월요일부터 토요일은 2~3시간만 잠을 잤고, 일요일에 부족한 잠을 몰아 잤어요. 지금 돌아보면 그때의 제가 존경스러우면서도 참 독했다는 생각이 들어요. 돌아가고 싶지 않기도 하고요!

아무튼 저는 전반적으로 공부의 절대적인 양 확보를 전제로 전반부와 후반부의 공부 패턴을 달리했어요. 후반부에는 실제 모의고사 시험 시간에 맞춰 해당 과목을 공부했어요. 전반부를 자세하게 말해 볼게요. 우선 저는 첫차를 타야 했기 때문에 적어도 새벽 5시에는 일어나야 했어요. 강남까지 광역버스를 타면 보통 1시간 20분 정도가 소요돼요. 물론 너무 피곤하면 그 시간 동안 버스에서 잠을 잤지만 보통은 조금이라도 공부를 하려고 했어요. 대신 그때 흥미 없는 것을 보면 오히려 더 잠이 올 것 같아서 한국사 자료나 사탐 관련 지문처럼 흥미 있는 공부를 하려고 했어요. 보통 한국사 연표를 봤는데 그래서 다른 일과 시간에 따로 한국사를 공부하지 않을 수 있었어요.

학원에 도착하면 매일 같은 카페에서 같은 메뉴의 커피를 마셨고 수능 당일에도 그 커피를 마셔야 안정감이 들 것 같아 미리 사다 놨던 기억도 나네요. 아무튼 커피를 마시면서 오전에는 무슨 일이 있어도 수학을 먼저 공부했어요. 6시간 이상이라는 목표 공부 시간을 채워야 하기도 했고, 1년 동안 반드시 극복해야 하는 문제였으니까, 가장 우선순위에 두었던 거죠.

점심시간이 되면 김밥을 사 먹었어요. 제가 김밥을 정말 좋아하거든요. 좋아하는 노래를 들으면서 먹는 김밥이 하루 중 유일한 즐거움이었어요. 점심을 먹은 후에는 잠을 피하고자 좋아하던 사탐을 각 과목당 2시간씩 공부했어요. 제가 느낀 건데 초반에는 시간에 구애받지 않고 좋아하는 과목을 많이 하는 것도 나쁘지 않다고 생각해요. 장기적으로 공부를 해야 할 때 중요한 점 중 하나가 공부에 흥미를 잃지 않는 거잖아요. 공부에 흥미를 잃지 않는 본인만의 방법으로 이용하는 것도 나쁘지 않다고 생각해요.

남은 오후 시간에는 영어와 국어를 번갈아 가면서 공부했던 것 같아요. 영어는 단어 위주로 기본기를 탄탄하게 쌓으려고 했고, 국어는 상대적으로 약했던 과학 지문만 모아 둔 문제집을 주로 풀면서 기출문제 분석을 꾸준히 했어요. 그렇게 하루의 계획을 모두 끝내면 보통 밤 12시가 넘었고, 막차를 타고 집에 돌아가서 일과를 끝마쳤던 것 같네요!

## 〈과목별 공부 방식〉

### Q. 국어

A. 재수 없게 들릴 수도 있겠지만 저는 고등학교 내내 한 번도 국어가 제 발목을 잡았던 적이 없었어요. 그래서 오히려 국어 공부에 있어 절대적인 방법론이 있다는 말을 믿지 않는 편이에요. 저는 소위 정석처럼 책도 많이 읽지 않았고 사교육의 도움도 크게 받지 않았거든요. 대신, 평가원 기출문제를 분석하고 반복하는 데 절대적으로 많은 시간을 할애했다고는 자신 있게 말할 수 있어요. 이때 제가 주목했던 점은 절대 정답이 될 수 없는 선지를 가려내려는 방법을 체화하는 것이었어요.

사실 저는 처음 국어를 공부할 때 비문학보다 문학을 안 좋아했어요. 시와 소설은 관점에 따라 가능한 해석이 무수히 많은데 어떻게 옳고 그름을 구별할 수 있는지 항상 의문이었거든요. 그런데 점점 분석을 해 가면서 문학의 경우 항상 정답이 될 수 없는 선지를 끼워 넣음으로

써 문제의 완결성을 높인다는 패턴을 알게 되었어요. 결국 그 선지를 구성하는 방식을 체화해서 소거해 내면 제일 쉬워질 파트가 문학이었던 거죠. 더불어 소거법은 비문학에서도 역시 유용하게 쓰일 수 있었어요. 예를 들어, 한 선지가 "A이기 때문에 B이다."라고 구성되어 있고 옳은 것을 고르는 문제라고 해 봐요. 이때 답이 될 수 없는 경우는 A가 아닌 것, B가 아닌 것, 그리고 A와 B가 모두 아닌 것으로 세 경우나 존재해요. 반드시 세 번째 경우를 찾아야 하는 것이 아니므로, 앞의 두 경우를 지워 나가다 보면 답이 빠르게 나오게 되죠. 남은 선지가 완벽하게 납득되지 않더라도 나머지는 반드시 틀린 선지니까 확신을 가지고 정답을 고를 수 있는 방식이죠. 그래서 저는 끊임없이 평가원이 주로 사용하는 논리 구성, 답이 될 수 없는 표현 및 패턴들을 찾으려고 했어요. 이후의 기출문제 분석은 그 패턴들을 찾아 체화하는 과정이었다고 할 수 있어요.

더불어 저는 비문학에 시간을 더 확보하기 위해 문법에서 시간을 줄여야 한다고 판단했죠. 그래서 기계적으로 정답을 고를 수 있을 만큼 문법 개념을 익혔던 것 같아요. 결론적으로 저는 방법론적으로 뭔가를 엄청 많이 하거나 사교육에 의존하지 않았어요. 평가원의 패턴을 충분히 익혔다고 생각했을 때 LEET/MEET/DEET의 고난도 지문으로 구성된 심화 인터넷 강의 하나를 병행한다거나 사설 모의고사를 풀어 보는 노력은 했던 것 같아요.

## Q. 수학

**A.** 우선 저는 수학의 기본 개념부터 차근차근 다시 익힐 필요가 있었기 때문에 인터넷 강의의 도움을 많이 받았어요. 인터넷 강의의 가장 큰 장점은 정해진 기간 동안 반복해서 볼 수 있다는 점이죠. 저는 기본 개념을 한 바퀴 돌리면서 선택과 집중 전략을 기반으로 부족한 부분에 대한 반복 학습을 이어 갔어요. 기본 개념만 들어도 이해되는 부분은 상대적으로 적게, 개념을 아무리 봐도 도저히 이해되지 않는 부분은 끊임없이 반복, 이렇게 선택과 집중을 하려고 했어요. 다시 말해, 약점 중에서도 약점을 파악하고 뭘 몰랐는지를 찾아내서 그 점을 보완하려고 했던 거죠.

본인이 원래 잘하는 파트는 실수만 하지 않는다면 어차피 맞힐 문제고, 그런 문제를 많이 맞히면 기분은 좋겠지만 전혀 의미가 없어요. 모르는 부분을 채워 가는 과정이 공부라고 생각했고, 가장 많이 몰랐던 과목이 수학이었으니 선택과 집중을 하더라도 절대적인 양을 투자할 수밖에 없었던 거죠. 앞서 언급한 것처럼 저는 하루에 반드시 6시간 이상씩 수학을 공부해야 한다는 저만의 규칙을 지켰어요. 남들보다 못하는데 남들보다 잘하려면 괴물 같은 양을 투입해야 한다고 생각했거든요. 6시간 이상씩 절대적인 양을 늘려 가며 공부하다 보니 따라오는 '성취감'도 제가 수학을 극복하는 원동력이 되었던 것 같아요. 아주 조금씩이지만 수학 성적을 올리는 것에 재미를 붙이기도 했거든요. 성적도 오르고 심화 문제에도 적응하게 되면서 저 스스로에게 성공의 확신을 주었던 것 같아요. 그렇게 저는 재수를 마칠 때까지 '매일 수학 6시간씩 공부하기!'라는 목표를 지켜 나갈 수 있었고 수능에서도 1등급을 맞게 되었습니다.

## Q. 모르는 부분을 알려면 어떻게 해야 하는지?

A. 문제를 정말 많이 풀어 봐야 한다고 대답하고 싶어요. 우선 모의고사 1~2회를 풀어 봄으로써 거시적으로 어떤 단원이 약한지를 파악해야 해요. 이때 적어도 기본 개념 학습을 한 바퀴 돌렸다는 것이 전제되어야 해요. 개념이 확실하게 잡혀져 있지 않은 채로 전 범위 모의고사를 푸는 것은 정말 무의미한 일이거든요. 모의고사를 통해 약한 단원을 파악했다면 약한 단원에서 또 어떤 세부지점이 문제가 되는지를 찾아내야 해요. 세부 지점까지 발견했다면 이제는 그 지점과 유사한 유형들을 반복해서 정말 많은 문제들을 풀어 봐야 해요. 저 역시 재수 기간 동안 기출문제집 한 권을 적어도 3~4번은 반복해서 풀었던 것 같아요. 여러 번 반복해서 풀다 보면 자연스레 약점이 보여요. 처음에 맞힌 문제는 다음에도 맞히고, 틀린 문제는 몇 번을 풀어도 틀리거든요. 그러면 이제 틀렸던 문제와 관련된 유형을 유형별로 반복해서 학습하고 풀이하는 거예요. 처음부터 유형별 문제집으로 본인이 잘하는 유형 수십 문제를 끝도 없이 푸는 것보다는 전 범위 모의고사를 풀어 보고, 발견된 약점과 관련된 유형을 골라서 문제를 푸는 것이 가장 효율적인 방식이라고 생각해요.

## Q. 영어

**A.** 재수하던 해부터 영어가 절대평가로 바뀌어서 다른 과목보다 상대적으로 공부를 덜 하기는 했어요. 또 영어 역시 국어만큼은 아니지만 어느 정도의 자신감이 있었거든요. 특별한 방식으로 공부하기보다는 관련 단어를 많이 외우거나 기본기를 탄탄히 다지려고 했어요. 물론 다른 과목에 비해 상대적으로 적은 양을 투입했다는 것이지, 절대적인 양이 적은 건 아니었어요.

## Q. 사회탐구 과목을 선택했던 기준이 있었는지?

**A.** 저는 꼼꼼하게 문제를 푸는 성격이어서 동일한 시간이 주어진다면 계산 문제가 많은 과목에 취약할 수밖에 없다고 판단했어요. 실제로 현역 수능 때 계산 문제가 약 4문제 늘어난 '법과 정치'에서 4등급을 받은 전적도 있었고요. 그래서 저는 절대적인 양을 투입한다면 적어도 배신하지는 않는, 노력만으로 가능한 암기 과목을 선택했어요. '생활과 윤리', '윤리와 사상'을 선택했죠. 그리고 남들에게 상대적 우위를 점할 수 있을 만큼의 노력을 기울였어요. 다행이었던 건 제가 윤리와 철학에 흥미가 강해서 그 과정이 즐거웠다는 거예요. 수능특강과 수능완성에 있는 지문이란 지문은 하나도 빠뜨리지 않고 분석했고, 밥을 먹을 때 윤리 인터넷 강의를 배경 음악 삼아 듣기도 했어요. 물론 사탐만큼 노력해서 안 오르는 과목은 없다는 확신이 있었기 때문에 더 열심히 공부할 수 있었던 것 같아요.

**Q. 수능이 다가올수록 심리적인 압박감이 있었는지?**

A. 심리적 압박감보다는 빨리 끝나 버렸으면 좋겠다는 생각이 훨씬 컸던 것 같아요. 더 나아가서 왠지 이번 수능은 잘 볼 것 같다는 자신감이 들기도 했고요. 단지 이 이상으로는 더는 못하겠다, 나중에 돌아봤을 때 스스로 후회할 일은 없겠다는 생각에서 들었던 감정인 것 같아요. 실제로 지금 다시 그때처럼 공부하라고 하면 절대 못 할 것 같아요. 정말 할 만큼 했던 거죠. 결과적으로 수능은 잘 봤어요. 물론 채점했을 때 아쉬움이 아예 없지는 않았지만 제가 통제할 수 있는 영역이 아니었다고 생각해서 오히려 후련했어요. 더 많이 했다고 결과가 바뀌었을 것 같지도 않았고, 후회도 남지 않았고, 정말 온전하게 기쁨을 느꼈던 것 같아요.

**Q. 공부를 하는 학생들에게 해 주고 싶은 이야기가 있나요?**

A. 저는 제가 공부를 열심히 하게 된 동기나 재수를 결정했던 계기가 남들에 비해 고차원적이거나 이상적이라고 생각하지는 않아요. "너는 어떤 마음으로 공부를 했어?"라는 질문에 남들보다 못하는 게 자존심이 상해서, 절박해서라는 답변이 솔직히 멋있지는 않으니까요. 존경받을 만한 혹은 누군가에게 감명을 주기에는 너무 본능적이고 현실적인 동기인거죠.

그런데 때로는 이 본능적이고 현실적인 동기가 가장 효과적이라고 생각해요. 솔직히 제가 막연하게 법조인이 되어서 정의를 실현하고 싶다는 이유만으로 공부했다면 이렇게까지 절박하게 해내지 못했을 것 같아요. 당장 매일 버스에서 마주하는 대학생과 직장인을 보며 느꼈던 부러움, 자격지심이 저를 절박하게 했고, 그 절박감 덕분에 제가 지치지 않고 완주해 낼 수 있었다고 생각해요.

결국 본인의 감정에 충실하고 받아들이는 게 가장 효과적인 동기 부여가 될 수 있는 거죠. 감정에 충실한 게 결코 부끄럽게 생각할 문제가 아니거든요. 같은 맥락에서 남들과 비교하는 본인의 모습에 큰 스트레스를 받을 필요 또한 없다고 생각해요. 오히려 그 비교 과정에서 약점을 발견하고 좋게 활용한다면 그 자체가 동기 부여가 될 수 있으니까요. 물론 아무런 노력도 하지 않은 채 남들과 비교만 하는 것은 문제가 되겠지만요.

그래서 마지막으로 해 주고 싶은 말은 공부하는 과정에 있어서는 그런 감정들을 너무 옥죄거나 통제하려고 하지 않았으면 좋겠어요. 언제나 솔직함이 가장 효과적일 수 있다는 것을 꼭 기억했으면 해요!

# 4

# 지나가면 다 별거 아닌 일,
# 슬럼프 슬기롭게 극복하기

{ 김채연 - 이화여자대학교 약학과 }

**Q. 자기소개 부탁해요.**

**A.** 안녕하세요. 이화여자대학교 약학과에 재학 중인 김채연입니다.

**Q. 어렸을 때(초등학교)는 성격이나 특성이 어땠나요?**

**A.** 딱 나이에 알맞게 생각하고 행동하던 사람이었던 것 같습니다. 부모님께서는 저에게 한 번도 공부를 하라고 강요를 하신 적이 없었고 단지 책을 많이 읽도록 권유해 주시고 책의 중요성에 관해서 얘기를 많이 해 주셨던 것 같습니다. 지금 생각해 보면 제가 책을 읽었던 것이 모든 과목을 공부하는 데 있어서 큰 도움이 되었어요. 초등학교 때는 학교에서 주어지는 독서록 쓰기와 같은 과제만 열심히 하고 학교에서 배웠던 것들을 복습하면서 학교생활을 했습니다. 전반적으로 학교생

활만 충실히 하고 1년 정도의 것만 선행하는 수준으로 공부를 했던 것 같습니다. 저는 공부를 꽤 즐거워했어요. 시험에서 좋은 결과를 받으면 스스로 뿌듯해지고 자존감이 올라가서 그게 다시 공부를 할 수 있게 하는 원동력이 되어 줬던 것 같습니다.

### Q. 중학교 때는 성적이 어땠나요? 어떤 식으로 공부했나요?

A. 중학교에 입학해서 1학년 1학기 때의 시험은 반에서 2~3등 정도, 전교 10등 내외였던 것 같아요. 초등학교와 비교해 수업이나 시험 방식이 굉장히 다르기도 했고, 어떻게 공부해야 하는지도 파악하지 못해서 제대로 대비를 못 했던 것 같습니다. 하지만 포기하지 않고 더 열심히 공부했어요. 중학교 때는 시험 범위가 많지 않고 분량이 정해져 있었기 때문에 어떤 내용이 어느 페이지 어느 위치에 있는지까지 알 정도로 봤던 것 같아요. 그리고 선생님께서 수업하시면서 중요한 부분을 직·간접적으로도 표현하시기 때문에 수업을 정말 열심히 들었어요. 그렇게 수업에만 집중해도 어려운 객관식이나 서술형을 잘 대비할 수 있다는 것을 알게 되었습니다.

이런 식으로 저에게 알맞은 공부법을 찾았고, 결국 2학년 1학기에는 시험과 수행평가에서 점수를 하나도 깎이지 않고 말 그대로 완벽한 올백을 맞게 되었습니다. 정말 뿌듯하더라고요. 선생님들께서도 저를 알아주시고 칭찬해 주셔서 굉장히 행복했습니다. 하지만 한편으로는 다른 사람들, 선생님들이나 친구들의 저에 대한 기대가 너무 높아지다

공부라는 여정

보니 부담을 느끼기도 했습니다. 다음에도 올백을 맞아야겠다는 강박이 생기더라고요.

한 시험에서 한국사 서술형 문제 1개에서 점수를 깎였는데 친구가 그것을 알고 저에게 "너 이번에 올백은 물 건너갔네~."라고 했어요. 그걸 듣고 올백을 맞지 못한 저 자신에게 너무 화가 났습니다. 그때 당시에는 다시는 그 친구가 저를 비웃지 못하게 다시 완벽한 성적을 받아야겠다고 생각했던 것 같아요.

그리고 저는 제가 공부를 잘한다고 생각을 하지 않았어요. 주위 다른 학교들에 비해 학교 시험이 쉽기 때문에 성적을 잘 받을 수 있는 것이라고 생각했습니다. 수학 학원에서 다양한 중학교의 친구들과 수업을 듣고 시험을 봤는데 저는 그 사이에서 최상위권이 아니더라고요. 그렇게 학교에서의 저의 위치에 안주하는 것이 아니라, 저보다 잘하고 열심히 공부하는 친구들을 보며 공부하는 양을 늘리고 실력을 키우려고 노력했습니다.

### Q. 그렇게 열심히 공부했던 것이 오로지 자기만족을 위해서였나요?

A. 그때 당시에는 성적을 잘 받았을 때 느껴지는 성취감과 자기만족이 제가 공부하는 가장 큰 원동력이었던 것 같습니다. 이후에 『나미야 잡화점의 기적』이라는 소설을 읽으면서 사람들의 심리와 정신에 대한 호기심이 생겼습니다. 이후 정신에 관련된 다양한 책을 읽고 영상들을 찾아보면서 자연스럽게 정신과 가장 관련된 뇌에 관해 연구해 보고 싶

다고 생각했습니다. 그렇게 저는 뇌과학자나 정신과 의사가 되어서 뇌를 연구해야겠다는 목표를 가지게 되었고 그 목표를 이루기 위해 공부를 계속해 나갔습니다. 공부를 꾸준히 열심히 한 덕분에 중학교를 전교 1등으로 졸업할 수 있었어요.

**Q. 중학교를 마치고 어떤 고등학교에 가고 싶었나요?**

**A.** 위에 말씀드렸던 것처럼 저는 뇌를 연구하고 싶다고 생각했기 때문에 과학고에 가면 깊이 있는 내용을 공부하고 좋은 시설에서 다양한 연구를 해 볼 수 있다고 생각해 과학고를 가야겠다고 생각했습니다. 나름대로 열심히 준비를 했지만 면접을 잘 못 봐서 떨어지게 되었습니다. 자사고는 지원했다가 떨어지면 집과 굉장히 먼 아무 학교에나 배정받을 수도 있어서 리스크가 너무 클 것 같아 자사고 지원은 포기했습니다. 일반고에 가서 좋은 내신을 만들어 교과나 학생부종합전형으로 가는 방법도 있었지만, 일반고에 가게 되면 중학교 때 3년 동안 열심히 만들어 왔던 저의 성적이 고등학교 진학에 쓰이지 않게 된다는 게 너무 아깝더라고요. 그리고 공부를 열심히 하는 학생들이 더 많은 환경에서 함께 공부하고 싶다고 생각해서 자공고로 마음을 정했습니다.

**Q. 중학교 3학년에서 고등학교 가기 전까지는 어떤 준비를 했나요?**

**A.** 전 항상 제가 수학이 부족하다고 생각해서 중3 겨울 방학 때 수학 공부를 열심히 했습니다. 제가 다녔던 수학 학원에서는 문제를 풀이

노트에 풀고 틀린 문제를 오답 노트에 적고 다시 풀도록 가르쳤었는데, 이것은 나중에 제가 수능 수학을 잘하게 된 밑거름이 되었습니다. 다른 선배들이나 선생님들께서 항상 본인이 틀렸던 것을 다시 풀어 보고 완전히 아는 것이 중요하다고 말씀해 주셨어요. 틀린 것을 다시 펼쳐 보는 것도 그것을 다시 공부하는 것도 너무 힘든 일이지만 그렇게 사람들이 강조하는 데는 다 이유가 있는 것 같습니다. 수학뿐 아니라 모든 과목을 공부하는 데 있어서 자신이 모르는 부분을 파악하고 그걸 채워 나가는 과정이 너무너무 너무 중요한 것 같습니다. 꼭 명심하세요!

국어는 어떻게 보면 저한테 가장 문제였습니다. 중학교 국어와 고등학교 국어는 전혀 다르다고 해도 무방하고 저는 수능 국어를 한 번도 공부해 본 적이 없어서 수능 국어를 가르치는 학원에 가서 공부하는 방식을 처음부터 배웠습니다. 그리고 학원에 모의고사 문제를 달라고 해서 스스로 모의고사를 풀어 보기도 하고 문제집을 풀고 해설지를 보면서 작품 공부, 지문 분석을 하면서 공부했습니다.

**Q. 중학교에서 전교 1등 했던 학생들이 오는 고등학교라는 명성을 알고 입학 전에 어떤 마음가짐을 가졌었나요?**

**A.** 저는 친구들과 노는 것도 좋아해 많이 놀러 다니는 학생이었어요. 이제 고등학교를 올라가면 다 공부를 잘하는 친구들이고 시험도 엄청나게 어려워질 거라고 생각해서 정말 열심히 공부만 해야겠다는 마음가짐을 가졌습니다. 근데 결론부터 말씀드리자면 딱 3주 갔습니다. 그

동안에는 정말 쉬는 시간과 점심, 저녁 시간에도 계속 공부하고 애들과는 최소한의 필요한 얘기만 하면서 지냈어요. 하지만, 전 그랬던 걸 아직도 후회해요. 그 3주 동안 너무 힘들었거든요. 저는 친구들과 얘기하고 잘 어울려야 되는 성격인데 공부만 하느라 친구도 못 만들고 자존감도 정말 낮아져서 공부에 제대로 집중하지도 못했던 것 같습니다.

**Q. 그런 학교는 학교 입학하고 처음 적응하는 그 시기에는 다른 학생들도 쉬는 시간에 계속 공부하고 그러지 않나요?**

**A.** 전혀 그렇지 않아요! 공부를 좀 잘하긴 하지만, 다들 평범한 학생들이었어요. 첫날에는 서로 눈치 보면서 자기 수준에도 안 맞는 어려운 문제집을 풀고 쉬는 시간에도 공부하고 그랬는데 금방 그런 분위기가 깨지고 같이 수다 떨면서 친해지더라고요. 저희 학교는 야간 자율 학습이 필수라 아침 8시에 등교해서 밤 10시까지 학교에 있기 때문에 친해질 수밖에 없는 환경이었죠. 저도 '얼른 친구를 만들어야겠다. 이러다 정말 미쳐 버리겠다.'고 생각했고 친구들에게 먼저 다가가서 말도 걸고 쉬는 시간에 같이 학교 자판기에 가서 간식도 사 먹고 그랬습니다. 나중에는 거의 모든 반 친구들이랑 친해져서 부반장도 했어요! 1학년 때 처음 사귄 친구는 그해에 자퇴를 했다가 다른 학교에 복학했는데 아직도 연락하고 만나는 좋은 친구 사이를 유지하고 있습니다.

**Q. 고등학교에서 첫 시험은 어땠나요?**

A. 고등학교에서의 공부는 중학교 때와는 차원이 달랐습니다. 범위도 훨씬 넓고 난이도도 어려웠죠. 국어는 교과서의 절반 그리고 추가로 선생님들께서 나눠 주시는 자료들이 시험 범위였는데 그 부가 자료가 정말 많았어요. 중간고사 때 문학 작품 50개가 시험 범위이고 1년 동안 계속 누적해서 나중에는 200개가 시험 범위가 되고 그랬습니다. 이런 상황이다 보니 중학교 때의 공부 방식은 통하지 않았죠. 시험 범위를 여러 번 반복하는 게 아니라 전부 다 한 번만 보는 것도 벅찼습니다. 다른 과목들도 국어처럼 시험 범위가 엄청나서 그렇게 중간고사 때는 어떻게 공부해야 하는지도 모르고 시험 범위를 따라잡느라 허덕이면서 나름대로 시험을 준비했습니다. 시험을 봤는데 점수가 너무 처참해서 절망적이었지만 시험이 어려워서 등급은 나쁘지 않을 것 같다고 생각했습니다. 결과적으로 제가 반에서 1등이었습니다. 저희 반이 공부를 조금 못하는 편이어서 전교 등수는 30등대이긴 했지만요. 시험에 적응하기만 하면 더 잘할 수 있겠다는 희망이 생기더라고요.

**Q. 그럼 처음 시험을 보고 나서 어떤 노력을 기울여야겠다고 생각하고 어떻게 하셨나요?**

A. 제가 영어는 그래도 자신이 있는 편이었고 중간고사에서도 높은 등수의 1등급이었기 때문에 영어는 원래 공부하는 방식대로 공부하면 되겠다는 확신이 있었습니다. 국어는 첫 시험을 보고 학교 교과서보다

부교재에서 더 높은 비율로 문제가 출제된다는 것을 파악해 부교재를 공부하는 데 집중했습니다. 참고서를 활용해 거기에 있는 내용을 부교재의 본문에 모두 옮겨 적고 그것을 학교 점심시간이나 저녁 시간에 밥 먹을 때 짬짬이 공부해 시간을 절약하고 여러 번 반복해서 공부하는 방식을 택했습니다. 시험 기간에는 친구들과 함께 서로 문답하면서 그 시의 상황, 정서 등을 얘기하며 반복 학습하기도 했습니다.

전 이과 성향이 강한 사람이라 통합사회에 취약했었는데 저희 반에 통합사회 1등 한 친구가 있어서 그 친구에게 조언을 구했어요. 마지막으로 수학은 1학년 내내 저의 발목을 계속 잡았습니다. 저희 학교는 영재고를 준비하다가 온 친구들이 많아 수학, 과학에 뛰어난 학생들이 대단히 많았고 수학 시험의 난이도 굉장히 어려웠습니다. 저는 고등학교 수학 과정을 1번씩만 본 상태여서 기본 개념은 알았지만 저희 학교 수학 시험을 잘 풀기에는 한없이 부족한 실력이었습니다. 자습 시간의 2/3 이상을 수학 공부에만 썼던 것 같아요. 학교에서의 자습 시간 대부분은 수학에 쓰고 학교 점심, 저녁 시간이나 기숙사에서의 자습 시간에는 과학, 영어, 국어를 공부했습니다. 그리고 부족한 부분을 채우기 위해 기숙사에서 1시에 야간 자습이 끝나고 방에 돌아와서도 화장실 바닥에 앉아 변기에 책을 놓고 공부하기도 했습니다. 1시 이후에는 취침하는 것이 원칙이라 방에서 공부하다가 기숙사 사감 선생님께 걸리면 벌점을 부여받았는데 하지 말라면 더 하고 싶은 법인지 그렇게 몰래 공부를 하면 저 자신이 조금 불쌍하기도 했지만 나름 스릴 있고 재

공부라는 여정

믿었던 것 같습니다.

## Q. 방학 때는 어떤 식으로 공부를 해 나갔나요?

A. 방학 때도 학교에 계속 나가 자습을 했었는데 학교 수업이 없어지니까 자습할 시간이 훨씬 많이 확보되었어요. 저는 기숙사 생활을 해서 기숙사에서 6시에서 7시까지 아침 자습을 하고 학교에 8시에 등교해 밤 10시까지 자습을 했습니다. 다시 기숙사에 와서 10시 반에서 1시까지 자습을 했었죠. 하루에 대략 14시간~16시간 정도 공부했던 것 같습니다. 고등학교 오기 전에는 학원에서 수업을 듣거나 집에 와서도 학원에서 내 주는 숙제만 하는 방식으로 자율적이지 않은 공부를 해 나갔는데 1학기 동안 자율 학습을 하는 힘을 길러 방학 때는 계획을 짜고 스스로 필요한 양만큼 공부했습니다. 자습을 처음 했을 때는 무슨 공부를 어떻게 해야 할지조차 막막했는데 저에게 맞는 자율 학습 방식을 터득한 후에는 공부 효율도 늘고 더 재미있게 공부해 나갔습니다.

## Q. 1학기와 방학 동안 공부를 열심히 해서 2학기 때에는 성적이 향상되었나요?

A. 네. 1학기 때랑 2학기 때랑 비교하면 국어도 2등급에서 1등급으로 올랐고 과학은 4등급에서 1등급으로 올라갔습니다. 영어는 1등급을 유지했고 사회는 4등급에서 3등급으로 향상했습니다. 수학은 부족한 실력을 채우려고 노력했지만, 단기간에 해결이 되진 않아서 3등급을

유지했습니다. 1학기 내신이 3.13등급이었는데 2학기 때 1.96등급으로 올라 2학기 때에는 전교 16등을 했습니다.

**Q. 1학년이 끝날 무렵에도 여전히 목표는 의대였나요?**

**A.** 네. 그때도 목표는 의대였어요. 저는 고등학교 3년 동안 목표가 항상 의대였던 것 같아요. 2학년 말에는 내신 성적을 산출해 봤을 때는 수시로 의대를 가기에는 힘들었지만, 그때부터는 수능으로 가야겠다고 생각하면서 수시와 정시를 모두 준비했던 것 같습니다. 의대를 목표로 하고 준비를 하면 제가 나중에 가고 싶은 대학이나 과를 선택해서 갈 수 있겠다고 생각했기 때문에 목표를 높게 잡고 공부를 해 나갔습니다.

**Q. 1학년이 끝나고 정시와 수시 중 어느 전형으로 대학을 갈지 생각을 해 보셨나요?**

**A.** 저는 정시와 수시 모두 준비해야겠다고 생각했습니다. 저희 학교는 정시 위주의 학교여서 내신 시험을 준비하면서 정시 준비에도 많은 도움이 됐어요. 그리고 저는 3살 많은 오빠가 있는데 저희 부모님께서 오빠를 보면서 수능으로는 대학 가기가 쉽지 않다는 것을 아셨는지 저에게 내신과 생활기록부는 절대 놓으면 안 된다고 항상 말씀을 해 주셔서 수시도 꾸준히 준비했습니다. 결론적으로 수시로 대학을 간 저로서는 부모님 말씀을 듣길 참 잘한 거죠.

**Q. 2학년 올라가면서 마음의 변화가 있었나요? 2학년 때는 어땠나요?**

**A.** 제가 1학년 과목이었던 통합사회, 한국사, 한문 등의 교과목에 취약한 편이에요. 2학년 때는 이런 과목들이 없고 수학과 과학 비중이 커지기 때문에 겨울 방학 때 실력을 잘 키워 놓으면 1등급 초반의 성적도 받을 수 있겠더라고요. 1월에는 기숙사에서 생활하면서 여름 방학 때처럼 학교에서 14~16시간씩 자습을 했습니다. 저는 평일 학교에서는 잠을 줄여 가면서까지 자습 시간을 확보하고, 시간을 최대한 허투루 쓰지 않으려고 노력했는데 금요일에 집에 돌아오기만 하면 학원이나 과외 이외에 스스로 공부를 한 적이 없었어요.

이런 저에게 2학년 초반에 코로나19라는 대재앙이 닥쳤습니다. 온라인 클래스로 수업을 하고 나중에는 줌으로 수업을 하면서 학교에 잘 가지 못하게 되었어요. 그때 2학년 돼서 성적을 잘 받아야 한다는 생각과 학교에 가지 못하는 상황이 겹쳐서 저에게는 슬럼프가 왔어요. 집에서 공부를 하기는 했지만 학교에서 하는 것의 절반도 하지 못했던 것 같아요. 집중도 제대로 못 했고 기숙사에서는 6시~7시에 일어나는 게 당연했지만, 집에서는 8시쯤 출석 체크할 때 일어나는 게 당연해지고 집에서 2시간씩 낮잠도 자고 그랬습니다. 지금까지 만들어 왔던 생활 패턴이 완전히 무너진 것이죠. 그렇게 집에서는 공부도 잘 안 되지, 간혹 학교에 가는 날에는 수행평가를 봐야 했고 밖에 마음대로 나가지도 못하고 그러니까 스트레스가 정말 최대치로 쌓였던 것 같아요. 혼자 힘들어하다가 담임 선생님께 상담을 받은 적도 있습니다. 그렇게 코로나

19 상황 속에서 불안정한 학교생활을 하고 집에서 공부를 거의 안 한 탓에 시험 기간이 닥쳐 오니 해야 할 것들이 너무 많더라고요. 해야 할 것들이 쌓여 있으니까 그 사실을 외면하게 됐고 아예 손을 놔 버리게 되었습니다. 그렇게 슬럼프를 겪은 탓에 1학년 내내 높은 등수의 1등급을 받으며 자신이 있던 과목인 영어를 2학년 1학기 때 최종 3등급을 받았습니다. 결국 2학년 1학기 총 성적은 2등급으로 마무리했습니다.

## Q. 코로나 상황 속에서 겪은 슬럼프를 어떻게 극복했나요?

A. 그때 무기력하고 나태한 저 자신이 너무 싫어서 부모님께도 말씀드려 보고 선생님과 상담도 해 보고 대화를 나누었던 게 실제로도 도움이 되었던 것 같아요. 하지만, 저의 상태를 원래대로 되돌려 놓을 수는 없었습니다. 그 상황에 시간을 가지고 적응하는 수밖에 없었죠. 그리고 유튜브에 유명한 공부 자극 영상이 올라와도 전 절대 보지 않았었는데, 우연히 본 영상 하나가 심리적으로 위로가 되면서 열심히 살아야겠다는 생각이 들게 하더라고요. 그것도 저에게 큰 도움이 되었던 것 같습니다.

저는 슬럼프를 겪으면서 누군가에게 도움을 요청하는 것도 귀찮을 정도로 무기력증을 심하게 겪어서 제 고민을 남들에게 많이 털어놓지는 못했던 것 같습니다. 슬럼프를 극복하고 그때를 다시 생각해 보니까 그때 힘을 조금만 더 내서 저의 무기력하고 우울한 감정을 표출하고 주변 사람들의 응원이나 위로를 받았더라면 더 빨리 극복했을 것 같다는 생각이 들어요. 혹시라도 슬럼프를 겪게 된다면 다른 사람에게 조언을 구하거나 도움을 받는 것을 주저하지 않았으면 좋겠어요.

**Q. 2학년에서 3학년으로 올라갈 때는 어떤 준비를 했나요?**

A. 이제 3학년 때는 대부분 과목이 절대평가이고 내신 시험도 수능과 비슷한 형식으로 나오기 때문에 수능 준비를 본격적으로 하기 시작했습니다. 저는 항상 수학이 가장 부족하다고 생각을 했기 때문에 수학 공부에 많은 시간과 노력을 할애했었습니다. 2학년 말부터 새로 다녔던 수학 학원에서는 수능과 모의고사, 사관학교, 경찰대 기출 문제 중 어려운 문제들을 모아 놓은 자료를 주었는데 선생님께서 그 문제들을 풀고 어려워도 여러 번 보고 생각하면서 풀어 보려고 노력하라는 미션을 주셨습니다. 그 전에는 보통 시중 문제집을 풀었기에 모르는 문제가 나오면 조금 생각해 보다 답지를 보고 넘어가곤 했습니다. 그 문제를 완전히 정복한 게 아니었죠. 방학 동안 선생님의 말씀대로 모르는 문제가 나와도 1주일 동안 다시 그 문제를 펼쳐 보면서 풀이를 떠올려 보려고 노력을 많이 했어요. 신기한 게 그렇게 여러 번 쳐다보고 생각하다 보면 '이렇게 풀면 될 것 같은데…?'라고 생각이 드는 문제들이 생기더라고요. 이렇게 수학 실력이 향상되고 나니까 수학 문제들도 더 잘 풀렸고 자신감도 붙었습니다.

2학년 방학 때는 코로나 때문에 학교에서 자습을 하지 못하고 집이나 스터디 카페에 가서 공부했어요. 2학년 말에 친해진 저희 학교 전교 1

등 친구가 있는데 그 친구랑 방학 동안에 스터디 카페에 같이 다녔습니다. 그 친구는 스터디 카페 의자에 한 번 앉으면 4시간 정도를 한 번도 안 일어나고 계속 공부를 하더라고요. 그것을 보고 상당히 충격을 받았었고 그 친구를 보며 공부 자극도 많이 받고 오랫동안 공부를 하는 모습을 따라 하려고 노력했습니다.

## Q. 3학년 때는 어땠나요?

A. 전 3학년을 가장 재밌게 보냈던 것 같아요. 조금 미화가 됐을 수도 있는데 3학년 때는 저녁 먹고 친구들과 산책만 해도 행복했던 것 같습니다. 3학년 때는 몸과 마음이 항상 지쳐 있어서 그런지 가끔 일탈을 하면 그렇게 행복했었어요. 원래 평일에는 밖에 나가면 안 되는 게 원칙인데 가끔 밖에서 아이스크림을 사 와서 먹거나 기숙사에서 컵라면을 몰래 먹는 그런 일탈을 했었어요. 그리고 친구들과 어려운 문제를 어떤 식으로 풀었는지 같이 공유하고 같이 사설 모의고사를 사서 풀고 아이스크림이나 자판기 내기도 하고 오답도 같이했어요. 가끔 코로나가 심해져서 집에서 공부를 하기도 했는데, 엄마가 고3인데 너무 편안하고 행복해 보인다고 하시더라고요.

고3 2학기 때부터는 학교에서 수능 시간표대로 일정을 운영해서 그에 맞춰 사설 모의고사나 기출 문제 모의고사를 풀고 저녁 시간에는 해설 강의를 듣고 오답하는 시간을 가졌습니다. 확실히 3학년이 되고 오랜 시간 공부하다 보니 체력이 많이 떨어졌습니다. 원래는 졸려도 1시

공부라는 여정

까지 공부하고 그랬는데 3학년 때는 12시 전에 자는 일도 많아졌어요. 고3이 되면 질리도록 듣는 말 중 하나가 체력 관리를 잘해야 된다는 말인데 정말 중요한 말이긴 합니다. 한 번 체력이 떨어지면 회복하기가 굉장히 어렵고 몸이 힘들면 머리도 안 돌아가고 심리적으로도 힘이 들어요. 체력 관리에도 정말 많이 신경을 써야 해요.

## Q. 3학년 1학기가 끝난 후에 수시 지원은 어떻게 하기로 하셨나요?

A. 전체 내신을 계산해 보니 2.09등급 정도였습니다. 학교 특성상 내신 따기가 쉽지 않아서 교과는 무리였고 논술은 준비한 적도 없으니 저는 수시 6개 모두 학생부 종합 전형으로 쓰기로 생각했어요. 저의 내신 점수로는 현실적으로 의대가 힘든 성적이었지만 모의고사 성적으로는 의대를 갈 수 있는 성적이었기 때문에 저는 상향으로 2개는 의대, 2개는 약대를 썼고 나머지는 적정으로 연세대학교와 고려대학교의 공대를 썼습니다. 제가 제일 잘 봤던 4월 모의고사는 총점(국·수·탐) 백분위가 299점이었고 나머지 모의고사도 백분위가 290점 이상 정도여서 모의고사 성적대로 수능을 받으면 지방대 의대는 갈 수 있는 성적이었어요. 그래서 혹시 수능을 잘 볼 경우를 대비해 전부 면접이 수능 뒤에 잡혀 있는 전형으로 수시를 썼습니다.

## Q. 수능은 어떻게 봤나요?

A. 저는 언어와 매체를 선택했었는데 모의고사 풀 때도 항상 매체를

먼저 풀어서 수능 때도 똑같이 매체를 제일 먼저 풀었습니다. 근데 생각보다 매체 문제가 헷갈리고 잘 안 풀려서 1차 멘붕이 왔습니다. 보통 8~12분 이내에 완벽하게 풀고 넘어가는데 수능 때는 대략 15~20분을 매체를 붙잡고 있었던 것 같습니다. 언매에서 시간을 예상보다 많이 쓰니까 문학을 풀 때도 본문이 잘 안 읽히고 문학을 푸는 데도 오랜 시간이 걸려 비문학에 사용할 수 있는 시간이 평소보다 15~20분 정도 부족했어요. 그래서 비문학의 〈보기〉 3점짜리 문제는 거의 포기하고 허겁지겁 풀 수 있는 문제들을 풀었습니다.

그렇게 1교시가 지나고 2교시 수학을 봤는데 수학은 생각보다 잘 풀려서 검토하면서 '아 100점 맞겠는데?'라고 생각했어요. 영어는 제가 3학년 동안 다른 과목 공부하는 데 바빠서 좀 소홀히 했더니 생각보다 술술 풀리지는 않는 느낌이었습니다. 한국사는 쉬워서 머리를 식히는 시간을 좀 가졌고,

대망의 과탐 시간이 도래했죠. 저는 과탐에는 자신이 꽤 있었어요. 실제로 항상 1등급을 유지했고 다 맞거나 1개~2개를 틀리는 정도였습니다. 저는 생명과학1, 지구과학1 선택이었는데 2022학년도 수능 생명과학1 시험은 역대급으로 어려워서 시험을 풀면서도 너무 당황스러웠어요. 집에 가고 싶다는 생각까지 들더라고요. 결국 킬러 문제 3개는 거의 찍었습니다. 그렇게 생명1을 풀고 시험지를 바꿔 지구1을 풀었는데 지구과학도 정말 쉽지 않았어요. 수능이 사설 모의고사보다 어렵게 나와서 지구과학도 결국 2문제를 통째로 찍었습니다.

공부라는 여정

모의고사와 수능은 너무나도 다르기 때문에 수능에서 자신의 실력대로 점수가 나오는 것은 많은 운과 평소에 해 왔던 노력이 필요하단 것을 수능을 보고 깨달았습니다. 수능 성적이 생각만큼 좋지 못해서 수시 1차 합격 결과를 기다렸어야 했는데 솔직히 의대와 약대는 쓸 때부터 힘들 수도 있겠다는 생각을 해 거의 반 포기였고, 연세대 융합과학공학부와 고려대 바이오의공학부의 소식을 기다렸습니다. 고려대 최저는 맞췄었지만, 연세대 융합과학공학부의 최저 중에는 영어 1등급이 있어서 마음이 싱숭생숭했습니다. 수능 성적표가 나와서 학교에 받으러 갔는데 담임 선생님께서 제 영어 성적이 1등급이 나왔다고 하시길래 그때 정말 너무 신나서 반에서 소리를 질렀습니다. 현역 입시에서는 연세대학교와 고려대학교 두 학교에 학생부종합전형으로 합격했고 연세대학교에 가기로 결정했었으며, 이후 반수를 하게 되어 최종적으로는 이화여자대학교 약학과에 진학하게 되었습니다.

### Q. 마지막으로 해 주고 싶은 말이 있나요?

A. 저는 마지막으로 2가지 정도 말해 주고 싶은 게 있습니다.

먼저, 힘든 일은 다 지나가고, 그때는 엄청나게 크고 중요한 것처럼 보여도 나중에 보면 다 별거 아닌 게 되어 있다는 것을 알려 드리고 싶습니다. 저는 고등학교 1, 2학년 때 내신을 준비하면서 스트레스를 엄청나게 받았었어요. 시험이 닥쳐오기 전까지는 너무나 힘들고 포기해 버리고 싶지만, 막상 시험을 보고 나면 몇 시간 후면 받았던 스트레스를 다 까먹고 즐겁게 놀았습니다. 지금은 그때 제가 얼마나 힘들었는지 잘 기억이 나지도 않습니다. 인생을 살아가면서 어떤 힘든 일이 다가오더라도 그 일을 경험하기도 전에 포기하지 말았으면 좋겠어요. 막상 그 일을 겪고 나면 금방 혹은 나중에 언젠가는 별거 아닌 일이 되어 있을 거예요. 고등학교 3학년 때 학원에 갔는데 거기에 코로나19 확진자가 있었고 그 확진자 주위에 앉았던 사람이었던 저는 2주 동안 자가격리를 해야 했습니다. 그때 시기가 6월 모의고사와 겹쳐서 시험을 학교에서 보지 못했는데, 그때 당시에는 6월 모의고사는 처음 평가원 시험이어서 너무 중요하다고 여겨졌기 때문에 학교에서 6월 모의고사를 보지 못한다는 소식을 듣고 너무나 분하고 서러웠습니다. 그때는 방에서 정말 세상이 무너질 것처럼 울고 그랬었는데 지금 생각하면 6월 모의고사를 학교에서 못 봤던 것은 제 수험 생활을 그다지 큰 영향을 끼치지 않았습니다.

마지막으로, 여러분이 노력할 수 있는 한계가 어디까지인지를 알 수 있을 만큼 최선을 다해 보는 경험을 해 보셨으면 좋겠어요. 저는 고등학교 3학년 때도 나름대로 공부를 열심히 했지만, 공부에 전력을 다해 정말 탈진할 때까지 해 본 적은 없는 것 같아 항상 아쉬움이 남습니다. 어떤 것에 정말 최선을 다하고 큰 노력을 기울이면 좋은 결과가 보통 뒤따라오고, 좋은 결과를 얻지 못해도 분명 스스로 배우게 되고 남는 것이 있습니다.

# 5

# 나만의 길을 꾸준히, 그리고 한결같게

{ 민성연 - 전북대학교 의예과 }

**Q. 자기소개 부탁해요.**

**A.** 네. 안녕하세요. 저는 올해 고등학교를 졸업하고 대학에 진학하게 된 민성연입니다.

**Q. 정시 결과는 어땠나요?**

**A.** 가, 나, 다군 각각 전북대 의예, 경희대 치대, 계명대 의예를 지원했고, 모두 합격했습니다.

**Q. 어느 학교를 갈지는 결정하셨나요?**

**A.** 합격 발표가 난 후로 지방 국립대인 전북대 의대와 인서울 치대인 경희대 중에서 고민을 정말 많이 했습니다. 인서울 대학에서의 캠퍼스

라이프에 대한 로망이 있었거든요. 하지만 제가 아직 미래에 뭘 해야 겠다 하는 구체적인 진로를 정하지 않았기에, 결국 좀 더 다양한 선택을 할 수 있는 전북대 의대로 결정하게 되었습니다.

**Q. 초등학교 때부터 책을 읽고 공부하는 것을 좋아하셨나요?**

**A.** 아니요. 저도 보통 친구들처럼 놀러 다니고 게임하는 걸 좋아했습니다. 공부라고 해도 그냥 학교에서 수업 듣는 정도? 그래도 수업시간에 딴짓은 안 했던 거 같아요. 시키는 거 꼬박꼬박 하고.

**Q. 그러면 가장 처음 학원을 다닌 시기는 언제였나요?**

**A.** 초등학교 4~5학년 때쯤에 처음으로 영어 학원을 다녔던 기억이 납니다. 저희 어머니가 학구열이 좀 있으셨거든요. 학원을 안 다니겠다는 저의 고집에도 불구하고 영어 학원을 알아보시더니 결국 저랑 같은 동네 살던 사촌이랑 함께 다니게 되었습니다. 주로 듣기와 말하기 위주의 학원이었습니다. 학원에 가면 컴퓨터에 앉아 헤드셋을 끼고 영어 음성을 들으며 영문 타이핑도 해 보고, 그러다가 시간 맞춰 교실에 들어가면 원어민 선생님이 계셔서 영어로 대화하고. 그렇다고 제가 지금 막 원어민처럼 유창하게 말하고 그러지는 않습니다.

**Q. 처음 다닌 것이 영어 학원이라면, 수학 학원은 언제부터 다녔나요?**

**A.** 중학교 1학년 때 같은 반 친구의 권유로 그 친구와 같은 학원에 다

니게 되었습니다. 그 학원이 내신 위주의 종합학원이었는데, 평소에는 영어, 수학만 하고 시험 기간에는 여기에 국어, 과학, 역사까지 추가로 수업이 진행되었습니다.

## Q. 중학교 때 수학에 대한 어려움은 없었나요?

**A.** 사실 큰 어려움은 없었습니다. 교과서 개념 위주로 꼼꼼히 익히려고 노력했습니다. 수학 교과서 본문을 노트에 쭉 옮겨 적고, 예시 문항에 저만의 부가 설명을 달면서 어떤 메커니즘으로 이 원리가 사용되는지 등을 스스로 공부했던 거 같아요. 어쩌면 이런 과정이 있었기에 어려움이 없었는지도 모르겠네요.

## Q. 중학교 때 공부는 얼마나 하셨나요?

**A.** 학교에서는 친구들이랑 노느라 수업 시간에 수업 듣는 거 말고는 자습할 시간이 거의 없었죠. 그래도 학원에 있는 동안은 나름대로 열심히 수업 듣고 공부했습니다. 학교가 끝나면 셔틀버스를 타고 학원으로 이동해서 밤 10시까지 공부했어요. 학원에 있는 그 5~6시간 동안 수업 듣고, 중간중간에 있는 자습 시간에 혼자 공부도 하고, 저녁도 학원에서 먹곤 했습니다. 학원 수업을 듣다가도 아는 내용이 나오면 자꾸 딴 생각이 드는 경우가 많았어요. 그래도 최대한 집중하려고 노력했고 최소한 3~4시간 정도는 학업과 관련하여 혼자 생각해 볼 수 있는 시간이 확보되지 않았나 싶습니다. 수업을 귀로만 듣는 게 아니라 머

릿속으로 직접 정리도 해 보고 필기도 하고, 그런 식으로요.

## Q. 성적은 잘 나왔나요?

**A.** 당연하죠. 시험이 끝날 때마다 반 친구들이 제 주변으로 몰려와 답을 맞춰 보곤 했습니다. 내신을 챙겨야겠다는 목적이 있었던 것은 아닌데 그냥 공부를 하다 보니 점수가 잘 나왔고, 최종적으로 내신 195점, 전교 9등으로 졸업하게 되었습니다.

## Q. 선행 학습은 어느 정도 하셨나요?

**A.** 중학교 3학년까지 아까 말씀드린 종합 학원을 다녔고, 내신 위주 학원이기에 학원에서 따로 선행을 하지는 않았습니다. 학교 수업 맞춰서 개념을 복습하고 문제를 풀어 보는 수준이었어요. 제 공부 스타일 자체가 선행보다는 복습하는 걸 더 중요시해서 이런 학원 스타일이 저랑 잘 맞았던 것 같습니다. 다만 3학년 겨울 방학부터는 학원에서도 고등 수학 선행을 시작했고, 고등학교 과학은 선행 학습을 하면 도움이 된다는 말을 듣고 과외를 구해서 중학교 3학년 여름부터 통합과학을 배우기 시작했습니다. 고등학교에 올라가면서 종합 학원은 그만두고, 영어와 수학 단과 학원을 각각 등록해 한 학기 정도 앞서 선행 학습을 진행했습니다.

## Q. 고등학교를 선택한 기준은 무엇이었나요?

**A.** 우선 저희 지역이 비평준화 지역이었고, 저의 내신 성적도 높았기에 좋은 고등학교를 가기로 했습니다. 아무래도 공부 분위기가 잡힌 곳에 가야 저도 더 공부하게 될 것 같아서요. 집 근처에서 입결이 좋은 고등학교 두 군데 모두 답사를 가 본 결과 ○○고등학교가 더 건물이 마음에 들어서 결국 진학을 결정했습니다.

## Q. 공부 잘하는 친구들이 많이 가는 고등학교를 가신 거네요?

**A.** 그렇죠. 주변 친구들의 중학교 내신을 물어보면 전부 197, 198점에다가 전교 5등 안에는 들던 학생들밖에 없었습니다. 몇몇은 과학고, 영재고 준비하다가 떨어져서 온 친구들도 있었고요. 그런 애들 보면 정말 천재가 이런 거구나 싶더라고요. 수학, 과학 관련해서 저도 많이 도움받았습니다.

## Q. 그런 고등학교를 가기 위해 특별히 준비한 것이 있었나요?

**A.** 아뇨. 처음부터 좋은 고등학교에 가야겠다는 마음이 있었던 게 아니라 어떻게 보면 성적 맞춰서 들어간 것이었습니다. 그래서 뭔가 특별히 마음가짐을 달리했다거나, 공부를 더 열심히 했다거나 그러지는 않았습니다.

주변 친구들과의 경쟁보다는 내가 어떻게 해야 고등학교 생활을 잘할 수 있을까를 고민했고, 나름대로 루틴을 정해서 고등학교 대비 공부를 했습니다. 고등학교 입학 전까지 학원을 통해 영어와 수학을 공부했고, 국어는 시중에 판매하는 기출문제집을 사다가 매일 2~3지문씩 풀어 봤습니다.

**Q. 그러면 이때 공부는 몇 시간 정도 하셨나요?**

**A.** SNS를 보면 10시간씩 공부하는 사진이 종종 올라오던데, 저는 사실 안 믿기더라고요. 10시간을 연속으로 공부한다는 게 말이 되나, 그냥 책만 펴 놓고 시간만 보내는 건 아닌가 하고 말이죠. 저 같은 경우는 제가 확실하게 집중 가능한 시간 동안만, 예를 들어 1시간 정도 공부하다가 좀 집중 깨진다 싶으면 주저 없이 눕고, 그러다가 2시간 공부하는 식으로 공부를 했습니다. 하루 동안 공부할 양을 정하는데 시간 단위로 정하는 것이 아닌 문제를 몇 문제 풀지, 혹은 몇 페이지를 풀지를 정해서 매일매일 일정한 양의 공부를 해 왔습니다.

**Q. 첫 중간고사는 어땠나요?**

**A.** 깜짝 놀랐습니다. 중학교 때는 수학에 너무 자신이 있었는데, 고등학교 내신 첫 시험에서 72점을 맞고 등수도 무려 80등이라는 역대 최고로 낮은 수학 성적을 받았습니다. 평균이었던 60점보다 높기는 했지만, 처음으로 승부욕이 생기기 시작했습니다. 80등으로 만족할 수 없었죠. 과학 과목의 경우 딱 한 문제를 틀렸는데도 35등이었습니다. 그 외에도 순위권에 든 과목이 없었기에 꽤나 충격을 받았습니다. '그동

안 너무 공부를 안 했구나.', '선행을 했어야 했나.', '나보다 공부를 잘 하는 친구들이 이렇게나 많구나.', 여러 가지 생각이 들었죠. 모의고사 는 항상 1등급이 나왔었고, 수시로 갈 용기나 생각도 없었지만 낮은 등 수는 저에게 큰 충격으로 다가왔고 이때부터 공부를 더 열심히 해야겠 다는 생각을 했습니다. 하지만 기말고사도 다르지 않았고 결국 고1 1 학기 내신을 수학 4등급, 평균 2.4등급으로 마무리하게 되었습니다.

### Q. 1학기 이후 여름 방학 때는 어땠나요?

**A.** 안타깝게도 열심히 하겠다는 생각만 했지, 본격적으로 실행에 옮기 지는 못했습니다. 엄청나게 공부량을 늘리지도 않았고, 평소 하던 대 로만 쭉 이어 갔죠. 학원 가고, 집에서도 숙제 1~2시간 정도 하고. 학 원 수업 시간을 포함해서 하루에 4~5시간 정도 공부했던 것 같네요.

대신 원래 가지고 있던 공부 습관에 수학 오답 노트를 추가했어요. 문 제집을 풀다 보면 정답을 틀리는 문제도 있고, 아예 못 푸는 문제들도 생기기 마련입니다. 자잘한 계산 실수로 틀렸더라도 풀이 과정을 다 시 한번 되짚어 보고자 오답 노트를 적었고, 못 푼 문제는 한 번 다시 스스로 풀어 보고, 정 모르겠다 싶을 때 해설을 보며 이 문제에 사용된 공식이라던지, 미처 생각하지 못한 발상, 풀이법 등을 정리했습니다. 많은 시간을 투자한 것도 아니고, 시간 날 때마다 한두 문제씩 오답 노 트에 정리하는 것만으로도 충분히 도움이 되더라고요.

이를 통해 2학기 내신에는 수학을 2등급까지 올렸습니다. 성적이 오르니 자신감도 다시 점점 차오르게 되었죠.

**Q. 2학년 올라가면서는 수학, 과학이 더 많아지는데 2학년 올라갈 때는 변화가 있었나요?**

**A.** 네. 제가 드디어 인강을 듣게 되었습니다. 그 전까지는 학원만으로 어떻게든 버텨 왔지만, 점점 필요성이 느껴지더라고요. 주변 친구들을 보면 다들 선행도 나가고 있고, 대부분 인강 패스를 구매해 강의를 듣고 있으니 왠지 나도 해야 될 것만 같은 느낌이 드는 거죠. 점점 더 격차가 벌어질 수도 있겠다는 생각을 하게 되었고, 소위 말하는 일타 강사들에 대한 정보를 찾아본 뒤 마음에 드는 강사분이 있는 곳을 선택하게 되었습니다. 가장 먼저 들은 강의는 2학년에 배우게 될 수 I, 수 II였습니다. 학원에서도 선행을 하고는 있지만 부족하다는 느낌을 받아 왔고, 그런 부족함을 인강을 통해 채워 갈 수 있었습니다. 여기에 고1 때 과외를 받으며 선행한 물리 I, 화학 I, 생명 I에 대한 고난도 문항 강의도 수강하며 2학년을 대비했습니다. 방학에는 과목별로 돌아가면서 하루에 2~3개 강의씩 들었고, 학원을 제외하고 오롯이 혼자 공부하는 시간이 3~4시간 정도로 늘게 되었죠.

**Q. 이때 당시 꿈이 있었나요?**

**A.** 그냥 막연하게 부모님이 치과 관련 일을 하시니, 중학교 때부터 장래희망에 항상 치과의사를 써 왔습니다. 뭣도 모르고 그냥 '치과의

사도 의사니까, 사회적으로 굉장히 인정받는 직업이고, 공부 잘하는 사람들이 가니까라는 마음으로 '난 치과의사가 될 거야.'라고 생각해 왔던 것 같아요. 수능을 준비하면서도 연세대 치대에 가야지라는 마음을 계속 가져왔어요.

제가 진학한 고등학교의 학생들은 대부분 정시로 대학을 가는데요. 저 또한 수시는 기대도 안 한 채 정시 공부에 매진했고, 고등학교 내내 모의고사 성적이 무난하게 잘 나와 줬기 때문에 이대로만 가면 꿈을 이룰 수 있겠다 싶었어요.

## Q. 고등학교 2학년에 가서는 성적이 어땠나요?

A. 1학기 중간고사의 점수도 처참했습니다. 학교 시험이 어려웠다고는 하지만 무려 수학 I 의 점수가 55점이었습니다. 과학은 전교 10등 안에는 들었지만 수학은 어림도 없었죠. 학교 시험이 어려운 것이 맞긴 하지만 그래도 자존심에 스크래치가 생기더라고요. 전체 문제의 절반 가까이 틀린 거잖아요? '평균 이상이다.'로는 만족할 수 없었습니다. 저의 목표는 수학을 '잘'하는 것이었으니까요. 하지만, 제가 할 수 있는 것은 "아직 내가 공부를 많이 못해서 그런 거고, 꾸준히 하다 보면 언젠가 빛을 보게 될 거다."라고 믿는 것밖에는 없었습니다. 어떤 과목이든 단기간에 성적을 확 올리는 것은 쉽지 않으니까요.

**Q. 2학년 여름 방학 동안은 어떻게 공부하셨나요?**

**A.** 여름 방학 동안, 저의 부족한 점을 생각하며 진지한 공부를 시작했습니다.

수학의 경우 이전까지는 문제를 보고 막 이것저것 하다 보면 우연히 답이 나오는 식으로 풀이를 했습니다. 이런 문제 풀이 방식이 문제라고 생각하고, 기반을 다지는 공부를 시작했습니다. 문제를 봤을 때 '이렇게 풀어야겠다.'가 보이도록 훈련을 시작한 것이죠. 개념의 정의부터 이해해 가면서, 단순히 특정 문제를 풀기 위한 목적의 공부가 아니라 모든 상황에 적용할 수 있도록 사고를 확장시켜 나갔습니다. 다양한 풀이로, 기본 정의에 입각한 정확한 풀이를 해 보고자 노력했습니다. 무작정 어려운 문제를 많이 풀어 보기보다도 문제 하나하나씩을 곱씹으면서 해당 개념에 대한 이해와 적용되는 상황 등을 정리해 나갔죠.

국어의 경우 주변 친구들이 하는 방식이나 선생님이 하시는 풀이 방식을 따라 하기만 했지, 저만의 방식이 없었는데 방학 동안 문제를 풀어 보면서 앞으로 남은 수험 생활 동안 계속 이용해 나갈 저만의 공부법을 확립하게 되었습니다. 영어는 어떤 문제가 나와도 풀 수 있으려면 그 지문을 완전히 해석하고 이해할 수 있어야 한다고 생각했습니다. 따라서 중심 문장 찾기, 특정 단어 찾기 등을 익히는 공부보다 모든 문제를 처음부터 끝까지 독해하는 식으로 공부했습니다. 시간이 좀 걸리더라도 이렇게 공부한다면 수능뿐만 아니라 대학에 가서도 도움이 될 거라고 생각했습니다.

2학기가 시작되고, 방학 때 익힌 저만의 공부 스타일대로 꾸준히 공부한 결과, 영어를 제외하고는 전과목 1등급을 받게 되었습니다. 영어는 아쉽게 2등급을 받았죠.

저만의 공부법, 이렇게 공부하면 되겠구나라는 것을 깨닫게 되니 공부를 즐길 수 있게 되었고, 성적을 위한 공부보다도 '진짜 공부'를 위한 공부를 하는 과정에서 자연스럽게 성적도 따라오게 된 것 같습니다.

**Q. 2학년에서 3학년으로 올라가는 겨울 방학 때는 어땠나요?**

**A.** 3학년이 된다고 공부를 몇 배로 더 오래 하고 그러지는 않았습니다. 물론 매일 반복하다 보니 집중력도 훈련되면서 한 번에 앉아 있는 시간이 늘어나긴 했죠. 결론적으로 스트레스 관리하면서, 제가 생각하기에 집중을 잘할 수 있는 가장 효율적인 방식으로, 늘 하던 대로 공부를 해 나갔습니다.

**Q. 고3 때 힘들지는 않았나요?**

**A.** 그렇게 힘들지 않았습니다. 하루 종일 공부만 하면서 살지 않았고, 하고 싶은 거 잘하면서 지냈기 때문에, 그리고 그동안 매일 해 오던 루틴에 맞춰서 공부해 왔기 때문에, 이런 수준이라면 한 번 더 할 수도 있겠다는 생각도 한 적이 있습니다.

**Q. 그러면 고3이 되었어도 그동안 하던 만큼만 한 거군요?**

A. 그쵸. 다만 수능이라는 결전의 시간이 코앞으로 다가온 것은 사실이니까, 1, 2학년에 비해 양이 늘기는 했습니다. 사실 제가 스스로 늘렸다기보다는 학원에서 나눠 주는 과제의 양이 많아진 거였어요. 다만 그전까지는 과제를 안 하는 날도 있었다면 이제는 더 성실하게 한 거죠. 결국 수능 문제를 풀기 위해서는 어떤 과목이든지 문제 푸는 '감'이라는 것이 정말 중요하거든요. 국어, 영어 같은 경우 며칠 안 하면 독해 능력이 뚝뚝 떨어지니 하루도 거를 수가 없었어요.

**Q. 3학년 생활의 자신만의 루틴이 있었나요?**

A. 기숙사 생활을 했기에, 7시에 기상해서 7시 50분까지 등교를 했습니다. 그리고 8시 50분까지 아침 자습을 하게 되는데, 저는 주로 이 시간에 국어 지문을 풀었습니다. 1학기에는 선생님이 수업을 하시면 수업을 듣고, 자습 시간을 주시면 국어, 영어, 수학 중 그때그때 하고 싶은 과목 문제를 풀었습니다. 세 과목 중 특별히 부족하다 싶은 과목은 없어서 그냥 손에 잡히는 책을 풀었던 것 같아요. 3학년 2학기 들어서는 수능 시간표에 맞춰서 생활하게 되는데요, 실제로 수능 시간표에 맞춰서 모의고사를 풀었습니다. 모의고사가 없는 날에는 기출문제나 사설 N제를 풀면서 감을 유지하려고 했어요. 시간표대로 정해진 과목, 정해진 양의 문제를 풀고 시간이 남으면 휴식을 취했습니다. 실제 시험장에서 한 과목을 다 풀었다고 다음 과목 시험지를 풀고 그러지 않

공부라는 여정

잖아요? 물론 지금은 연습이고 자습이니까 비는 시간 없이 공부해도 좋겠지만 저는 그러지 않았습니다. 저만의 원칙이랄까요?

점심을 먹고 나서는 영어 모의고사를 풀고, 과학 모의고사까지 시간에 맞춰서 풀었습니다. 그런데 항상 과학탐구의 점수가 잘 안 나오더라고요. 이걸 실제 수능장에서 30분 내로 다 풀 수 있을까, 걱정이 되기도 했어요. 그래서 수능 시간표에 맞춰 생활하고 난 뒤 야자 시간에는 과학탐구 인강만 들었습니다. 그렇게 3학년 때 확보한 순수 공부 시간은 1학기 대략 5~6시간 정도였고, 2학기에는 대략 7~8시간까지도 공부해 봤습니다.

### Q. 수능이 다가오면서 초조함 같은 건 없었나요?

A. 대체로 수능에 대해 초조하다거나, 긴장되고 그런 건 없었습니다. 저를 믿고 있고, 그동안 꾸준히 쌓아 올린 것들이 있기 때문에 그렇게 쉽게 무너지지 않을 것이라고 확신했어요. 수능 준비하면서 늘 생각했던 것이 '실수만 하지 말자.'였습니다. 실력은 어느 정도 완성 되었으니 결국 실수를 얼마나 적게 하냐로 대학 정해질 거라고 생각했습니다. 수능 전날까지도 '어차피 지금 공부하는 거 소용 없다. 그동안 한 공부로 결정된다.', '내 점수는 내일 컨디션에 따라 결정된다.'라는 생각으로 집에 있는 과학 관련 교양 책 몇 장 읽다가 잠들었습니다.

## Q. 수능 당시 감정은 어땠나요?

A. 솔직히 국어랑 수학 보고 나서 둘 다 100점이라고 생각했습니다. 이대로만 가면 TV에도 나오겠다. 이런 생각을 하면서 조금 들떠 있었어요. 문제 풀 때 긴장을 전혀 안 했고, 심지어 국어는 20분이 남았습니다. 수학도 쉬웠고, 특히 22번 문제까지도 정말 정확하게 잘 풀었다고 생각했습니다. 문제는 영어였습니다. 듣기를 하는데 생각보다 속도가 빨라서 놀랐습니다. 실제 수능 현장에서 듣다 보니 더 빠르게 느껴졌습니다. 간신히 멘탈을 부여잡고 독해를 하는데 헷갈리는 문제들이 꽤 있더라고요. 영어가 끝난 뒤 2등급을 예상하고 있었고, 국어 수학으로 인해 들떴던 마음이 다시 가라앉게 되었습니다. 한국사 같은 경우 4등급만 맞아도 되니 가볍게 풀었고, 마지막으로 저의 대학을 결정지은 주요 요인인 탐구과목의 경우, 물리 I 은 평소 사설 모의고사를 풀 때와 달리 시간 내에 다 풀었지만, 그 직후 긴장을 놓아 버린 탓인지 생명과학 I 에서 실수를 몇 개 했더라고요.

수능이 끝나고 저녁에 답을 맞춰 보는데, 국어에서 3개나 틀렸더라고요. 심지어 그중 2개가 문법이라는 점에 1차 충격을 받았습니다. 문법은 그동안 거의 틀린 적이 없었거든요. 또 수학은 완벽하게 풀었다고 생각한 22번 문제를 틀린 걸 보고 2차 충격. 아마 마무리 부분에서 계산 실수가 있었던 것 같더라고요. 영어는 다행히 1등급이라 좋았지만, 생명과학에서도 3문제를 틀렸더라고요. 열심히 달려왔던 수능이 끝나고 나니 후련하기도 했지만, 결과적으로 전과목 1등급, 백분위로는 국

공부라는 여정

어 99%, 수학 100%, 물리 99%, 생명 95%이라는 다소 아쉬운 성적으로 마무리하게 되었죠.

**Q. 수험 생활에 대해 아쉬운 마음이 있었나요?**

**A.** 그쵸. 수험 생활 하는 동안은 내 방식이 완전히 맞는 것 같았는데 결과를 놓고 보니 '공부를 좀 더 할걸.', '너무 놀았나 보네.', '조금만 더 일찍 공부를 깨달았다면.', '그때 좀 더 잘 찍을걸.' 이런 생각들이 들긴 하더라고요. 하지만 결국 지나간 일이고, 내가 선택한 것이고, 그동안 목표로 삼아 왔던 의, 치대에 붙었으니 큰 미련은 없습니다. 앞으로 또 열심히 살면 되죠.

**Q. 입시를 준비하는 자세가 있다면? 입시에 있어서 가장 중요한 것이 있다면?**

**A.** 나 자신을 믿고 꾸준히 하는 것이 가장 중요하다고 생각합니다. 저 같은 경우도 메디컬을 희망해 오긴 했지만 그렇다고 남들 하는 대로 열 몇 시간씩 공부만 하지는 않았습니다. 그럼에도 수능에서 7개를 틀리고 꿈을 이루게 되었죠. 결국에는 본인이 시험을 보는 것이고 본인의 미래를 결정짓는 일이기에 본인이 필요한 양과 본인이 할 수 있는 양을 파악하고, 그것에 맞춰 자신만의 페이스를 만들고 자신만의 공부 방식을 만드는 것이 중요하다고 생각합니다. 그렇다고 놀기만 하라는 것은 아닙니다. '목표 대학을 가겠다.', '어떤 꿈을 이루겠다.'라는 식의

확실한 목표 의식을 가지고 그것을 가능하게 할 정도는 노력해야겠죠. 장기적으로 바라보며 목표치에 다다를 수 있도록 꾸준히 점진적으로 성장해 나갈 계획을 세우는 것이 좋을 것 같습니다.

## Q. 공부는 어떻게 해야 할까요?

A. 저는 국어나 영어 공부를 할 때 단순히 모의고사나 시험을 잘 보기 위해 공부하지 않았습니다. 앞으로 살아가면서 여러 글을 읽을 것이고, 그것들을 잘 이해하기 위한 훈련이라고 생각하며 공부했습니다. 과학 같은 경우, 실제 제 주변 사물의 운동과 작동 원리를 이해하기 위한 공부라고 생각했으며 수학은 그냥 그 자체의 매력, 식을 토대로 그래프를 그리고 다시 식으로 그래프의 성질을 파악하는 과정에서의 매력을 느껴서 즐기며 공부할 수 있었습니다. 스스로 공부하는 목적을 확실히 인지하고 자발적으로, 즐기는 공부를 하는 것이 진짜 공부하는 방식이라고 생각합니다. 물론 사람마다 성향이 다 다르니, 결국 공부에는 정해진 방식이 없기도 하죠.

# 6

# 자기만의 공부 습관 형성하기

{ 심재훈 - 가천대학교 의예과 }

**Q. 자기소개 부탁해요.**

**A.** 안녕하세요. 저는 가천대학교 의과대학에 22학번으로 입학하게 된 심재훈입니다.

**Q. 공부하는 것이나 책 읽는 것을 어렸을 때부터 좋아했나요?**

**A.** 사실 책 읽기나 공부하는 것을 좋아한 것은 아니고, 솔직히 의무감으로 열심히 했던 것 같아요. 물론 어릴 적에는 학문 자체, 특히 수학과 과학에 흥미가 있어 좋아했던 기억은 있긴 해요. 그러나 조금은 슬픈 얘기지만 저 스스로 '공부를 해야만 이 사회에서 살아남을 수 있다.'는 마음가짐을 어느 순간부터 갖게 된 것 같고 대부분 이를 바탕으로 계속 공부해 왔던 것 같아요.

**Q. 그렇다면 그때부터 의대를 생각한 것인가요?**

A. 아니요, 저는 누군가의 생명과 건강을 좌우하는 행위를 하는 것이 두려웠기 때문에 어릴 때는 오히려 의사가 되고 싶지 않았어요. 하지만 부모님을 비롯한 주변 환경의 영향도 있었고, 저 자신의 인식도 많이 바뀌어 고등학교에 진학하게 될 때 의사를 꿈꾸게 되었던 것 같아요!

**Q. 처음부터 공부를 잘했나요?**

A. 부끄럽지만, 사실 그렇다고 할 수 있는 것 같아요. 부모님의 말씀을 바탕으로 하면, 처음 공부를 시작할 때에도 관심이나 이해도 측면에서 꽤 좋았던 것 같고 학교에 진학하고 나서도 "시험에서 올백을 받아오면 닌텐도를 사 주겠다, 핸드폰을 사 주겠다." 등 부모님의 말씀에 열심히 노력하여 초등학교 때는 올백도 자주 받았던 것 같아요. 중학교에 들어가면서는 일종의 생존 본능이었는지 '아, 이제부터 진짜 열심히 공부해야겠다.'라고 다짐하였고, 실제로 정말 열심히 생활했어요. 수행평가는 거의 만점을 받았던 것 같고, 시험은 보통 평균 98~99점 정도, 한 번은 올백도 받아 보며 종합 전교 1등으로 졸업했습니다.

**Q. 공부와 관련한 부모님의 압력이 있었나요?**

A. 정말 어릴 때, 즉 초등학생 시절 초반에는 살짝 있었던 것 같아요. 오히려 고학년으로 올라갈수록 그것이 덜해졌던 것 같고, 그 자리를 저 자신의 의지로 채워 나갔던 것 같아요.

공부라는 여정

**Q. 선행 학습은 언제부터 해 왔나요?**

**A.** 사실 선행 학습은 저에게서 뗄 수 없는 것인데요, 저는 보통 수학 선행을 많이 했기 때문에 수학을 예시로 들어 볼게요! 너무 어린 시절이라 이것을 선행 학습으로 간주하는지는 잘 모르겠지만, 5살 때부터 초등학교 저학년 때까지 집에서 초등학교 수학 수업을 들었고, 그 이후에는 학원에 다니며 항상 저보다 적어도 2학년 위 수준 정도의 수학에 입문하고 공부했던 것 같아요.

**Q. 자유학기제가 있었던 중학교 1학년 때에도 공부를 열심히 했나요?**

**A.** 네 그랬던 것 같아요! 아무리 자유학기제였어도 내신을 열심히 챙겨야겠다는 마음가짐이 있어서 당장 있는 수행평가 챙기기가 급했지만, 공부와 관련된 수행평가와 더불어 선행 학습은 항상 꾸준히 해 왔던 것 같아요.

**Q. 중학교 2학년은 어땠나요?**

**A.** 중학교 2학년도 사실 별반 다르지 않았어요. 항상 내신 챙기기에 전력을 다했고, 그 결과 공부 측면에서는 좋은 결과를 유지해 왔던 것 같아요. 음…. 그렇게 겨울 방학까지 지내 왔던 것 같아요. 그리고 특별한 이벤트가 있었죠.

그전까지의 저는 항상 '내신을 잘 받아서 좋은 고등학교에 진학해야지!'라는 막연한 목표를 가지고 지내 왔어요. 근데, 저랑 아주 친하게 같이 놀던 저보다 1살 많은 사촌 형이 과학고에 들어가게 된 거예요! 그래서 축하 파티를 여는데 그 상황의 주인공인 형이 너무 멋져 보이는 거예요. 그래서 '나도 해 볼까…?'라는 생각이 들었고, 마음이 요동쳤어요. 관련된 정보를 찾아봤고 '난 영재고에 가야겠다.'라는 생각이 들어 학원에 등록하고 공부를 시작했어요.

**Q. 영재고 준비 시작이 많이 늦은 것 같아요!**

**A.** 맞아요. 사실 정말 많이 늦게 시작한 거죠. 일찍 준비하는 사람들은 초등학교 때부터 준비하기 때문에, 중학교 2학년 그것도 겨울 방학에 시작한 저는 거의 막차를 놓치기 일보 직전에 탔다고 해도 과언이 아니죠. 저는 이미 준비를 하고 있던 남들을 따라가야 하는 입장에서 영재고 수학, 과학 개념부터 혼자서 시작해야 했고, 그거에 얹어서 공부를 더 해야 했기 때문에, 학원에서는 "과연 할 수 있냐?" 이것부터 물어봤던 것 같아요. 저는 일단 영재고가 너무 가고 싶으니까 할 수 있다고 대답했죠. 그 이후, 학원에서 책과 인강을 받아서 기본 개념을 쌓기 위해 혼자 열심히 들으며 필기하고 공부했던 것 같아요.

**Q. 중학교 친구들 사이에서는 이미 선행 학습이 되어 있었으니까 공부에 있어서는 무리 없이 앞장섰을 텐데, 동시에 영재고 준비는 뒤쳐져서 따라가는 입장이니까 마음가짐이 달랐을 것 같아요.**

**A.** 맞아요. 정말 새로운 경험이었고 힘든 점도 많이 있었어요. 일단 하

루를 계속 책상 앞에 앉아 거의 공부로 보내는 생활 자체가 너무 힘들었어요. 또한, 세가 다녔던 학원에서는 시험을 자주 봤는데 초반에 본 시험에서는 하위권에 안착했고, 좌절도 많이 했어요.

하지만, 포기하지 않았어요. 저는 원래 하나의 목표가 생기면, 그것을 향해 집요하게, 계속해서 달려가는 사람이라고 생각해요. 일단 영재고 합격이라는 구체적인 목표가 생겼잖아요, 그렇기 때문에 그것을 이루기 위해, 영재고 합격으로 시작하는 내가 그려 본 로드맵을 더 구체화해 나가기 위해 더욱더 열심히 노력했던 것 같아요. 그리고 초반에 본 시험에서는 거의 기본 지식, 즉 중학생인 저의 지식을 활용하여 풀 수 있는 문제만을 푼 건데, 꼴찌는 하지 않은 거였잖아요! 저는 아직 기본 개념조차 다 익히지 못한 상태인데도요. 비록 지금은 하위권이지만 노력하면 충분히 성적표의 위쪽 부분까지 제 이름이 올라갈 수 있다고 긍정적으로 생각하였고, 최상위권은 아닐지라도 중상위권 정도에 안착하면 어디가 되었든, 영재 학교에 붙을 수 있겠다는 희망적인 미래만을 보고 앞을 향하여 달려갔어요.

## Q. 생활 패턴은 어땠나요?

**A.** 일단 10 to 10, 즉 오전 10시부터 밤 10시까지 점심, 저녁 시간 합산 2시간을 제외하면 계속 학원에 있었어요. 학원도 수업과 자습의 반복이었죠. 그리고 집에 와서 씻고 간단하게 간식을 먹은 뒤 다시 공부를 시작하여 적어도 새벽 4시, 늦으면 5시까지 공부를 했어요. 초반에는

개념 인강을 들었고, 나중에는 스스로 공부하며 보냈죠. 잠을 한 4~5시간 정도 자고 9시쯤 일어나 준비하고 학원에 갔던 기억이 있어요.

**Q. 따라잡기 위해 계속 그 생활을 하신 것 같은데, 그 결과 학원 내에서 성적은 얼마나 올랐나요?**

**A.** 초반에는 최하위권으로 시작했지만 그래도 겨울 방학 이후에 노력의 영향을 많이 받는 과학 과목에서 많이 상승하여 종합 중위권에 올랐던 것 같아요. 예상대로 노력하니까 성적표에서 점점 위로 올라가는 저의 이름을 보며 자신감을 느끼고 더 열심히 공부했어요. 그 결과 영재학교 1차 서류 통과 후 2차 시험을 보기 전까지 실제로 화학을 학원 등록 처음으로 만점 받았던 기억이 있고, 학원 내 4등까지 올랐던 기억이 있어요.

**Q. 3학년 때는 어떻게 지냈나요?**

**A.** 아무래도 학기 중에는 방학 때처럼 열심히 공부하지는 못했어요. 학교도 가고, 저는 내신을 챙겨야 하는 입장이었기 때문에 병행하기가 쉽지만은 않았죠. 학교에서는 수업만 듣고, 쉬는 시간을 비롯한 남는 시간은 계속 영재학교를 위한 공부를 했어요. 시험 기간에는 학원에서 1주일 정도 휴강을 하여 내신을 위한 기간을 주었고 저는 그때만 열심히 학교 공부를 했던 것 같아요.

공부라는 여정

## Q. 내신 점수가 떨어지지는 않았나요?

A. 네 다행히요! 영재학교를 위한 공부로 인해 공부의 밀도가 좋아진 것인지는 모르겠어요. 보통 2~3주에서 공부하던 것을 1주로 줄였지만, 다행히 시험을 못 보지는 않았고, 오히려 마지막 시험은 올백도 받았던 기억이 있어요. 그렇게 내신은 다행히 유지했던 것 같아요.

## Q. 엄청 힘들었을 텐데 학교에서 힘들지는 않았나요?

A. 사실 그때 학교에서 졸 수 있다는 것을 처음 깨달았어요…! 그전까지는 학교에서 졸거나 자는 친구들을 보며 '왜 조는 거지?'라는 생각을 많이 하고, 이해할 수가 없었는데 힘든 생활을 하다 보니 노력하지 않으면 자연스럽게 조는 저의 모습을 발견할 수 있더라고요. 저는 그래서 졸지 않으려고 정말 열심히 노력했습니다.

## Q. 영재고 입시 일정은 어떻게 되었고 어떻게 치렀나요?

A. 제가 고등학교 입시를 치렀던 2018년, 즉 2019학년도 영재학교 입시는 4월에 1차 생활기록부와 자소서 기반 서류심사가 이루어졌고, 5월에 2차 영재성 검사, 즉 시험이 있었고, 7월에 3차 캠프가 있었어요. 지금은 코로나19로 인해 1차 서류부터 통과하기 어렵다고 알고 있지만, 제가 입시를 치렀던 때의 1차는 생활기록부에 정말 특별한 사안이 있지 않은 이상 거의 다 통과가 이루어졌어요. 저는 4개의 학교에 지원하였고, 서류는 모두 통과하여 2차 시험을 어디로 갈까 고민하다 한

학교로 결정하였어요. 최종 경쟁률은 거의 20대 1이었고, 나중에 3차 경쟁률은 약 2 대 1이었기 때문에, 사실상 2차 시험이 정말 중요한 관문을 담당하고 있었죠.

근데 여기에서 대참사가 발생했어요. 시험지가 있고, 답안지가 있는데 제가 너무 긴장했는지 그만 시험지에 다 써 놓고 답안지에 옮겨야 한다는 사실을 잊어버린 거예요. 제가 바보였죠. 끝나기 몇 분 전쯤 저는 흔히 말하는 '멘붕'이 왔어요. 거의 서술형 문제였는데, 도저히 답안지에 다 옮길 수가 없는 구조인 거예요. 나머지 시험은 꽤 잘 봤다는 생각이었는데, 과학을 그렇게 다는 옮기지 못하고 시험장을 나올 수밖에 없었어요.

저는 좌절했죠. 학원 선생님도 정말 안타까워하셨어요. 하지만 결과를 기다리는 것 말고는 방법이 없었어요. 2차 결과가 나오는 날, 저는 학교에 있었고 딱히 기대를 하지도 않았어요. 결과 확인도 부모님께 맡겼죠. 동아리실에 있었는데, 엄마한테 사진 하나가 왔어요. 유심히 살펴보니까 합격이더라고요! 진짜 너무 신나서 바로 집으로 달려갔어요. 다시 생각해 봐도 신기한데, 추측하건대 정말 아슬아슬하게 붙었을 거예요.

그래서 저는 이제 3차를 준비하기 시작했습니다. 학원에서도 인원이 매우 많이 줄었더라고요. 3차 캠프는 그 학교에서 1박 2일을 보내며 시험, 면접, 토론 등 다면적 평가 시스템인데, 제가 아무래도 2차를 극적으로 붙은 느낌이라 3차를 정말 잘해야 한다는 강박과 부담이 있었어요. 그래서 그런지 지금 생각해 봐도 제가 면접과 토론을 정말 못 했던 것 같아요. 그렇게 3차를 치르고, 과학고 준비와 일반 수학 선행도 하면서 결과 발표를 기다렸어요.

그렇게 최종 결과 발표가 나오는 날이 왔고, 정말 손에 땀이 흥건한 상태로, 떨리는 마음으로 노트북을 켜서 합불 여부를 확인했죠. 아…. 근데 역시 불합격이라는 글씨가 보이는 거예요. 처음에는 예상했던 대로니까 덤덤했지만, 점점 갈수록 떨어졌다는 사실이 상기되니까 너무 힘들더라고요. 제가 인생에서 가장 열심히 살았던 몇 개월이 의미 없이 사라졌다는 생각이 드니까 너무 슬펐던 것 같아요. 그리고 인생에 있어서 겪는 첫 실패였고, 계획이 갑자기 틀어지다 보니 어린 저에게 다가오는 심리적 타격이 너무 컸던 것 같아요. 저는 그래서 하루 정도는 계속 누워 있었던 기억이 있고, 일주일 정도를 다운된 채로 살았던 기억이 있어요.

### Q. 그렇지만 과학고 준비를 위해 극복해야 했겠죠?

A. 맞아요. 시간이 좀 필요했지만 결국 극복을 하긴 했죠! 그리고 과고 준비를 위해 노력하게 되었어요. 그렇지만 과학고는 영재학교처럼 그렇게 열심히 하지는 않았던 것 같아요. 아무래도 과학고는 경기도에 하나밖에 없는 곳에 지원하게 되니 경기도의 수많은 인재가 모일 텐데, 조금 더 극단적으로 생각하자면 서울과학고 캠프에서 떨어진 사람도 이곳에 지원할 것이라는 생각을 하니 많이 힘들 것 같다고 생

각했어요. 또, 실패를 한 번 겪으면서 열정도 많이 식어서 그렇게 열심히 준비하지는 않았던 것 같아요. 실제로 저의 머릿속 한 곳에는 '아, 과학고도 떨어지면 그냥 내신으로 이 근방 공부를 잘하는 학교에 가야겠다.'라는 생각이 있었던 것도 같아요. 그렇게 하다 보니 과학고 역시 면접에서 장렬하게 전사하였고, 결국 플랜 A였던 영재고, 플랜 B였던 과학고도 아닌, 플랜 C였던 근방의 비평준화 지역 가장 합격 점수대가 높았던 고등학교에 진학하게 되었어요.

**Q. 살고 있는 지역은 평준화 지역으로 알고 있는데, 그렇다면 그냥 평준화 지역 학교에 들어가서 좋은 내신 점수를 받을 수도 있었을 텐데 왜 굳이 비평준화 지역에 있는 공부를 잘하는 학교에 진학했나요?**

**A.** 사실 지금 생각해 보면 후회되는 점이기도 한데요, 그 당시의 저는 이런 생각들을 했던 것 같아요.

우선 첫 번째로, 중학교 때 거의 놀지도 않고 정말 열심히 공부하며 쌓아 온 저의 내신 점수가 너무 아까웠어요. 중학교 들어갈 때부터 저는 좋은 고등학교에 진학해야겠다는 다짐이 있었기 때문에 평준화 학교에 지원함으로써 허무하게 저의 내신 점수를 버릴 수 없다는 생각이 있었던 것 같아요.

두 번째로, 대학 입시 제도를 잘 몰랐어요. 물론 수시가 존재한다는 사실은 알았지만 뉴스나 이런 것들을 보면 수능이 너무 큰 이슈가 되니, 저는 대학을 거의 수능으로만 가는 줄 알고 '아, 수시 떨어지면 정시 가야지~.'라고 생각했던 것 같아요. 어차피 공부를 잘하는 학생들만 모인 학교니, 분위기를 따라 열심히 공부하다 보면 수능을 잘 보고, 정시로 잘 가게 되겠다고 생각했던 것 같아요. 즉, 수시 전형의 중요성을 간과했던 것이죠.

세 번째로, 당시 학교 실적이 너무 좋았어요. 당시 '의치한'을 대략 50명 정도 갔던 것으로 기억하는데, 지금 다시 생각해 보면 학교 실적이 좋았던 것은 대부분이 학생이 정시로 수능을 잘 봐서 그런 것일 텐데 당시에는 학교가 잘해서 잘 보낸 것으로 판단했고, 지원에 있어 매우 큰 동기가 되었던 것 같아요.

네 번째로, 이것이 헛소문이었을 수도 있는데, 당시 학교 수학 과목 시험이 아주 어렵게 출제된다는 말을 들었어요. 그리고 보통 제가 나온 학교와 입결이 비슷하여 비교 대상이 되는 학교가 있는데, 그 학교는 영어가 어렵다는 말을 많이 들었단 말이죠. 저는 영재고 준비를 했고, 실제로 2차 시험에서 붙은 것도 수학 때문이었다는 생각과 더불어 많은 고등학교 과정을 선행 학습하였고 학원에서 자주 1등도 하여 수학에 강점이 있다고 판단하였어요. 수학이 어렵다는 말은 상대평가가 이루어지는 고등학교에서 오히려 저에게 도움이 될 것이라는 생각이 들었죠.

다섯 번째로, 학교 위치와 외관, 기숙사도 한 요인으로 작용했어요. 아까 말씀드린 비교를 많이 하는 학교에 비해 제가 나온 학교는 신설이었고 너무 외진 곳에 있지도 않아 통학도 가능하였으며 깔끔하다는 느껌을 받았어요. 또한 그 학교는 선후배가 같은 방에서 기숙사 생활을 하는데 제가 나온 학교는 같은 학년끼리 방을 썼어요. 저는 선배랑 같이 생활하는 것에 너무 큰 부담을 느꼈고, 이것 또한 제가 나온 고등학교를 선택하는 것에 큰 요인으로 작용했던 것 같아요.

**Q. 공부를 잘하는 학교라서 특별한, 좋은 분위기가 실제로 있나요?**

**A.** 네. 저는 그걸 정말 많이 느꼈던 것 같아요. 물론, 제가 일반적인 고등학교에서 생활하지 않아서 그곳의 분위기는 어떤지 잘 몰라 비교는 어렵지만, 제가 느낀 바로는 그래도 공부하는 분위기가 형성이 잘되어 있는 학교라는 느낌을 많이 받았어요. 다들 공부를 열심히 하니까 저도 공부를 해야만 할 것 같은 분위기와 더불어 공부와 입시 관련된 정보를 편하게 공유할 수 있는 것, 궁금한 것을 쉽게 질문하고 또 답해 줄 수 있는 시스템이 정말 잘 형성되어 있다는 장점이 있다고 생각해요. 또한, 친구들도 다 착하고 성격도 좋아서 정말 좋았던 것 같아요.

**Q. 해당 고등학교에 진학하기로 결정한 뒤, 겨울 방학에는 어떻게 생활했고, 어떻게 준비해 왔나요?**

**A.** 사실 특별하게 정해진 것은 없었던 것 같아요. 열심히 하기 위해 아파트에 있는 독서실에 등록하여 거기에서 공부를 많이 해 왔던 것을 제외하면 정해진 생활 패턴은 따로 없었어요. 그저 제가 필요할 것 같은 공부를 질리지 않도록 계속했던 것 같아요.

공부라는 여정

준비 방법도 사실 어떻게 준비해야 하는지도 잘 몰랐어요. 물론 고등학교 수학은 미적분까지 개념을 마친 상태였고, 과학 또한 물리학, 화학, 생명과학, 지구과학의 일부분을 해 놓았지만, 나머지는 아무런 준비가 되어 있지 않은 상태였어요. 지금 생각해 보면 수험생 커뮤니티 등에서 찾았으면 좋았겠다고 생각하는데 당시의 저는 그런 걸 몰랐거든요. 따라서 방향성을 잡기 위해 주변 학원에 등록하여 다니게 되었고, 고등학교 국어와 영어를 처음 접했어요.

많은 분이 오해하시는 것이 중학교 때 잘하면 자연스럽게 고등학교 때도 잘한다는 것인데, 저는 중학교 학문과 고등학교 학문은 괴리가 매우 크다고 생각해요. 특히 영어는 중학교 내신 시험에서 거의 틀리지 않는 실력을 자랑했지만, 고등학교 학문 수행 능력을 측정하는 수능, 그리고 모의고사는 충격 그 자체였어요. 고1 모의고사 영어 18번 하나를 푸는데 10분이 넘게 걸렸어요. 이대로 간다면 큰일이 나겠다는 생각이 들어 저는 정말 원초적인 방법으로 단어 계속 외우고, 모의고사 지문을 해석하고 해석을 그 아래에 써 가며 계속 연습했던 것 같아요. 열심히 공부하다 보니 실제로 실력이 느는 저를 발견할 수 있었고, 시간 측정 없이 고3 모의고사를 완주하고 몇 개 안 틀리는 실력, 고1 모의고사 한 세트를 제시간 안에 풀고 1등급을 받을 수 있는 실력까지 만든 뒤 진학하였습니다.

국어도 처음에는 문학과 비문학이 무엇인지도 몰랐어요. 그 상태로 학원에 들어가 고등학교 문제를 봤고, 중학교 때와는 너무도 다른 수준에 충격을 받았어요. 역시 이대로는 안 되겠다는 생각에 정말 열심히 공부하였는데, 한 번 푼 문제집을 다시 처음부터 지문을 꼼꼼히 읽고 백지에 지문 내용을 정리하는 연습을 해 보았어요. 회독하고 지문을 분석하는 습관이 실제로 저의 실력을 올리는 것에 정말 큰 도움이 되었고, 역시 고1 모의고사 기출문제는 가뿐히 1등급 받을 수 있는 저를 발견할 수 있었습니다.

**Q. 첫 시험을 봤을 때의 느낌은 어땠나요?**

**A.** 사실 제가 충격을 받은 것은 1학년 1학기 중간고사 그 이전인, 배치고사였어요. 국어, 수학, 영어를 봤는데… 정말 충격이었어요. 전 시험이 그런 수준으로 나올 것이라고 아예 상상하지 못했고, 그래도 배치고사니 '높은 학교라 조금은 어렵겠지만 중학교 내용을 바탕으로 한 시험이겠다.' 했는데 그게 아니었어요. 거의 모두 고등학교 2학년 정도 모의고사 수준의 문제들이었고, 1교시 국어에서 당황한 저는 그대로 시험을 망쳤어요. 수학은 자신이 있어서 나름 잘 봤고 영어도 그렇게 당황하지는 않았지만, 저는 처음의 그 충격을 잊을 수가 없어요.

**Q. 입학하고 나서는 어땠나요?**

**A.** 사실 입학하고 처음에는 분위기에 압도를 많이 당했어요. 선배들과 같이 쓰던 학습실의 그 후끈후끈한 열기를 아직도 잊을 수가 없고, 입학 첫날 자습 시간에는 하나같이 유명한, 어려운 수학 문제집만 풀

고 있는 친구들의 모습, 쉬는 시간까지 공부하던 모습에 '와… 내가 여기서 살아남을 수 있을까?'라는 생각이 많이 들었고, 매우 두려웠지만, 분위기를 따라 저도 열심히 공부하였습니다.

생활 자체도 쉽지만은 않았어요. 아침 6시 45분쯤 기상하였고, 샤워하고 아침밥을 먹은 뒤, 늦어도 7시 50분까지는 학교에 가서 9시까지 자습을 하고, 수업을 들은 뒤 다시 밤 10시까지 자습을 하고, 기숙사에 돌아와 씻고 간식을 먹은 뒤 11시부터 1시까지 자습하는, 그런 생활을 내내 하다 보니 체력과 정신적으로 꽤 힘들었던 기억이 있습니다.

그래도 기분 좋았던 것은 첫 수학 시간, 선생님께서 실력 측정 및 OT를 위해 몇 개 문제를 뽑아서 풀게 하셨어요. 저는 자신 있었던 수학이니 열심히 풀었고, 실제로 다 맞았어요. 그래서 친구들이 막 찾아왔고, 덕분에 많은 친구와 친해질 수 있었던 것 같아요.

그리고 1차 지필평가를 봤죠. 첫 시험은 역시 국어였고, 또 한 번의 충격을 받았어요. 답지가 나왔지만, 도저히 학교에서는 채점할 수가 없는 상태였기 때문에 기숙사에서 혼자 채점을 했는데, 객관식을 다 맞은 거예요! 그 사실이 어느새 퍼져 친구들은 놀란 표정을 지으며 기만 자라고, 대단하다고 했고, 덕분에 상쾌하게 시험을 시작할 수 있었어요. 나머지 시험은 그럭저럭 괜찮게 봤던 것 같아요. 수학과 과학은 원래 자신이 있어 잘 봤고, 영어도 잘 봤어요. 사회를 살짝 망해서 결과적으로는 사회 4등급, 나머지 1등급으로 전교 2등을 했던 기억이 있습니다.

기말고사는 조금 망했지만, 사실 가장 중요한 것은 1학기 종합 성적이었기 때문에 수행평가를 잘 보려고 했던 것 같아요. 그리고 종합 내신 1.14를 받아 전교 1등을 했어요. 사실 우리 학교 내신에서 1.14는 거의 유래를 찾아보기 힘든 점수여서 유명 인사가 되었던 기억이 있습니다.

**Q. 방학 때는 어떻게 보냈나요?**

**A.** 학교에서 지냈기 때문에 방학도 평소랑 거의 똑같았어요. 우선 학기 말에 생활기록부 채울 것은 다 채웠고, 방학에는 본격적으로 정시에 집중했죠. 자습 시간에 자습만 할 경우, 하루에 적어도 14시간 정도는 확보되었던 것 같고, 제가 부족하다고 판단한 국어와 영어에 거의 집중하였던 것 같아요. 물론, 수시를 위해 가끔 밤마다 독후감을 작성하는 시간도 가졌어요!

**Q. 2학기 때 달라진 점이 있나요?**

**A.** 성적 측면으로 보자면, 우선 약간 자만심이 있었던 것 같아요. 수학은 정말 잘할 수 있다는 생각에 방학 때 수학을 거의 안 했어요. 수학은 정말 '수학적 감'이 중요한 학문인데, 수학을 놓아 버리니 그 감을 다 잃은 거예요. 그래서 1차 시험에서는 어떻게 1개를 잘 찍어서 1등급을 받았지만, 2차 시험에서는 3등급을 받아서 종합 2등급으로 마무리하게 되었어요.

생활 패턴 측면으로 보자면, 처음으로 밤을 새워 봤어요. 1학기 때에도 에너지 드링크를 마시며 기숙사에서 몰래 개인 스탠드를 가지고 밤을 새우는 친구들이 있었어요. 저도 욕심이 생겨 '나도 해 볼까?' 하였고, 그래서 2학기 때에는 저도 그 축에 합류해 보았어요. 근데 재밌는 거예요! 사감 선생님의 눈을 피해 스릴 있게 공부하는 맛도 있고, 기숙사에서 귀뚜라미 소리, 개구리 소리 들으며 새벽 감성 느끼며 캐리어 위에 책 올려놓고 스탠드 켜 놓고 공부하는 맛도 있고, 해 뜨는 거 지켜보는 그 느낌이 정말 좋았어요. 그렇게 저의 컨디션은 점점 망가져 갔죠. 잠을 줄임으로써 저의 생체 리듬이 완전히 깨져 버리니 카페인에 의존하지 않고서는 도저히 버틸 수가 없었고, 망가진 생활 패턴을 바탕으로 시험을 보니 잘 보지는 못했어요. 따라서 2학기는 종합 1.5등급으로 마무리하여 약간 성적이 떨어졌어요.

## Q. 겨울 방학에는 보완해야 할 것이 무엇인지 느꼈나요?

**A.** 우선 공부를 놓는 것의 위험성, 수학의 중요성을 깨달아서 수학을 열심히 했던 기억이 있어요. 같은 맥락으로 국·수·영은 감을 잃지 않기 위해 하루도 빠짐없이 공부해야겠다고 다짐하였습니다. 그리고 2학년부터는 과학이 물리학, 화학, 생명과학, 지구과학으로 세분되어 중요성이 커지니, 그것을 신경 썼던 기억이 있습니다. 1월 초반에는 아무래도 영재고를 준비하면서 선행 학습이 어느 정도 이루어진 상태였기 때문에 기출문제 정도만 풀면 되겠다고 생각했는데, 기출문제가 생각보다 안 풀리는 거예요. 그래서 저도 친구들처럼 과학 인강을 들

기로 했어요.

생활 패턴 측면으로 보면 1월에는 학교에서 생활했기 때문에 여름 방학과 똑같이 했던 것 같고, 2월에는 집에서 생활하며 저만의 패턴을 마련했어요. 그걸 한마디로 정리하면, '스터디 카페에서 최소 4시간 3번씩'이었는데, 공부 시간은 오전 9시부터 오후 1시까지 1타임, 오후 3시부터 오후 7시까지 2타임, 오후 9시부터 오전 1시까지 3타임을 최소로 구성하고, 중간에는 점심과 저녁 식사 및 휴식 시간, 또는 지구과학 인강 듣기를 했던 것 같아요. 1, 2타임에는 국·수·영을 공부하고, 3타임에는 과학을 공부하며 적어도 12시간 이상의 밸런스 있는 공부 시간은 마련했어요.

## Q. 2학년 때는 어땠나요?

A. 2020년으로, 코로나19가 본격적으로 찾아와 학교에 많이 가지 못하게 되었어요. 그러면서 초반에는 온라인클래스, 나중에는 줌으로 수업을 하면서 스터디 카페에 있는 시간이 생각보다 늘어나게 된 거예요, 즉 개인 공부를 할 수 있는 시간이 늘어났죠. 줌 수업 같은 경우에는 사실 선생님께는 죄송하지만, 수업을 밀도 있게 듣지 않았어요! 줌을 켜 놓고, 아래에서 다른 공부를 하는 거죠….

온라인 수업을 할 때는 스터디 카페에서 듣거나 집에서 듣거나 2가지를 상황에 따라 했는데, 스터디 카페를 기간제로 다니게 될 경우, 그곳에서 있는 시간은 상관이 없으니 줌도 그곳에서 들었던 것 같아요. 아무래도 집에서 들을 경우 쉬는 시간이나 수업이 끝난 뒤에 본능적으로 옆에 침대가 있으면 쉬게 되는 현상이 발생하여 안 되겠더라고요. 그렇지만 시간제로 다니게 될 경우, 스터디 카페에서 줌을 듣기에는 차감되는 시간이 너무 아까워 집에서 들었던 기억이 있어요.

생활 측면에서는 이런 변화가 있었고, 성적 측면에서는 아무래도 저의 강점인 수학 과목이 1학기 때는 수학1, 수학2, 2학기 때는 미적분, 확률과 통계, 즉 2개로 세분되었을 뿐만 아니라 과학도 물, 화, 생, 지, 즉 4개로 세분되어 저의 내신에서는 많은 도움이 되었습니다. 실제로 시험을 꽤 잘 봤고, 2학년 1학기 1.3 정도, 2학기 1.1 정도로 마무리할 수 있었습니다.

### Q. 2학년을 마무리할 때에도 계속 의대를 희망하고 있었나요?

A. 네! 우선 의사라는 꿈을 가지게 된 것이 고등학교에 진학하기 직전에 갖게 된 것이고, 성적으로 인해 좌절된 적은 없었기 때문에 계속 그 꿈은 유지되었습니다. 또한, 생활기록부를 의대 쪽으로 유지하기 위해 노력을 하는데, 그 노력으로 발표나 자료 조사 등 다양한 관련 활동을 하다 보니 오히려 의대에 가고 싶은 마음이 더 커졌던 것 같아요.

### Q. 결론적으로는 수시로 의대에 가게 되었는데, 그렇다면 다양한 활동도 열심히 했나요?

A. 네 정말 열심히 했던 것 같아요. 우선 동아리 활동은, 제가 있었던

동아리가 실험을 많이 하고, 대회도 자주 나가는 메이저급 동아리여서 제가 동아리에서 기장과 같은 직책을 맡지 않았는데도 계획서, 보고서 작성과 대회 준비 및 실험 등으로 정말 많은 시간을 쏟았던 것 같아요. 또한, 학생회 활동도 1년은 차장, 1년은 부장으로 2년간 하였는데 저희 부서가 주체가 되어 학생이 기부에 쉽게 참여할 수 있도록 학교 차원의 대형 사업을 벌이는 기부 사업, 기부받은 교복을 판매하고 수익금을 기부하는 교복 바자회, 축제에서 다양한 사업을 진행하고 수익금을 기부하는 활동, 학교 홍보 영상 촬영, 매주 회의 등등…. 정말 많은 활동을 하며 정말 많은 시간을 쏟았던 기억이 있어요.

실제로 동아리 활동과 학생회 활동이 자기소개서를 작성할 때 내용적인 소스가 되어 도움을 많이 받았던 기억은 있지만, 생각보다 아주 힘들었다고 말씀드리고 싶어요.

이외에도 저 혼자 또는 관심사가 비슷한 친구와 함께 아름다운 생활기록부를 위해 자료 조사와 발표, 보고서 작성 등 다양한 활동을 진행하기도 하였습니다.

**Q. 학업과 단체 활동의 균형을 어떻게 조절해야 하나요?**

**A.** 이게 참 어려운 질문인 것이 결론적으로는 "둘 다 열심히 해야 한다."인데, 말을 어떻게 하냐에 따라서 한쪽으로 쏠릴 수도 있을 것 같아 두려워요. 학업은 혼자 하는 것이지만, 대학 입시에 있어서 정말 중요한 것이고, 단체 활동은 애초에 학업을 기반으로 하지만 단체로 하

는 것이기 때문에 너무 한쪽에 치우치지 않게 자신이 잘 조절해야 한다고 생각해요. 실제로 저도 동아리나 학생회에서 단체 활동을 정말 많이 경험했는데, 자신의 현재 상황에 맞게 유연하게 대처하는 것이 가장 중요하다고 생각해요.

## Q. 3학년에 올라가게 될 때 겨울 방학에는 어떤 준비를 했나요? 수능 최저를 충족하기 위해 수능 공부를 열심히 해야 했을 것 같아요.

A. 수능 공부를 열심히 한 것은 맞지만, 사실 수능 최저는 충족시킬 자신이 있었어요. 그동안 봐 왔던 공식적인 고1, 고2 모의고사도 평균적으로 전체에서 2개 정도 틀리는 실력을 유지해 왔고, 고3 모의고사 역시 1등급 정도는 무난하게 보여 주었기 때문에 수능 최저 측면에서는 자신 있었어요.

## Q. 그렇다면, 아무래도 의대 수시는 어려우니까 만약 떨어지게 된다면 정시로 의대를 갈 생각도 했을 것 같아요!

A. 맞아요. 실제로 수능 보기 직전까지, 저의 본체는 정시라는 마음이 었어요. 고등학교에 처음 입학할 때부터 저는 정시로 의대에 가겠다는 마음이었고, 물론 내신을 예상외로 잘 받아 마음을 수시 쪽으로 돌린 적은 있지만, 정시도 포기한 적은 없었고, 꾸준히 수능 공부를 해 오면서 좋은 모의고사 성적을 내 왔기 때문에 혹시나 수시가 되지 않는다면 정시로 가겠다는 마음이 있었어요.

**Q. 그래도 2학년 때 그렇게 좋은 내신 점수를 받았으면 수시 욕심이 있었을 것 같은데요?**

A. 사실, 그것도 맞아요. 그렇지만, 저의 내신 등급과 유사한 등급을 보유하셨던 선배분이 어느 학교에 진학하셨는지를 볼 수 있었는데, 블라인드제가 아니었음에도 메이저 의대에 간 선배가 거의 없더라고요. 저는 블라인드 제도가 시행됨에 따라 수시로 메이저급 의대에 들어가기에는 무리가 있겠다는 생각이 들었고, 메이저급 의대에 들어가기 위해 본체를 정시로 잡았죠.

**Q. 그럼 수시는 플랜 B였던 것 같은데, 입시 정책상 수시전형에서 붙으면 수능을 아무리 잘 봐도 정시전형에 지원할 수가 없잖아요, 만약 낮은 의대를 써서 수시 납치되면 어떡해요?**

A. 그래서 면접을 수능 뒤에 있는 학교들에 지원하기로 다짐했어요! 만약 수능을 잘 보면, 굳이 면접을 가지 않아도 되게요. 그래서 입시 일정을 미리 확인한 결과, 다행히 대부분의 의대가 면접이 수능 뒤에 있었고 수시 납치는 걱정하지 않아도 되는 상황이었어요.

**Q. 그럼 편하게 정시 공부를 했을 것 같아요. '3학년 때에는 이렇게 공부해야겠다!'는 생각이 있었나요?**

A. 네! 우선 내신은 2학년 때 거의 끝났다고 생각했어요. 3학년 때는 대부분 절대평가 과목이라 A만 받으면 되는 상황이었고, 등급을 내는

과목은 실질적으로 국어 1개 정도였기 때문에 학기 중에도 정시에 집중할 수 있겠다는 생각을 많이 했어요. 또한, 학교 전통적으로 3학년 때는 정시에 집중할 수 있도록 자습 시간 확보 등 학교가 많이 배려해 준다는 말을 많이 들어서, 방학을 위한 계획보다는 1년 계획을 세우고 공부를 했던 것 같아요.

특별한 생활 패턴이 있었다거나 그런 것은 아닌데, 점심과 저녁 시간을 제외하고는 거의 계속 스터디 카페에서 공부했던 것 같아요. 주변에 사는 학교 친구와 같이 스터디 카페를 다녔는데 그게 또 선의의 경쟁 느낌으로 서로에게 동기 부여가 되며 도움이 많이 된 것 같아요.

과목으로 말씀을 드려 보자면, 초반에는 탐색전을 좀 펼쳤던 것 같아요. 즉, 자신의 스타일에 맞는다고 생각되는 선생님을 찾는 것이죠. 그 과정을 인강 사이트, 원래 다니던 학원, 대치동 학원 등에서 계속해 왔던 것 같아요.

### Q. 그럼 3학년 때는 어느 정도, 어떻게 공부했나요?

A. 사실 초반에는 평소랑 다른 것이 딱히 없었던 것 같아요. 그냥 학교에서 수업을 듣고, 남은 시간에는 자습하는 것이 다였어요. 1학기 때는 계속 그래 왔고, 내신 공부는 대략 시험 1주일 전부터 시작했고 나머지 시간은 거의 정시 공부에만 쏟았어요. 특히 2학기 때는 수업도 하지 않았고, 실제로 후반에는 시간표마저 수능 체제로 운영되어 정말 온전히 정시 공부에만 집중할 수 있었어요.

그 외에 기숙사에서 진행되는 패턴, 즉 6시 45분 기상 후 1시 취침은 딱히 깨진 적이 없고, 정말 정해진 패턴 속에서 제가 원하는 공부, 즉 필요할 것 같은 공부를 하며 매일을 보내왔던 것 같아요. 중간에 모의고사가 끝났다거나 특별한 날이 있으면 몇 시간 정도의 일탈이 있긴 했지만, 일상으로의 복귀도 빨랐던 것 같아요.

## Q. 평소에 모의고사는 잘 봤나요?

A. 네! 우선 모의고사를 3, 4, 7, 10월에 보는 전국연합 학력평가와 6, 9월에 보는 평가원 모의고사로 구분할 수 있는데, 등급으로만 보자면, 이 모두를 통틀어 3월에 국어 2등급, 9월에 지구과학 2등급을 제외하고는 모든 과목에서 항상 1등급을 받았습니다. 사실 등급보다는 백분위가 더 중요한데, 실제로 모의지원을 하였을 때 3월부터 6월까지는 수학 만점이 나오지 않아 인서울 의대 라인 정도, 7월부터 10월까지는 수학 100점과 더불어 틀린 개수 모든 과목 2개 이하로 메이저 의대 라인 정도를 노려볼 수 있었어요! 가장 잘 본 7월과 10월에는 백분위가 99.96이 나왔던 기억이 있습니다. 즉, 상위 0.04%인 것이죠…! 그래서 수능이 모의고사처럼 나온다면 면접을 가지 않아도 되겠다는 생각이 있었고, 수시가 플랜 B가 되었죠.

## Q. 모의고사를 볼 때마다 떨지는 않았나요?

A. 네! 저는 거의 떨지 않았던 것 같아요. 실제로 모의고사 전날에 "아,

내일 모의고사였어?"라는 말을 할 정도로 별로 모의고사에 큰 의미를 두지 않았고, 1교시 국어영역 직전에 살짝 긴장하는 정도였어요.

**Q. 원래 시험에서 별로 떨지 않는 스타일인가 봐요!**

**A.** 음…. 사실 영재고 시험 때는 많이 떨었는데요, 모의고사는 정말 편하게 봤던 것 같아요. 저에게는 수시라는 플랜 B가 있기도 했고, 편한 상태로 보는 것이 더 잘 보게 된다는 것을 깨달았기 때문에 일부러 더 그랬던 것 같아요.

**Q. 수능날에는 떨었나요?**

**A.** 수능도 그렇게 떨지는 않았던 것 같아요. 물론 떨려서 그랬는지는 모르겠지만, 아침에 먹은 것이 소화가 잘 안 돼서 소화제를 한 병 마시긴 했어요. 하지만, 다른 친구들만큼 떨지는 않았던 것 같아요. 모의고사처럼 국어 직전에 살짝 떨었고, 국어를 보고 난 뒤에는 모든 긴장이 아예 사라져서 모의고사 보듯이 봤던 것 같아요.

**Q. 그때 수능이 완전 '불국어'였던 것으로 알고 있는데, 현장에서는 어떤 느낌이었나요?**

**A.** 딱 '불국어'라고 느꼈어요. 제가 기출 문제를 풀었을 때 가장 어려웠던 수능이 1등급 커트라인이 84점이었던 2019학년도 수능이었는데, 이번 수능이 그때보다 더 어렵게 느껴지는 거예요. 제가 선택과목인

언어와 매체-문학-비문학 순서로 푸는데, 매체부터 막히더니 문학도 너무 어렵더라고요. 물론 현장이어서 그랬을 가능성이 높은데, 전 그 때부터 느꼈어요. '아 이번이 역대 최고다.' 실제 커트라인도 언어와 매체 84점으로 형성되었고, 불국어였음을 증명해 냈죠.

그런 수능이었지만, 사실 이미 6월 평가원 모의고사도 어려웠고 커트라인도 낮게 형성되었거든요. 그래서 이번에도 어렵게 나왔구나, 다른 친구들에게도 다 어려울 거라는 마음가짐으로 편하게 봤어요. 헷갈리는 것도 그냥 '에이 이게 맞겠지~.'이러면서 그냥 찍고 넘어갔고. 그랬더니 실제로 잘 봐서 93점을 받았고, 백분위 100%을 받았습니다.

### Q. 과탐은 어땠어요?

A. 사실 과탐에도 자신이 있었어요. 태까지 봤던 모든 모의고사에서 과탐은 6월에 물리학 1개, 9월에 지구과학 1개 틀린 것이 다였기 때문에, 이번에도 무난하게 잘 볼 것으로 생각했죠. 그 상태로 물리 시험지를 받았어요. 와 근데, 제가 아는 물리학이 아닌 거예요…. 실제로 물리학이 어려웠고, 체감으로는 제가 봤던 모든 시험 중 가장 어려웠어요. 많이 막혀서 한 2~3개 정도를 못 풀어냈어요.

그리고 이제 시험지를 바꾸는 2분의 시간이 주어졌어요. 물리학 시험지를 넣고, 지구과학 시험지를 꺼내서 책상 위에 올려놓은 뒤 그 위에 OMR 카드를 올려놓고 보고 있었는데, 저는 분명 모든 번호의 마킹을 마쳤는데, OMR 답란 중간 부분에 한 칸이 비어 있는 거예요. 저는 그때의 기분을 정말 잊을 수가 없어요. 하늘이 무너지는 것 같았어요. 중간에 한 칸이 비어 있다는 것은 제가 건너뛰고 마킹을 했다는 뜻이니 그 아래로는 다 잘못되었다는 거잖아요. 저의 3년이 주마등처럼 스쳐 갔고, '내가 뭘 한 거지…?'라는 생각과 더불어 그 상황이 정말 너무 서러웠어요. 그 상태로 지구과학 시험을 봤어요. 마음 같아서는 정말 그대로 시험장을 뛰쳐나가고 싶었지만, 과학탐구 중간에 나가는 것은 부정행위이기 때문에 그냥 최저학력기준을 위한 저의 마지막 몸부림 또는 내년을 위한 기본 실력 측정 정도라고 생각하고 지구과학 시험을 봤어요.

그렇게 물리는 5등급을 받았고, 지구과학은 1개밖에 안 틀려 백분위 99%가 나왔더라고요. 전 그 상황 속에서도 이런 좋은 점수를 받을 수 있었던 것이, 평소에 어려운 사설 모의고사를 혼자 풀기도 하고 친구와 대결도 하며 훈련을 단단히 해 왔기 때문에 체화가 된 것이 아닐까 하고 추측하고 있어요.

### Q. 최종 성적을 정리하면 어떻게 되나요?

**A.** 등급은 1, 1, 1, 5, 1, 제대로 본 것만 백분위로 말씀드리자면, 국어 100, 수학 100, 영어 1등급, 지구과학 99라는 좋은 성적을 받았어요. 물리는 5등급이었고요.

궁금해서 모의지원을 한번 해 봤어요! 근데 중앙대, 경희대 일반과 정도 라인이 나오더라고요. 제가 기존에 생각했던 중앙대 의대, 경희대

의대가 아니고요. (웃음)

## Q. 시험 보고 나서 많이 힘들었을 것 같은데 어땠나요?

A. 맞아요. 정말 많이 힘들었죠…. 수능 시험장에서 잠시 대기할 때 정말 힘들었고, 시험장 학교를 나와 부모님 얼굴을 보는데 너무 슬펐어요. 실제로 집 가는 차에서가 제일 힘들었던 것 같아요. 뒷자리에서 거의 누운 상태로 아무 말도 안 하고 창밖을 보며 하늘이 깜깜해지는 걸 보는데, 그 깜깜함이 저의 미래 같기도 하면서 그 상황 자체가 너무 몽롱하여 꿈꾸는 것 같더라고요. 꿈이길 바랐지만, 결국 아니었어요. 집에 와서도 계속 누워 있었고, 일부러 잊기 위해 잠깐 잤어요. 그랬더니 확실히 좋아졌고 괜찮아지기 위해, 괜찮음을 보이기 위해 노력했던 기억이 있네요.

## Q. 이게 수시 발표를 하나씩 기다려야 했겠네요.

A. 맞아요. 심지어 수능 날이 고려대 의대 1차 발표 날이었어요. 확인했는데 붙었더라고요. 그런데 고려대 의대 최저학력기준이 4합 5에 과학탐구 '평균'이라서 제가 최저를 맞출 수가 없는 거예요…! 상상도 하지 못했던, 정말 웃긴 상황이었지만 제가 그런 건데 누굴 탓하겠어요. 저는 그래서 다른 학교만을 기다렸어요. 정말 예상외였던 것은 경희대 의대에 1차에서 떨어졌다는 거였고, 저는 수시가 생각보다 힘들겠다고 느꼈어요. 가천대 의대와 한림대 의대에는 1차에서 붙었지만, 경

희대에 떨어진 것을 보아 높은 점수로 붙지는 않았을 것이며, 따라서 면접이 중요하겠다고 생각했어요. 정말 절박했어요. 이것도 붙지 않는다면 재수 결정이었으니까요. 그래서 대치동 다니며 면접 수업도 듣고, 열심히 준비해서 면접에 갔어요. 물론 고려대도 연습 삼아 갔다 오긴 했어요. 한림대와 가천대가 면접 스타일이 달랐기 때문에 더 힘들었지만, 열심히 준비했습니다. 그렇게 면접을 보고 왔고, 결과적으로 한림대는 한 번에 붙었고, 가천대는 예비 2번을 받아 바로 추가 합격되어 두 학교 중에 고민하다가 가천대 의대에 등록하게 되었어요. 그렇게 대장정이 마무리된 것이죠.

## Q. 지금까지 살아왔던 것 중 후회되는 것이 있나요?

A. 사실 제가 가장 후회되는 것을 한마디로 표현하면 "중학교 때 좀 놀걸."이에요. 저는 중학교 때의 추억이 거의 없어요. 친구랑 놀러 다닌 적도 없고, 학교에서조차 거의 공부밖에 하지 않았으니. 중학교 때의 기억이 영재고 에피소드 말고는 거의 없어요. 학창 시절의 추억이란 고등학교 때뿐이고, 정말 너무 조용하게 재미없는 인생을 살았던 것 같아요. 물론 면접 끝나고는 정말 하루도 빠짐없이 재밌게 놀러 다녔지만, 아쉬운 부분이라면 그 정도를 말씀드리고 싶어요. 그리고 1년 전으로 돌아간다면, "OMR 마킹 공들여서 확인하며 잘하자."라는 말을 저에게 해주고 싶네요…!

**Q. 마지막으로 입시를 준비하는 사람들에게 해 주고 싶은 말이 있다면?**

A. 지금 생각나는 것은, 우선 공부하는 습관 자체가 가장 중요한 것 같아요. 그리고 단순히 누구를 따라 하려고 하지 말고, 자신한테 맞는 습관을 찾는 것이 정말 중요한 것 같아요. 저를 예시로 들자면, 저는 플래너를 쓴 적이 단 한 번도 없어요. 매일 국어, 수학, 영어, 탐구 공부를 하되, 그 기본적인 틀 속에서 세부적인 사항은 정해 놓지 않았다는 거예요. 저에게는 그 방법이 잘 맞았던 것 같아요.

이 공부가 슬슬 질린다는 생각이 들면 다른 공부로 바꾸고, 너무 강박증처럼 '이만큼 해야지.'에 시달리지 않고 공부를 하다 보니 효율적으로 공부하고 있는 저의 모습을 보게 되더라고요. 따라서 효율적으로 공부할 수 있는 공부 습관에는 정답은 없고 그걸 스스로 만드는 것이 가장 중요하다고 생각하고요, 일단 그걸 찾으려면 공부를 해 봐야 하므로 경험을 쌓으며 자신에게 맞는 방향으로 수정해 나가는 것이 필요하다고 생각해요.

또한, 비록 20년밖에 살지 않은 제가 말하는 게 살짝 민망하지만, 인생에는 참 많은 실패가 있는 것 같은데 나중에 돌아보면 하나의 '썰'에 불과하기 때문에, 실패를 겪는 당시에는 너무 낙심하지 말고, 그걸 이겨 내고 더 큰 목표를 향해 달려가려고 노력하는 것이 필요하다는 말씀을 드리고 싶어요!

공부라는 여정

# 7

# 과목별 꼼꼼하고 완벽한 학습 방법

{ 우륜경 - 연세대학교 행정학과 }

**Q. 안녕하세요. 자기소개부터 해 볼까요?**

**A.** 안녕하세요. 저는 연세대학교 행정학과 3학년에 재학 중인 우륜경이라고 합니다. 학교 다니면서 아카라카도 못 가보고, 연고전도 못 가본 불쌍한 20학번이에요.

**Q. 입시의 시작은 고등학교부터라고 생각이 되지만 사실 중학교 때부터 준비하는 학생들도 있잖아요. 본인은 중학교 때 입시를 위한 준비를 하는 학생이었는지, 준비했다면 어떤 준비를 했는지 말해 줄 수 있나요?**

**A.** 저는 원래 발레를 전공하고 싶었어요. 초등학교 6학년 때 예중을 진학하고 싶다고 부모님께 말씀드렸죠. 그런데 부모님께서는 예중을 진학하는 건 진로를 너무 빨리 결정하는 것 같다고 반대하셨어요.

**Q. 그럼 공부 쪽에는 뜻이 없었다는 건데 중학교 때 학원이나 학교에서 공부는 열심히 했나요?**

A. 스스로 생각하기에 제가 학원이랑 안 맞는다고 생각해서 부모님께 학원은 다니지 않겠다고 말씀드렸던 것 같아요. 학원을 안 다니는 대신 학교 수업은 습관처럼 열심히 들었죠.

**Q. 학원이랑 안 맞는다는 생각을 언제부터 하게 됐나요? 초등학교 때도 안 다녔나요?**

A. 초등학교 때 갔던 영어 학원이 마음에 안 들어서 그 뒤로 학원과 맞지 않는다고 생각했던 것 같아요. 제가 4학년 때 영어 학원을 처음 갔어요. 그전까지는 예체능 관련된 학원만 다녀서 12살 때 파닉스도 모르는 상태였어요. 영어를 어느 정도로 몰랐냐면 학교에서 'I know'라는 문장을 배웠는데 그 당시에 'know'의 스펠링이 'no'인줄 알았어요. 초등학교 때는 그냥 발레가 너무 좋았으니까 공부나 다른 데에는 관심이 전혀 없었죠. 이런 상태에서 영어 학원이라는 곳을 처음 갔는데 그때의 분위기가 너무 답답하고 낯설었던 기억이 있어요. 왠지 모르게 무섭고 그랬죠. 그래도 2년 정도는 다니다가 초등학교 6학년 때 '아 이건 도저히 안 되겠다.'는 생각이 들어서 부모님께 학원을 그만두고 싶다고 말씀드렸죠.

공부라는 여정

**Q. 여기서 궁금한 게 그 어린 나이에 '나는 발레를 할 거니까 공부를 안 해도 돼.'라는 생각을 가지고 있었나요?**

A. 그런 정도의 생각까지는 아니었던 것 같고 부모님께서 원래부터 제가 하기 싫어하는 일을 저에게 강요하지 않으셨어요. 지금까지도 "네가 하고 싶은 걸 해라." 이렇게 말씀해 주시는 분들이세요. 그렇기 때문에 발레가 너무 좋았던 저는 공부를 하러 학원에 가야겠다는 생각이 들지를 않았던 거죠.

**Q. 그럼 학원을 다니지 않고 초등학교, 중학교 시절을 보내면서 공부가 어렵지는 않았어요? 첫 시험 결과는 어땠나요?**

A. 아! 중학교 첫 시험. 그게 문제의 시작이라고 할 수 있어요. 제가 갑자기 공부 쪽으로 진로를 설정하게 된 계기가 되었죠. 왜냐하면 결과가 의도치 않게 너무 좋았거든요. 저는 그때까지 하교하고 나서는 발레를 가거나, 다른 예체능 활동을 했죠. 쉴 수 있는 시간도 많았고 잠을 잘 수 있는 시간도 많았어요. 그러니까 자연스럽게 학교에서 졸리지 않고, 수업 시간에 조는 일도 없었죠. 돌이켜 보면 되게 좋은 습관이었던 것 같아요. 수업 시간에 졸지 않는 습관이 저도 모르게 생겨 버려서 중학교 때도 학교 수업을 열심히 들었어요. 학교 수업 들은 것만으로 첫 시험을 봤죠. 그런데 전교 1등을 해 버렸어요.

**Q. 학원을 안 다녔으면 학교 시험을 준비할 때 문제는 어떻게 구해서 풀었어요?**

A. 문제는 거의 안 풀었죠. 사실 문제집을 사긴 샀어요. 서점에 가면 ○○중학교 전과목 문제집 모음 같은 걸 팔잖아요. 그걸 샀죠. 그런데 풀기가 싫더라고요. 공부하는 걸 엄청 재미있어 하는 모범생 스타일의 학생은 아니었거든요.

**Q. 문제를 한 번도 안 풀고 시험을 봤는데 전교 1등을 한 거예요? 학원도 안 다니고?**

A. 그렇긴 한데 시험이 쉬웠어요. 공부를 잘하는 학교가 아니라서 전교 1등을 할 수 있었던 거죠. 대신 노트 필기를 예쁘게 하려고 노력했어요. 제가 지금도 목차를 엄청 중요하게 생각하거든요. 목차가 없으면 공부를 해도 제 머릿속에 남아 있는 정보가 하나도 없어요. 이게 중학교 때도 그랬는데 선생님께서 가르쳐 주신 내용들을 가지고 제 나름대로 다시 내용을 재배치해서 외우기 쉽게 정리하는 걸 재밌어했던 것 같아요.

**Q. 목차 세우는 건 누가 가르쳐 준 게 아닌 거죠?**

A. 제 기억에 의하면 어렸을 때부터 글 쓸 때는 항상 80%의 에너지는 개요를 세우는 데에 투자했던 것 같아요. 누가 제가 쓴 글을 반박하는 게 어린 저에게는 상처였거든요. 그래서 개요를 완벽하게 세워서, 설

령 내용의 결함이 살짝 존재한다고 하더라도 반박당하지 않을 수 있는 글을 쓰자라는 목표를 가지고 글을 쓰는 습관이 있었어요. 노트 필기도 저만의 목차를 세우면서 하다 보니까 암기가 잘됐던 것 같아요. 제가 평소에도 좋아했던 노트 필기를 하고, 수업 시간에 집중하다 보니까 시험을 잘 보는 좋은 결과가 있었던 거죠. 그런데 저한테는 그게 엄청난 부담이었어요. 원래 발레를 전공하고 싶어 했는데 전교 1등이라고 소문이 나니까 다른 학부모님들, 선생님들, 친구들의 시선을 신경쓰지 않을 수가 없게 되어 버렸어요. 그때부터 공부를 열심히 하기 시작했죠.

**Q. 그 후에도 비슷한 방법으로 공부하고 똑같이 결과도 좋았나요?**

**A.** 물론 첫 시험 때보다 훨씬 열심히 하기는 했지만 방법은 똑같이 공부했어요. 학교 수업 열심히 듣고, 목차 세워서 노트 필기 하는 방법으로 공부를 해서 그 후에도 대체로 성적을 유지했어요. 중학교를 전교 1등으로 졸업했죠.

**Q. 중학교를 졸업하면서 고등학교 진학에 대해서는 어떤 생각을 가지고 있었나요?**

**A.** 전교 1등이 어느 고등학교를 갈까. 이걸 주변 사람들이 궁금해했어요. 제 나름대로의 부담감도 있었고요. 제가 원래는 꿈이 엄청 많았어요. 피겨스케이팅 선수, 발레리나 같은 예체능 분야에도 관심 있었고

외교관, 검사 같은 문과 쪽 진로에도 관심 있었어요. 코딩하는 것도 재미있어서 공대 쪽도 어느 정도 관심이 있는 상황이었죠. 그런데 고등학교 진학을 고민하면서는 남들이 보기에 좋은 학교를 가고 싶었던 마음이 더 컸던 것 같아요. 16살이면 엄청 어린 나이잖아요. 다른 사람들의 시선을 신경 쓰지 않고 내가 좋아하는 것만 생각하기에는 너무 어렸던 거죠. 다른 사람들의 시선이 신경 쓰여서 좋아 보이는 학교를 찾으니까 당연히 국제고, 외고 같은 특목고들이 제가 진학을 희망하는 학교가 되어 버렸어요. 그리고 실제로 특목고에 진학했죠.

**Q. 다양한 종류의 특수목적고등학교가 있는데 국제고를 선택한 이유는 뭔가요?**

**A.** 일단 '자율형' 사립고등학교를 가고 싶다는 생각을 가장 먼저 했어요. 어느 정도 학교에 재량권을 주는 시스템이다 보니까 막연히 좋아 보였어요. 그런데 입학 설명회를 가서 설명을 들어 보니까 저와는 맞지 않은 부분이 있을 수 있겠다는 생각이 들었죠. 외고와 국제고는 자사고 다음으로 고려했던 옵션이었어요. 제가 당시에 수원에서 중학교를 다니고 있어서 근처의 한 외고, 국제고는 집과 가까운 국제고. 이렇게 두 학교가 그다음 후보지였죠. 두 학교 중에 국제고를 고르게 된 이유는 정말 중학생다워요. 당시에 〈상속자들〉이라는 드라마가 방송 중이었거든요. 드라마 속 학교가 너무 예쁜 거예요. 아 이 학교를 가야겠다. 드라마를 보면서 마음먹었죠. 정말 대단한 동기는 하나도 없어요.

'다른 사람들의 시선이 신경 쓰이니까 좋은 고등학교를 가야겠는데 어디를 가지? 이 학교가 드라마에 나오는데 예뻐 보이네. 여기로 가자.' 이 생각이 주를 이뤘던 것 같아요.

### Q. 고등학교에 처음 들어갔을 때 느낌은 어땠어요?

**A.** 너무 싫었어요. 1학년 1학기 내내 많이 힘들어했어요. 지금도 하는지는 모르겠는데 학교 들어가기 전에 2박 3일 동안 적응 교육이라는 거를 했어요, 근데 너무 재미가 없는 거예요. 훈장님 오셔서 한참 동안 지루한 내용을 말씀해주시고, 그동안은 움직이지도 못하고, 친구들도 다 낯설고 쉬운 게 하나도 없었죠. 그렇게 적응 교육에서 학교에 대한 안 좋은 인식을 가지게 되니까 3년 동안 지내야 할 곳이라는 게 너무 싫더라고요. 심지어 첫날에는 엄마한테 전화해서 새벽 4시까지 화장실에서 울고 그랬어요.

그래도 담임 선생님을 잘 만나서 전학이나 다른 옵션들을 고려하지 않고 잘 버틸 수 있었던 것 같아요. 자퇴하거나 휴학하는 사람들 정말 많거든요. 그런데 1학년 때는 애들을 강하게 키워야 한다는 학교 분위기에 따라서 담임 선생님들께서 보통 애들이 힘들다고 하면 "그냥 자퇴해."라는 말씀을 많이 하셨어요. 만약에 저희 담임 선생님께서 그런 분이셨다면 진짜 자퇴했을지도 몰라요. 그런데 다행히 따뜻하고 엄마 같은 분이셔서 제가 힘들다고 하니까 주말 외출도 허용해 주시고 외출 시간도 많이 주시고 하셨죠. 지금 생각하면 너무 감사해요.

그런데 주말에 다른 친구들이 공부할 때 외출해서 집에 누워 있는 생활을 하다 보니까 성적은 좋은 편이지 않았어요. 지금은 그렇지 않다고 들었는데 제가 다닐 때는 주말에 학원을 사유로 외출이 불가능해서 학원도 못 다녔거든요. 중학교 때 미리 쌓아 뒀던 베이스가 더 중요해져 버린 거죠. 근데 저는 중학교 때 학원도 안 다니고 선행도 안 했었거든요. 이렇게 복합적인 이유 때문에 1학년 때 내신은 다시 돌이켜보기도 싫은 성적을 받았어요.

**Q. 혹시 1학년 때 성적을 보신 부모님의 반응은 어떠셨나요?**

**A.** 응원해 주셨어요, 낮은 성적에도 불구하고 계속 공부를 할 수 있었던 것도 사실 부모님 덕분이죠. 제가 1학년 때 적응을 못했다고 말씀 드렸는데 이 부분에 대해서도 "네가 처음 적응을 하는 걸 힘들어 하는 타입인 것 같다. 누구나 힘든 순간이 있는데 그게 지금이라고 생각해라. 나중에는 언젠가 괜찮아질 날도 있을 테니 지금 힘든 걸 가지고 너무 스트레스 받지 말아라. 다른 친구들은 다른 친구들의 속도가 있는 거니까 너한테만 집중해라." 이렇게 말씀해 주셨어요. 이런 말들을 계속 들었기 때문에 저도 포기하지 않고 계속 노력했던 것 같아요.

**Q. 본인이 보기에 어떤 친구들이 내신을 잘 받았던 것 같아요?**

**A.** 1학년 때는 선행 학습이 많이 되어 있는 친구들이 아무래도 유리하지 않았을까요. 왜냐하면 영어 같은 경우에는 수업 시간에 배우지

않았던 외부 지문들이 많이 나와서 기본 실력이 중요했었고, 수학 같은 경우에도 다른 과목들을 공부하느라 시간이 부족하니까 선행을 하고 온 친구들이 공부 시간 확보 측면에서 유리했던 것 같거든요. 그래도 사회탐구 과목은 제가 꽤 성적이 잘 나왔어요. 계속 말씀드리는 거지만 제가 목차 세우는 걸 정말 좋아하거든요. 이 단원은 어떤 매커니즘으로 이뤄져 있는지 고민하고 각 단원들 간의 유기성을 파악하는 걸 정말 좋아하는데 사회탐구 과목들이 이런 것들을 고민하기에 최적화되어 있어요. 그러다 보니까 사회 탐구 과목 공부는 늘 재미있었고 열심히 해서 성적도 잘 나왔어요.

여기에 관련해서 재미있는 에피소드가 하나 있는데 제가 노트 필기를 엄청 깔끔하게 하는 스타일이에요. 교재로 만들어서 팔 수 있을 정도로 정리를 하는 게 목표라서 다른 사람이 보기에도 좋게 정리를 하거든요. 그리고 주변 친구들이 나눠 달라고 하면 꼭 나눠 주는 편이었어요. 어차피 같은 수업을 듣는 친구들인데 나만 아는 정보도 아니고, 나는 노트 필기를 하면서 공부가 되는 거기 때문에 다른 친구들이 이 노트를 가진다고 해서 성적이 오르는 마법 노트도 아니라는 생각을 했거든요. 같이 공부하는 친구들이기도 했고요. 어느 날 옆 반 친구가 저한테 선물이라면서 프린트물을 한가득 주는 거예요. 이게 뭐냐고 물었더니 자기 친구한테 받은 건데 필기가 엄청 잘되어 있는 노트라고 같이 보자고 주는 거라고 했어요. 그런데 펼쳐 봤더니 그게 제 노트 복사본이더라고요. 제 필기 노트를 제가 선물 받는 재미있는 경험도 했었어요.

**Q. 그렇게 선행을 해 온 친구들 사이에서도 2, 3학년 때는 내신을 잘 받은 걸로 알고 있는데 어떤 방법으로 올렸나요?**

A. 저한테 특목고가 잘 맞는다고 생각한 이유 중에 하나가 저는 옆 사람이 저보다 공부 잘하는 걸로 스트레스를 받는 타입이 아니에요. 오히려 옆 사람이 저보다 열심히 하면 자극을 많이 받는 타입이에요. 내가 제일 열심히 해야 하는 성격이죠. 그래서 100명이 한 자습실에서 공부를 하고 있으면 제가 제일 일찍 아침에 나와서 공부를 하다가 제일 늦게 자습실에서 출발해야지 뿌듯함을 느끼는 타입이었어요.

방학 때도 마찬가지였고요. 방학이라 아침에 늦게 일어나도 되는데 꼭 아침 자습 나가려고 하고 밤에 들어와서 기숙사에서도 공부하고 했어요. 영어 단어도 많이 외우고, 수학 문제도 많이 풀고, 학기 중에는 시간이 없어서 못했던 공부들을 많이 했죠. 이렇게 공부를 하다 보니까 지식이 엄청나게 늘어났다는 느낌은 아니었지만, 학업 역량은 확실히 키워진 것 같았어요. 시간을 어떻게 써야 하는지, 어떻게 공부해야 하는지. 문제를 풀 때는 개념을 공부할 때와 달리 어떻게 접근해야 하는지 등을 익힐 수 있었거든요. 그래서 2학년 때부터는 성적을 올릴 수 있었던 것 같아요.

**Q. 1학년 성적이 낮으면 수시를 포기하고 모의고사만 공부할 만도 한데 꾸준히 내신을 잡고 간 이유가 있나요? 입시 전략이 따로 있었나요?**

A. 사실 1학년 성적으로는 수시로도, 정시로도 좋은 학교를 가지 못할

게 눈에 보이니까 아무 전략이 없었어요. '일단 뭐든지 성적을 올리자.' 이런 생각이었습니다.

## Q. 성적을 올리기 위해서 2학년 때는 구체적으로 어떻게 공부했나요?

A. 제 가장 큰 고민거리는 영어였어요. 워낙 외국에 살다 온 친구들도 많고 영어 잘하는 친구들도 많다 보니까 제가 단시간에 그 실력의 간극을 메우기 가장 어려운 과목이더라고요. 그래서 1학년 2학기 때 영어 과외를 잠깐 한 적이 있는데 별로 도움이 안 되는 느낌이었어요. 당시에는 불안해서 과외를 계속 하기는 했는데 2학년 때 과외를 끊고 혼자 하다보니까 '아 역시 나는 혼자 공부하는 게 잘 맞는구나.'라는 걸 그때 다시 느꼈죠. 다른 사람한테 의존하지 않고 혼자 계획을 세워서 시험을 준비해야 한다는 생각으로 더 열심히 공부했거든요. Topic Sentence를 찾고, 지문 구조도 파악하는 연습을 이때 처음으로 시작했어요. 영어 공부에서도 나름의 구조를 찾는 연습을 시작한 거죠.

## Q. 그걸 한 뒤로 성적이 오르기 시작한 거예요?

A. 네. 저는 공부할 때 '구조화'를 하는 게 엄청나게 중요한 타입인 것 같아요. 그렇게 겨울 방학을 지나 2학년 때 내신 공부 방향을 조금 변경하면서 그 이후에는 반에서 3~4등 정도는 했었던 것 같아요. 이때서야 서서히 입시에 관심을 가지게 됐죠. 그런데 1학년 때 성적이 내신 평균을 내면 제 내신을 확 낮춰 버리니까 많이 속상하기도 했어요.

**Q. 어느 정도의 학교에 수시 원서를 낼 수 있는 수준이었나요?**

A. 2학년 때까지만 해도 '아 그냥 외대만 갈 수 있으면 너무 좋겠다.'라고 생각했어요. 제가 언어학 쪽에 관심이 있었을 때라 '언어' 하면 외대가 엄청 유명하잖아요. 외대를 가장 가고 싶기도 했고, 스칸디나비아어과처럼 특수어과가 많은 것도 좋았어요. 저만의 스페셜함을 확보하는 걸 중요하게 생각했거든요. 그런데 3학년 때도 성적을 많이 올리면서 고려대학교까지 쓸 수 있는 성적이 되었습니다.

**Q. 아 고려대학교를 썼으면 최저를 맞추려고 수능 공부도 현역 때 했겠네요?**

A. 네 맞아요. 3학년 1학기 때까지는 내신을 하느라고 안하고 그 이후에는 고려대학교 최저가 제 수능 성적의 기준점이에요. 당시에 고려대 최저가 4과목 합 6등급 이내였어서 제 기준에 만만하게 달성할 수 있는 성적은 아니었거든요.

**Q. 본인 생각에는 만족스럽지 못한 성적이었겠네요.**

A. 네 맞아요. 절대적인 등급이 만족스럽지 못한 것도 있었고, 제가 목표로 하는 고려대학교 최저를 맞추지 못할 성적이었기 때문에 더 걱정이 되었던 것도 있어요.

**Q. 원래 국어에 자신 있어 하는 편인데 왜 못 봤다고 생각해요?**

**A.** 일단 2학년 때까지 모의고사를 그렇게 열심히 응시하지 않아서 긴 호흡의 시험에 적응이 안 되어 있었던 것 같아요. 왜냐면 그 전에는 내신이 별로 좋지 못했으니까 고려대학교까지 수시에 쓸 생각을 못했었거든요. 그런데 고려대학교를 목표로 하게 되면서 모의고사 성적이 갑자기 필요하게 된 거죠. 그래서 시간 배분을 어떻게 해야 할지도 몰랐었어요. 아침에 비몽사몽 일어나서 정신없이 시험을 봤던 기억만 있어요. 그래서 이때부터 수능 국어 성적이 걱정돼서 내신 시험이 끝난 여름 방학 때부터 공부를 하기 시작했어요.

**Q. 그럼 7, 8월 정도부터 수능 국어 공부를 본격적으로 시작한 셈이네요. 어떤 식으로 공부를 했나요?**

**A.** 지금 생각해 보면 수능 공부에 대한 감 자체가 없었던 것 같아요. 부족한 점을 채우는 게 아니라 그냥 열심히 하기만 했어요. 정말 열심히만요. 매일 아침 7시에 일어나서 모의고사 한 회씩 풀고 가고 자습 시간에도 열심히 풀기만 했어요. 지문을 분석한다기보다 수능까지 3개월 정도 남았는데 그 기간 내에 모든 수능 문제를 다 풀어 보아야 한다라는 생각에 급했어요. 소위 양치기라고 하죠. 푼 문제가 많으니까 만족감도 느낄 수 있어서 공부 방법을 바꿀 생각을 못했던 것 같아요.

**Q. 9월 평가원 성적은 어땠어요? 올랐나요?**

**A.** 저희 때 9월 평가원이 엄청 쉬웠어요. 아마 제 기억에 따르면 98점이 1등급, 95점이 2등급 커트라인이었던 것 같아요. 그때 제가 95점을 받았는데 점수 자체가 올랐잖아요. 그리고 시험 시간에 느끼는 난이도도 엄청 쉬웠고요. 그래서 '아 이건 시험이 너무 쉬워서 등급 커트라인이 높지만 어느 정도 난이도가 조금만 올라가면 괜찮겠다. 두 문제 다 실수해서 틀린 거니까 수능도 잘 볼 거야.' 이런 식으로 생각했어서 공부 방법이 잘못되었다는 위기감을 느끼지 않았었죠. 또 다른 과목이 다 1등급이 나와서 고려대 최저를 맞췄었어요. 국어가 설령 2등급이 나온다고 해도 다른 과목들로 4합 6등급을 맞추면 되니까 괜찮을 거라고 안일하게 생각했었어요.

**Q. 수능 당일에 서강대학교 발표를 봤는데 기분이 어땠어요?**

**A.** 서강대학교가 불합격이라고 나왔는데 사실 별로 타격을 입지는 않았어요. 왜냐면 최초 합격은 당연히 기대하지 않았고, 다른 학교 중 하나는 붙겠지라는 생각이었던 것 같아요. 그런데 이미 고려대학교 최저를 맞추지 못한 건 알고 있었거든요. 오히려 고려대학교를 갈 수 없다는 사실에 더 힘들어했었어요. 그래서 성균관대 합격자 발표가 나왔을 때도 '합격'이라는 글자를 봐도 별로 기쁘지 않았던 것 같아요. 이미 제일 가고 싶었던 학교를 못 가게 됐으니까요.

**Q. 수능 성적이 어땠어요? 9월 평가원 때 4과목 합 5등급으로 꽤 안정적이었던 것 같은데요.**

A. 어떻게 보면 운이 안 좋았다고도 할 수 있고, 제 실력이 부족했다고도 할 수 있죠. 그전에도 1등급 커트라인 점수를 많이 받았었거든요. 그런데 수능 때는 국어 같은 경우에는 지문 한 세트 마킹을 거꾸로 했고요. 수학은 3점짜리 문제를 숫자를 잘못 봐서 틀렸어요. 그때까지만 해도 지금 수능 수학 같은 난이도 구성이 아니라 21번, 30번 문제를 제외하면 대체로 쉬운 편이라서 3점짜리 문제도 정말 쉬웠거든요. 그래서 결국 국어도 2등급, 수학도 2등급, 영어도 2등급이 나오면서 최저 등급을 못 맞췄어요. '아 3점 문제 하나만 숫자 꼼꼼히 볼 걸', '마킹 한 번만 더 확인할 걸.' 이런 생각들을 하면서 성균관대 예치금을 넣기도 전에 반수 결심을 했던 것 같아요.

**Q. 그러면 반수를 하기로 마음먹고 바로 공부를 시작했나요?**

A. 그건 아니었어요. 1학년 1학기는 무조건 휴학을 할 수 없어서 학교 공부를 했어요. 반수를 성공한다는 100% 보장이 없으니까 학교 공부도 꽤 했었던 것 같아요. 본격적인 수능 공부는 6월에 학교 종강을 한 뒤에 관리형 독서실에 등록해서 독학으로 공부했어요. 왜냐하면 사실 1학기 때도 공부를 하려고 집 앞에 있는 스터디 카페를 갔는데 아무래도 관리해 주는 사람이 없고 24시간 내내 핸드폰이랑 붙어 있으니까 스터디 카페에서도 계속 핸드폰을 하게 되더라고요. 그래서 핸드폰을

관리해 주는 곳을 골랐죠.

**Q. 여기서 궁금한 거 하나는 그때 공부 목표는 역시나 고려대학교 수시 최저였나요?**

**A.** 아 반수를 할 때는 정시를 목표로 했어요. 수능 성적으로도 고려대학교를 붙을 수 있도록 하자. 왜냐면 무조건 꼭 반수를 성공하고 싶은 거예요. 근데 수시는 대학교에서 뽑아 줘야 나에게 기회가 오는 거니까 불안정하다고 생각해서 정시를 더 많이 생각했죠. 특히나 생활기록부, 내신 성적 등등 수시에 반영되는 모든 요소들은 이미 마감이 된 상태니까 제가 할 수 있는 게 없잖아요. 그때 당시 할 수 있는 최선을 다해 보자는 생각이었기 때문에 수능 공부를 상당히 열심히 했어요.

**Q. 반수하면서 생활 패턴은 어땠나요?**

**A.** 일단 규칙적인 수면을 위해서 휴대폰을 완전히 포기했어요. 독서실 자체에도 아예 안 가져가고 집에도 두지 않으려고 어머니 차에다가 휴대폰을 숨겨 달라고 부탁드렸어요. 그리고 공부 패턴은 아침에는 수능 시간표대로 제가 문제 푸는 걸 중심으로 하고, 저녁 시간대에는 인강을 활용했었어요.

**Q. 각 과목별로 공부 시간 분배는 어떻게 했나요?**

**A.** 조금 더 구체적으로 말씀드려 보자면 아침 6시 반에 일어나서 7시

부터 8시까지는 수능특강 문학 작품들을 공부했어요. 거기에 문법 문제 5문제씩 풀었고요. 제가 원래 문법을 좋아해서 어려움을 느낀 적이 없었는데 수능 때 촉박한 시간 내에 새로 보는 문법 지문까지 해서 빠르게 끝내야 하는 게 부담이더라고요. 개념을 아는 거랑 문제 푸는 게 차이가 많이 나기도 하고요. 그래서 문제 푸는 감을 잃지 않으려고 다섯 문제씩 세트로 묶여 있는 문제집을 찾아서 매일 풀었어요. 그다음에 9시부터 10시 반까지는 국어 독서 문제, 10시 반부터 12시까지는 수학 문제, 점심시간에는 영어 단어를 외웠고요. 오후 1시부터 4시까지는 영어 문제를 풀었어요. 그 이후에 6시까지는 사회탐구 영역을 한 시간씩 공부했고요. 저녁 먹으면서 또 영어 단어를 30개 정도 외웠고, 그 이후 시간대는 주로 제가 아침에 풀었던 문제들에 대한 해설 인강을 들었어요. 영어 1시간, 수학 2시간, 국어 1시간 정도 들으면 밤 11시가 되거든요. 그러면 집에 가서 12시 전에 꼭 잠에 들었죠. 그리고 다음 날 아침 6시 반 기상하는 패턴을 반복하고요.

## Q. 하루도 쉬지 않고 같은 패턴이었나요? 일요일에도요?

A. 네. 일단 반수라서 기간이 그렇게 길지 않기도 했고 하루라도 패턴이 흐트러지면 다음 날 영향이 꽤 크다고 생각해서 매일 똑같이 공부했습니다. 심지어 연세대학교 논술 시험을 보러 가기 전에도 같은 시간대에 같은 공부를 했고 시험을 보고 와서도 공부를 했어요.

## 〈국어〉

**Q. 국어 독서 문제를 풀 때 현역 수능 공부할 때와 달라진 게 있나요?**

**A.** 그럼요. 이때는 6월, 9월 평가원이랑 수능을 딱 3년 치만 봤어요. 대신 한 지문을 1시간 반 동안 계속 분석하면서 꼼꼼히 보는 연습을 반복했죠. 7, 8, 9, 10월 네 달 동안 9개의 시험에 나온 지문들만 정말 죽어라 공부했어요. 물론 9월 평가원 시험 이후에 수능까지는 실전 경험도 중요하다고 생각해서 일주일에 두 번 정도 자체적으로 사설 모의고사를 통해서 시간 관리 등을 조절하기도 했고요. 국어 인강 같은 경우에는 주로 저녁 시간대에 들었는데 EBS 연계 대비랑 독서 지문 읽는 방법을 위주로 들었어요.

**Q. 국어 성적을 많이 올린 걸로 알고 있는데 반수를 할 때는 국어 독서 지문 분석을 어떤 식으로 했나요?**

**A.** 제 국어 성적 추이를 먼저 말씀드리자면, 현역 때 6월, 9월, 수능이 각각 3, 2, 2등급이었어요. 반수했을 때는 모두 1등급이었고 백분위도 계속 99였죠. 어떤 차이가 있었을까를 생각해 본다면 문제 풀이의 의미를 다르게 봤어요. 아까 말씀드렸듯이 현역 때는 문제 양 위주였고 반수할 때는 완전 꼼꼼히 하나하나 뜯어 봤거든요. 1문단이 중요하다고 하는데 왜 중요할까. 어떤 표현들이 나오면 지문이 어떤 방식으로 전개가 되는 것일까. 지문이 이런 식으로 전개되었을 때 문제를 출제

하는 포인트들은 어떻게 될까. 이런 식으로 문제 출제자 입장에서 지문을 봤어요. 짧은 시간 내에 빠르게 정보를 처리하다 보면 중요한 포인트들을 분리해서 생각하지 못하고, 문제에 출제되면 뭔가 어디에선가 본 말인 것 같아서 문제를 틀리게 되는 경우가 종종 생기더라고요.

**Q. 또 어떤 포인트들이 국어에서 자주 출제되는 문제 포인트들인가요?**

**A.** 최근 수능은 지문의 길이는 이전과 크게 다르지 않은데 정보 양이 훨씬 많아요. 그 말은 더 많은 정보를 처리하도록 학생들에게 요구한다는 말이죠. 정보가 많다 보니까 헷갈릴 선지도 많아지는 거예요. 그래서 수능 국어가 점점 더 어려워지는 거고요. 정보 처리를 위해서 각각의 정보와 개념을 구분하는 것부터 시작하시면 이전에 비해 오답 선지가 훨씬 더 명확하게 눈에 들어올 것 같아요. 또 제가 발견한 것 중에 하나만 더 말씀드리자면 정답 선지를 만들 때 대체로 각 문단에서 하나씩 내려고 하지 한 문단에서 몰아서 출제하지는 않더라고요.

**Q. 지문에 있는 내용이 어떤 방식으로 선지화가 되는지 그 규칙성을 찾으려고 한 거네요?**

**A.** 네. 맞아요. 그래서 약간 믿지 못하실 수도 있겠지만 제가 두 번째 수능을 볼 때 한 지문에 동그라미를 딱 4개를 그렸는데 정확히 그 부분에서 답이 나왔어요. 그런데 그 정도로 자신의 감에 대한 확신이 있기 위해서는 연습이 중요한 것 같아요. 또 공통점, 차이점이 중요하다. 1

문단이 중요하다. 이런 말들을 아마 많이 들을 텐데 그게 왜 중요한지 스스로 고민해 보는 시간을 갖는 게 제일 중요할 거 같아요. 왜 공통점과 차이점이 중요할까? 왜 1문단을 꼼꼼히 읽어야 할까? 스스로 고민해 보면 그 과정에서 지문을 보는 눈이 키워지는 거 같아요. 흔히들 '감'이라고 하잖아요. 물론 타고 태어나면 좋겠지만 그게 부족하더라도 혼자 오랫동안 고민하다 보면 감도 키워질 수 있는 것 같아요.

**Q. 그러면 몇 년 치 지문을 분석하는 걸 추천해요?**

**A.** 저는 3년 치를 분석하기는 했지만 이게 절대적인 수치는 아니고 '본인이 완벽하게 암기할 수 있을 정도'라고 생각을 해요. 그래도 최소 3년 치는 하고 그 이상은 본인이 감당할 수 있을 정도면 충분하다고 생각합니다. 저 같은 경우에는 반수라서 시간이 많지 않아서 3년 치만 했는데 최근 수능과 출제 기조가 유사한 해의 평가원 기출 문제까지 모두 다 본다면 더 좋겠죠. 그렇지만 그냥 한 번 쓰윽 보고 말 지문이라면 아예 보지 말고 이전에 봤던 문제들을 한 번씩이라도 더 보는 게 좋은 것 같아요.

**Q. 그럼 이번에는 살짝 화제를 바꿔서 문법(언어와 매체)과 화법과 작문 둘 중에 하나를 선택하는 기준은 어떤 게 있을지 말해 줄 수 있나요?**

**A.** 자신의 성향에 따라 정말 다르다고 생각해요. 이건 사회탐구 선택의 경우에도 마찬가지인데요. 만약에 내가 개념 암기에 자신이 있다.

공부라는 여정

시험 당일에 맡기는 것보다 완벽하게 준비를 하고 시험장에 들어가는 게 좋다. 이런 분들은 문법을 선택하시는 걸 추천드려요. 사회탐구로 예시를 들어 보자면 정치와 법, 동아시아사, 세계사 선택자도 있겠죠. 반면에 '나는 개념 암기에 취약하다. 차라리 시험장에서 결정되는 게 유리한 편이다.' 이런 분들은 화법과 작문을 선택하시는 걸 추천드리고 사회탐구로 예시를 들어보자면 경제, 생활과 윤리, 사회문화 등이 잘 맞는 분들이 있겠죠. 추가로 하나만 더 말씀드리자면 화법과 작문에서 계속 실수가 나오는 분들은 화작이라고 무시하지 마시고 화작 지문도 독서 지문처럼 시간을 들여서 어떤 포인트에서 문제가 어떤 식으로 나오는지, 어떻게 선지화가 되는지 분석해 보는 걸 추천드려요.

## Q. 문법은 어떻게 공부하는 게 좋을까요?

A. 최근에는 화법과 작문이랑 문법이 선택과목이 되었잖아요. 그렇지만 화법과 작문을 선택하는 학생들이더라도 문법 기본 용어들을 알고 있는 건 중요할 것 같아요. 왜냐하면 문학에 출제가 되거든요. 표현상의 특징을 묻는 문제에서 종결어미의 반복이 나온다. 이때 종결어미가 무엇인지 모르면 안 되겠죠. 그렇기 때문에 화법과 작문을 선택한 학생이라면 문법의 기본 용어들은 공부하는 걸 추천드려요. 문법을 선택하신 분들은 아마 대부분 문법을 열심히 공부하실 것 같기는 해요. 학기 초쯤에는 누구나 다 문법 개념에 머리 아파하고 있을 텐데 나중에 개념이 익숙해질 거예요. 그런데 개념이 익숙해지다 보면 문제 풀이에

집중하기 쉬워요. 하지만 문법은 의외로 정말 기본 개념을 묻는 문제에서 많은 학생들이 실수하기 때문에 수능장을 가기 직전까지도 문제 풀이와 더불어 개념 공부를 꾸준히 하시길 추천해요. 대신 한 문제, 한 문제 놓고 보면 쉬워도 제한 시간 내에 15문제를 세트로 풀려면 갑자기 마음이 급해지거든요. 그래서 15문제를 세트로 푸는 연습도 필요할 것 같습니다.

## Q. 문학 같은 경우에는 어떻게 공부를 했나요?

A. 사실 문학은 제가 원래부터 책을 좋아해서 그런지 글을 읽는데 어려움이 없었던 것 같아요. 그러다 보니까 평가원 시험에서 딱 한 번밖에 틀려 보지 않아서 별도의 공부법은 없었어요. 대신 어렸을 때부터 제가 고전 소설을 정말 좋아해서 초등학교 때『홍계월전』,『박씨전』이런 것들을 읽었었는데 그러다 보니까 고전 작품에서 나오는 용어들에 익숙해서 조금 더 유리했었던 것 같습니다. 고전 소설은 주로 인물들을 지칭하는 표현이 한 지문 내에서도 승상, 영감, 나리 등 엄청 많이 바뀌는데 이 부분은 아마 많이 읽으시면서 훈련하시는 게 제일 좋을 거 같아요. 고전 소설은 현대 소설과 다르게 이야기가 평면적인 경우가 상당히 많거든요. 그래서 처음 나오는 갈등 관계를 잘 파악하셔서 끝까지 어떤 표현이 누구를 지칭하는 표현인지만 놓치지 않으신다면 문제는 쉽게 푸실 거예요.

또 고전 시가 같은 경우에는 주제가 한정되어 있어요. 자연 동경, 사랑, 임금 동경. 각 주제별로 공부하시면 대체로 시가가 어떻게 전개되시는지 파악하실 수 있을 것 같습니다. 아, 시가 이야기가 나와서 현대 시에 대해서도 짧게만 말씀드리자면 고전 시가와 현대 시 모두 가장 중요한 건 시어의 의미를 주관적으로 이해하지 않는 거예요. '달'이라고 하면 긍정적인 시어일까요? 부정적인 시어일까요? 지문을 읽기 전까지 이 질문에 절대 대답하시면 안 돼요. 만약 글에서 달에 대해 '나의 님의 길을 비춰 주는'이라고 수식한다면 좋은 뜻이겠죠. 그렇지만 달이 뜬 밤이면 어두워서 나의 님이 오지 못한다는 내용이 있으면 안 좋은 뜻이겠죠. 장애물이니까요. 운문 같은 경우에는 표현상의 특징 잘 파악하고, 각 시어의 긍정적/부정적 의미만 잘 이해하신다며 모든 문제를 다 해결하실 수 있을 거예요.

### Q. 문학 문제를 풀 때 본인만의 팁이 있나요?

A. 특별한 풀이 방법은 없고, 대신 시험장에서 정말 최후의 방법으로 쓰는 게 하나 있는데 이것 가르쳐 드리고 국어 이야기를 마무리 짓겠습니다. 제일 좋은 방법은 당연히 텍스트를 많이 접하는 거죠, 그러면 확실히 눈에서 튕기는 글이 적어져요. 그렇지만 우리는 바쁜 수험생이잖아요. 언제 갑자기 독서를 하고 있겠어요. 대신 어떤 서술어가 긍정적인 의미이고 부정적인 의미인가는 파악할 정도가 돼요. 그래서 정답할 때는 해당 시어가 긍정적인가, 부정적인가를 파악해서 +, - 표시를 하면 하나만 딱 튕기는 게 있어요. 예를 들면 분명히 지문에서는 긍

정적인 의미로 사용된 단어인데 이 단어를 설명하는 말이 부정적인 경우가 되겠죠. +, - 표시를 빠르게 한 다음에, 그 시어를 설명하는 말이 긍정적인지, 부정적인지를 파악하면 훨씬 정답률이 올라갈 거라고 생각합니다.

## 〈수학〉

**Q. 수학은 계속 1등급이었는데 고3 수능 때만 2등급이 나왔잖아요. 공부법의 변화가 있었나요? 아니면 고3 때 방법 그대로 공부했나요?**

A. 수학도 국어랑 똑같이 많은 문제를 풀기보다 적은 문제를 여러 번 푸는 걸 택했어요. 양 자체가 절대적으로 적은 건 아니었는데 그래도 현역 때 풀었던 문제 수보다는 훨씬 적었죠. 인강 강사님 책 중에 중상 정도의 난이도를 모아 놓은 책이 있어요. 그 책을 10번 정도 반복해서 푸는 방법으로 공부했어요. 9월 평가원 이후에는 국어와 마찬가지로 일주일에 두세 번씩 실전 모의고사를 구입해서 풀었어요.

**Q. 수학은 시간이 부족하지는 않았나요?**

A. 수학은 2019년을 기점으로 정말 기조가 많이 변한 것 같아요. 제 현역 수능이죠. 2018년까지는 무조건 21, 31번만 어렵고 나머지는 엄청 평이했어요. 대신 나머지를 다 맞추면 1등급 확보였죠. 그런데 지금은 13번부터 어려워요. '어? 나 13번인데 막혀도 되나?' 이런 생각이 들게

만들죠. 물론 제가 수능을 볼 때는 문과와 이과 수능이 분리되어 있어서 문항 번호가 다르겠지만 어찌되었건 앞 번호에서 막혀도 쫄지 말고 넘어가도 괜찮다라는 거예요. 모든 문제를 패스해 버리면 안 되겠지만 앞 문제 못 푸는 수준이라고 뒷 문제도 못 푸는 수준인 건 아니라는 뜻이에요. 시험장 내에서의 멘탈 관리도 중요하니까요.

## 〈사회탐구〉

**Q. 사회 탐구는 어떤 걸 선택했나요?**

A. 저는 생활과 윤리와 정치와 법을 골랐었어요.

**Q. 우선 생활과 윤리부터 이야기해 볼게요. 어떤 점이 시험 공부를 할 때 중요한 것 같나요?**

A. 모든 사회탐구 공통으로 개념 공부가 정말 중요해요. 그런데 생활과 윤리는 기본 개념이 정말 적어요. 문제 난이도도 어렵지 않은 편이라 1등급 커트라인이 대체로 50점에 가깝게 형성되죠. 그러면 어디서 변별력을 확보할까요? 바로 새로운 선지에요. 그런데 그 선지들을 자세히 들여다보면 완전히 새로운 내용이 아니라 6, 9월 평가원에 '지문'에 나왔던 내용들이 그 학자의 선지로 수능에 출제되는 거예요. 그렇기 때문에 기출을 풀면서 지문도 꼼꼼히 읽으시고 암기하시는 걸 추천드릴게요.

**Q. 정치와 법은 어떤 게 중요한가요?**

**A.** 아 저는 정치와 법을 배우기 전부터 법 공부를 좋아했어요. 심심할 때 헌법 조문들 읽고 그랬었죠. 그래서 정치와 법에 개념이 많다고 하는데 용어가 익숙한 용어들이다보니까 저에게는 별로 어렵지 않았던 것 같아요. 그렇지만 법이 익숙지 않은 사람들한테는 개념이 정말 많게 느껴질 테니까 꼼꼼히 외우는 게 가장 중요하겠죠.


**Q. 정치와 법을 좋아해서 선택했다고 했는데 만약 선택과목이 좋아하는 과목인데 성적이 안 나오면 어떻게 해야 할까요?**

**A.** 무조건 다른 걸로 바꿔야 해요. 적성과 흥미는 정말 다른 문제에요. 이게 나의 직업적인 문제라고 한다면 조금 더 고민을 해 보고 신중해야겠지만 수능 한 번 보고 말거잖아요. 그렇기 때문에 무조건 점수 잘 나오는 과목을 선택하는 걸 추천합니다.


**Q. 마지막으로 해 주고 싶은 말이 있나요?**

**A.** 제가 여기에 공부 방법, 지문 분석 방법에 대해 많이 써 놨지만 무엇보다 중요한 건 자기화시키려는 노력인 것 같아요. 제가 과외도 몇 번 해 봤고, 동생들도 가르쳐 보고, 제 공부도 계속해서 하는 중이잖아요. 어떻게 해야 성적이 오를까를 살펴보면 제가 아무리 가르쳐 줘도 항상 자기가 동그라미 친 부분에만 동그라미 치고, 연습하지 않는 친구들은 성적이 안 올라요. 무조건 내가 동그라미 친 곳에 표시해! 이런

공부라는 여정

뜻이 아니라, 만약에 동그라미 친 곳이 다르면 왜 다른지, 저 사람은 왜 저기에 동그라미를 쳤는지 이걸 고민해 보는 게 중요한 과정이거든요. 여러분들이 인강을 들을 수도 있고, 학원을 다닐 수도 있고, 아니면 학교 수업만으로 공부를 할 수도 있어요. 어떤 방법이건 관계없이 자신의 습관에 왜 이렇게 했지? 이걸 고민하는 시간이 전 상당히 가치 있다고 생각합니다. 그래야 시험장에서 짧은 시간 내에 정말 자기 실력이 발휘될 수 있을 거예요.

# 8

# 효과적으로 방학 활용하기

{ 이서윤 - 포항공과대학교 반도체학과 }

**Q. 안녕하세요. 자기소개 좀 해 주세요.**

**A.** 안녕하세요. 저는 포항공과대학교(POSTECH) 반도체공학과 23학번으로 입학하게 된 이서윤입니다. 저는 수시 전형으로 연세대 전기전자공학부, 고려대 전기전자공학부, 성균관대 반도체시스템공학과, 포항공과대학교 무은재학부 그리고 포항공과대학교 반도체공학과는 PSLF 장학생으로 합격하였습니다.

**Q. 말해 주신 PSLF 장학생에 대해서 설명해 주실 수 있나요?**

**A.** 'PSLF'는 'POSTECH Semiconductor Leader Fellowship'으로 반도체공학인재전형 전체 지원자 중 최상위권 잠재력을 지닌 학생을 선발하여 반도체 분야의 미래를 선도할 글로벌 리더로 양성하기 위한 포항공

대 반도체공학과의 장학 프로그램입니다. PSLF 장학생은 학비, 기숙사비, 장학금 등을 지원받고 반도체 공학과의 학생 지원 프로그램 우선 선발 기회 등 좋은 여러 혜택들이 있습니다.

**Q. 포항공대 반도체공학과 이외에도 좋은 학교들에 합격했는데 그곳에 진학하기로 결정한 이유는 무엇인가요?**

**A.** 제가 포항공대 반도체공학과에 진학하기로 결정한 이유는 일단 포항공대라는 학교의 장점이 크게 작용했습니다. 다른 학교들과는 다르게 소수정예 교육으로 학생 대 교수 비율이 매우 낮아 질 좋은 수업을 들을 수 있고 교수님과의 진로 상담 등 제가 생각하기에 우리나라에서 가장 좋은 교육 환경이라고 생각했습니다. 뿐만 아니라 학교의 면학 분위기, 전학생 기숙사 생활 때문에 포항공대를 선택하였습니다. 그리고 저의 관심사는 반도체 분야로 확고하기에 반도체 공학과를 선택했습니다.

**Q. 어렸을 때부터 공부를 잘하셨나요?**

**A.** 어렸을 때, 그러니까 초등학생 때는 스스로 공부하거나 주체적이었다기보다는 그냥 부모님이 골라 주시는 학원에 다니면서 공부를 조금 했습니다. 특히 제가 운동을 좋아했어서, 평범한 초등학생들처럼 열심히 뛰어놀았던 것 같아요. 당연히 공부가 재미없었고, 공부 습관도 잡혀 있지 않은 터라 스스로 공부하기는 어려웠어요. 대신 그 당시 아버

지와 책상에 같이 마주 보며 앉아서 저는 공부를 하고 아버지는 책을 읽으시거나 일을 하신 것이 굉장히 도움이 되었던 것 같습니다. 아버지의 도움이 공부의 초석이 되지 않았나 생각합니다. 또, 성적은 잘 받아야 한다는 생각에 시험 기간만은 공부를 열심히 했기에 좋은 성적을 받았던 것 같습니다.

**Q. 그러면 당시 시험 준비를 할 때 집에서는 학원에서 내주는 숙제를 한 건가요?**

**A.** 아니요. 영어 학원을 다니긴 했는데 독서 클럽 같은 곳이었어요. 그래서 시중에 파는 자습서와 문제집을 사서 자습을 했습니다. 이외에는 독서 토론, 예체능 학원을 다녔어요. 그래서 직접 시험 대비를 해 주는 학원은 없었습니다. 수학은 5학년 겨울 방학 때부터 다니기 시작해서 6학년 때는 학원에서 시험 대비를 했던 것 같습니다.

**Q. 중학교 가서는 공부를 어떻게 했나요?**

**A.** 중학교 때는 동네에 있는 수학 학원, 영어 학원 그리고 중2 때 다니던 독서토론 교실을 그만두고 간 국어 학원 이렇게 3개 다녔습니다. 이전과 마찬가지로 시험 기간 아닐 때는 주로 놀았던 것 같아요. 학원 다니면서 학원 가가기 전에 억지로 몰아서 하는 숙제가 전부였습니다. 대신 시험 기간 때도 중학생이니까 초등학생 때보다는 좀 더 많은 시간 공부를 했습니다. 마찬가지로 평소에는 놀았지만 시험 기간만큼은

열심히 했기 때문에 상위권 성적을 계속 받았습니다.

## Q. 중학교 때 공부를 왜 했고, 어떤 생각을 가지고 공부에 임했나요?

A. '공부를 왜 해야 하지?'라는 생각은 하지 않았던 것 같아요. 그냥 단순히 나중에 커서 잘되려면 해야 하고, 시험 기간이니까 해야 하는 것. 그 정도로만 생각했습니다. 그리고 중학교 때는 친구들에게 약간의 경쟁 의식을 느끼면서 그게 공부에 대한 동기 부여가 되었던 것 같아요.

## Q. 이루고 싶은 꿈이 있었나요?

A. 초등학교 저학년 때는 운동선수가 꿈이었습니다. 그리고 나이가 들면서 꿈이 계속 바뀌었는데 건축가, 자동차 디자이너, 파일럿 등 여러 가지 꿈들이 있었어요. 멋진 건물들을 보며 건축가가 되고 싶었고 자동차를 좋아하고 멋있어서 자동차 디자이너가 되고 싶었어요. 그냥 제가 동경하고 멋있다고 느끼는 것들에 막연한 꿈을 가지고 있었습니다. 그래서 이루고 싶은 꿈들이 동기 부여가 된 것은 아니었습니다.

## Q. 중학교에서 고등학교 진학을 할 때 선택 기준이 뭐였나요?

A. 저는 저의 성격을 좀 고려한 것 같아요. 저는 분위기를 잘 타는 성격이었기 때문에 주위 환경에 따라서 저의 고등학교 생활이 달라질 것 같다고 생각합니다. 그래서 부모님의 추천으로 기숙사가 있는 학교들을 알아보았어요. 자사고나 특목고는 제가 준비를 안 해 왔기 때

문에 고민하지 않았고, 그래서 최대한 가까운 일반고 중에 기숙사가 있는 학교들에 대해서 알아보았습니다. 제가 당시에 평준화 지역에 살고 있었는데 평준화 지역에는 기숙사가 있는 학교들이 드물어서 비평준화 지역의 학교들을 찾아보기 시작했고 저에게 알맞은 학교를 찾아 진학하게 되었습니다.

**Q. 고등학교를 선택하고 고등학교 들어가기 전 겨울 방학 때 고등학교 학업을 위해 준비한 것이 있었나요?**

A. 고등학교 가기 전 겨울 방학 때는 기숙학원 윈터 스쿨에 들어갔습니다. 저희 학교 기숙사가 전원 기숙사가 아니었기 때문에 반 배치고사를 보고 기숙사 입사를 결정했어요. 일단 저의 1차 목표는 기숙사 입사였기 때문에 자습 시간에 시험 범위인 국, 영, 수 중학교 전 범위를 공부했고, 학원 수업 시간에는 고등학교 선행을 했어요.

**Q. 그러면 반 배치고사에서는 좋은 성적을 거두셨나요?**

A. 네, 기숙학원에서 열심히 공부했기 때문에 전교 4등이라는 예상치 못한 매우 높은 등수를 받았습니다. 그래서 제가 원하던 대로 기숙사에 들어갈 수 있었어요.

**Q. 반 배치고사 이외에 선행 공부를 했다고 하셨는데 고등학교 선행 학습은 어느 정도 하셨나요?**

A. 저는 고등학교 들어가기 전 선행을 많이 하지 않았습니다. 국어 문학 같은 경우에는 고전시가와 고전산문 대표작들 위주로 학원에서 공부하는 정도였고, 비문학 공부는 따로 하지 않았습니다. 그리고 고등학교 1학년 3월 모의고사 국어 기출을 몇 개년 풀어 봤었는데 너무 어려워서 충격을 많이 받고 고등학교 들어갔던 것 같아요. 수학 같은 경우는 수1까지 끝내고 들어갔는데 이게 고2 1학기 과정인데 친구들 보니까 제대로는 아니어도 미적분까지는 훑고 온 친구들이 많더라고요. 영어는 기본적인 문법들 위주로 공부했고 학원에서 주는 짧은 지문들을 직접 해석하고 이해하는 연습들과 고등 기본 영단어를 외었던 것 같습니다. 그리고 이외에 과학이나 사회, 역사 과목은 선행을 전혀 하지 않았습니다.

**Q. 비평준화이고 공부를 잘하는 학교니까 입학 전 걱정이 있었을 것 같은데 들어가기 전에 걱정을 많이 했나요?**

A. 네. 걱정을 많이 했던 것 같아요. 원하는 대학에 가기 위해서는 친구들과 경쟁해 좋은 내신을 받아야 하는데 워낙 잘하는 학생들이 많으니까 입학하기 전에는 너무 뒤처지지만 말고 반에서 5등 안에만 들면 좋겠다고 생각했습니다. 그리고 제가 선행을 많이 하지 않았기 때문에 더 걱정스러웠던 것도 있었던 것 같아요.

**Q. 고등학교 첫 시험(1학년 중간고사)을 볼 때는 어느 정도 준비를 했나요?**

**A.** 첫 시험을 준비할 때 제가 다니는 학원 선생님들께서 모두 공통적으로 하시는 말씀이 '첫 시험이 고등학교 성적에서 매우 중요하다.'였어요. 고등학교에서 첫 시험이 얼마나 중요한지 알고는 있었지만 열심히 하지는 못했습니다. 코로나로 인해서 학교에 못 가고 온라인 수업을 들으며 노트북을 사용하다 보니 노트북과 스마트폰을 너무 많이 봐서 공부를 많이 하지 못했습니다. 전자기기의 조절과 절제가 굉장히 힘들었어요.

**Q. 그러면 1학년 1학기 중간고사에는 성적이 좋지 않았나요?**

**A.** 1학기 중간고사 때는 내신이 2.3으로 높은 등급은 아니었지만, 등수로는 전교 6등을 했어요. 그래서 제 생각에는 저뿐만 아니라 다른 친구들도 온라인 수업 때문에 전자기기 노출이 많아지며 공부에 집중하지 못했을 것이라고 생각해요. 정말 운이 좋았던 것 같습니다. 대신 기말고사 때는 국어 4등급, 영어 3등급 등 제 중간고사 성적에 충격을 받아서 열심히 했던 것 같아요. 그래서 그런지 기말 성적이 많이 올랐고, 1학기 전체 내신을 1.7로 마무리했습니다. 이후에도 제가 항상 중간고사보다 기말고사를 잘 봐서 매번 비슷한 성적 양상을 보였습니다.

**Q. 왜 항상 중간고사보다 기말고사를 잘 봤나요?**

**A.** 저는 항상 중간고사에서 내 성적을 결판 짓겠다는 마음가짐을 가지

공부라는 여정

고 중간고사를 준비했어요. 하지만 항상 중간고사가 제 생각과는 다르게 오히려 열심히 했음에도 좋지 않은 결과를 얻을 때가 많았어요. 그 이유를 찾으려고 공부량, 공부 과정과 방법, 시험 당시에 내가 저지른 실수, 시험 당일 컨디션 등 제가 원하는 성적을 얻지 못한 이유에 대해서 중간고사가 끝나고 항상 분석했습니다. 잘 본 과목이든 못 본 과목이든 상관없이 모든 과목을 분석했어요. 그리고 저의 실수들과 피드백할 점을 각 과목별로 중간고사 시험지 첫 장 윗부분에 적어 놓고 기말고사 기간 내내 봤습니다. 그래서 마치 자동차 페이스리프트처럼 저의 실수들을 개선해서 기말고사 때 더 나은 성적을 얻을 수 있었습니다. 그리고 중간고사 성적에 대한 분함이나 아쉬움이 승부욕이 되어서 기말고사 때 공부를 더 열심히 하게 되었던 것 같아요.

## Q. 1학년 여름 방학은 어떻게 보냈나요?

A. 제가 1학기에 1.7로 좋은 성적을 받기도 했고, 부모님이랑 이야기를 나누면서 여기서 좀만 성적을 올리면 SKY도 가능하겠다는 생각을 하기 시작했던 것 같아요. 하지만 1학기 성적을 보면 막상 암기과목이 모두 1등급이었고 주요 과목인 국, 영, 수가 낮았어요. 이 과목들의 성적을 올리는 게 목표였습니다. 그러기 위해서는 공부 시간을 더 확보하는 게 더 중요하다고 생각했어요. 그래서 계속 골칫거리였던 스마트폰과 노트북을 없앴습니다. 사용할 일이 생기면 안방에 있는 컴퓨터를 쓰거나 부모님의 스마트폰을 사용했어요.

**Q. 1학년 2학기에 들어가면서 더 잘하고 싶은 마음이 생겼나요?**

**A.** 네. 1학기를 보내면서 대학에 대한 고민보다도 제가 최선을 다하지 못했던 것에 대해서 너무 아쉬움이 남더라고요. 그 지난 시간이 너무 후회스럽고 죄책감이 남았어요. 그리고 친구들과의 경쟁 덕에 더 열심히 잘해야겠다는 생각이 들었어요.

**Q. 2학기 때는 그런 후회를 발판 삼아서 열심히 했나요?**

**A.** 네. 제가 생각하기에는 1학년 2학기가 고등학교 생활 중 가장 열심히 공부를 했던 시기인 것 같아요. 전자기기를 없애고 여름 방학을 잘 보낸 덕분에 중간고사를 잘 보았고, 이어서 기말고사까지 좋은 성적을 거두면서 수학 빼고 모두 1등급을 받았습니다. 그런데 수학 성적이 좀 낮은 것에 대해서 아쉬움이 많이 남더라고요.

**Q. 수학 4등급을 어떻게 1등급으로 올릴 수 있었나요?**

**A.** 부모님과의 상의 끝에 학원을 한번 바꿔 보기로 했어요. 이렇게 과감하게 학원을 바꾼 것이 저의 고등학교 수학 성적의 터닝 포인트가 되었습니다. 기말고사 때 성적이 올라 1등급을 받고 생각해 보니, 열심히 했음에도 불구하고 중간고사 때 성적이 안 좋았던 이유를 알겠더라고요. 원래 다녔던 학원이 못 가르치는 것이 아니라, 제가 재학 중인 학교 내신 유형과 맞지 않는 학원이었던 것 같아요. 그래서 학원의 선생님이 자신과 얼마나 잘 맞는지도 물론 중요하지만 각 학교의 내신

공부라는 여정

스타일에 맞춰서 얼마나 철저한 대비를 해 주는지가 가장 중요한 것 같아요.

## Q. 1학년을 마치고 어떤 느낌이 들었나요?

**A.** 1학년 2학기 때는 1.3이었고 전교 3등이었습니다. 결과적으로 1학년을 1.5 정도의 성적으로 마치면서, 대학에 대한 욕심이 더 생기게 되었어요. 다른 과목들의 성적을 유지하고 수학만 제가 극복한다면 성적을 많이 올릴 수 있을 것이라는 생각을 했습니다.

## Q. 1학년 겨울 방학은 어떻게 활용했나요?

**A.** 일단, 겨울 방학이 굉장히 긴 시간이기 때문에 성적 향상의 가장 좋은 기회라고 생각해요. 하지만 반대로 길기 때문에 방학 시작할 때의 초심을 유지하기도 매우 힘들다고 생각했어요. 그래서 관리형 독서실에 다니면서 공부를 했습니다. 아침 8시에 가서 10시까지 중간에 식사 시간 2시간, 그리고 잠깐의 쉬는 시간을 제외하고는 계속 공부를 했습니다. 이때 시간을 정해 놓지 않으면 특정 과목에 공부량이 치우칠 수 있어서 정해진 시간표에 따라서 공부를 했어요. 아침에 가서는 영단어를 외우고 국어, 수학, 영어, 과학 순으로 공부를 했습니다. 그리고 10시에 집에 와서는 20분에서 30분 정도 쉬고 1시간에서 1시간 30분 정도 공부를 더하고 잤습니다. 그리고 잠을 줄이면 낮 시간에 졸려서 공부 효율이 매우 떨어진다고 느껴서 잠은 7시간에서 7시간 30분 정도

푹 잤어요. 이렇게 평일에는 시간표에 맞춰서 자습과 학원 숙제를 하며 보냈고, 금요일 밤에는 국어 학원, 주말에는 수학, 영어 학원을 가고 남는 시간에는 집에서 자습을 했습니다.

**Q. 1학년 겨울 방학에는 무엇을 중점적으로 했나요?**

**A.** 저희 학교가 수1, 수2를 1학기 때 같이 진도를 나갔기 때문에 수학 양이 매우 늘었고, 자연 계열을 선택하면서 과학도 물리, 화학, 생명 과학 3과목으로 양이 늘었기 때문에 수학과 과학에 집중을 했어요. 양도 늘고 내용도 어려워져서 전체 공부 시간에 80퍼센트를 수학과 과학에 투자했던 것 같습니다. 수1과 수2는 학원과 인강을 병행했고, 이때는 특히 내신을 잘 받는 것을 목표로 하였기 때문에 과학 탐구과목들은 1학기에 진도를 나가는 범위까지만 공부를 했습니다. 이게 매우 효율적이었던 선택이었던 것 같아요.

**Q. 1학년 겨울 방학을 마치고 무슨 생각이 들었나요?**

**A.** 나름 열심히 했지만 아직 수학과 과학이 완성되지 않았다는 느낌이 들어서 아쉬웠습니다.

**Q. 2학년 때 학교에서 하루 일과가 어땠나요?**

**A.** 1학년 때는 코로나 때문에 학교에 있는 시간이 적었는데 2학년 때는 좀 많아졌어요. 아침 6시 40분 정도에 일어나서 씻고 7시에 아침 점

호를 했습니다. 그리고 바로 밥을 먹고 7시 30분 정도부터 8시 50분 아침 조례 시간까지 자습실에 가서 공부를 했습니다. 5시까지가 수업 시간이었는데 쉬는 시간에도 일어나지 않고 공부를 했어요. 점심시간에도 점심 먹자마자 자습실에 가서 공부를 했습니다. 5시에서 6시까지는 오후 자습을 교실에서 하고 저녁밥을 먹었어요. 이후 7시부터 11시 40분까지가 3교시로 나누어져 공식적인 자율학습 시간이었는데 저는 저녁밥을 먹자마자 6시 30분부터 쉬는 시간 거의 없이 화장실이나 간식 먹을 때 제외하고는 11시 40분까지 앉아 있었습니다. 그리고 방에 가서 바로 잤어요. 완벽하게 이렇게 생활하지 못한 날들도 있었지만 이렇게 생활하려고 최대한 노력했습니다.

### Q. 2학년 1학기 때 성적은 어땠나요?

**A.** 3등급 이하는 없었고 문학, 영어, 화학 빼고는 모두 1등급을 받아서 1.3 정도로 1학년 2학기 때 성적을 유지했습니다. 이때 문학이랑 화학 수행평가 준비를 약간 소홀히 하여 수행평가 점수가 많이 깎여서 많이 아쉬웠습니다. 그래도 수학1과 수학2 과목이 모두 1등급이 나온 것이 자연 계열을 선택한 저로서는 굉장한 상승곡선이었던 것 같습니다.

### Q. 2학년 1학기 끝나고 어떤 생각이 들었나요?

**A.** 3학년 때는 절대평가 과목이 대부분이었기 때문에 사실상 고등학교 시험이 2학년 2학기 중간, 기말 이렇게 두 번 남은 상태였는데 그때

까지 잘해 온 스스로가 뿌듯했어요. 그런데 제가 이때 너무 힘들어서 그랬는지 제가 생각하기에 성적도 뭔가 아쉬운 것 같고 고등학교 와서 재밌게 한 일도 딱히 없는 것 같고 갑자기 공부도 왜 하는지 모르겠고 등 여러 가지 잡생각이 많아지면서 슬럼프에 빠졌던 것 같아요. 그래도 주변에서 저를 바라보는 시선과 지금까지 열심히 해 온 것들이 아깝기도 해서 결국 별 생각 안 하고 그냥 했던 것 같습니다.

**Q. 2학년 여름 방학은 어떻게 활용했나요?**

**A.** 2학년 여름 방학은 1학년 겨울 방학과 동일한 일과로 생활했습니다. 마찬가지로 수학과 과학을 집중해서 공부했고 2학기 시험 범위를 미리 공부했습니다. 그리고 과학은 인강으로만 공부했는데, 질문하고 자료들을 받으러 학원에 다녔습니다.

**Q. 2학년 여름 방학 때 가장 잘했다고 생각하는 게 있나요?**

**A.** 2학기 수학은 미적분과 심화수학을 하였는데 제가 미적분 선행을 한 번도 하지 않아서 마음이 급했어요. 그래서 3주 만에 집중해서 미적분을 다 끝냈습니다. 학원 진도로 했으면 쉽지 않았을 텐데 제가 학원과 인강을 병행해서 스스로 시간을 조절하고, 빠르게 공부할 수 있었습니다.

## Q. 그러면 2학년 2학기 때 성적이 어땠나요?

A. 2학년 2학기 때는 영어와 생명을 제외하고 모두 1등급을 받아서 1.2로 등급이 올라갔습니다. 미적분이 1등급이 나오면서 1학년 때 수학 성적이 3등급이었음에도 불구하고 평균 등급이 1등급으로 올라간 것이 뿌듯했어요.

## Q. 2학년까지 마치고 나서의 성적과 생각에 대해서 말해주세요.

A. 2학년까지 마치고 난 뒤의 전체 성적은 1.4였습니다. 고등학교 성적이 거의 정해진 시기라 수시로 대학을 가기로 결정하고 포항 공대를 저의 1지망으로 설정했어요. 그런데 제가 생기부가 좀 부족하다고 생각해서 3학년 때 어떻게 생기부를 채울지 고민을 많이 했습니다.

## Q. 그러면 2학년 겨울 방학은 어떻게 활용했나요?

A. 이전 방학 때처럼 관리형 독서실 다니면서 똑같이 생활했으며 수능 공부를 시작했습니다. 그래서 수학 학원과 국어 학원은 그만두고 학원은 영어만 다니면서 인강으로 수능 공부를 했습니다. 이때 과학 탐구는 이미 어느 정도 완성되었다고 생각해서 국어와 수학에 대부분 시간을 투자했습니다. 국어 3.5, 수학 4, 나머지 과목들 2.5의 비중으로 공부했어요. 국어는 문학, 비문학 평가원, 수능 기출을 인강의 도움을 받아서 정리했고, 언어와 매체 이론 강의를 들었습니다. 수학은 수능에 관련한 스킬들을 알려 주는 수능 개념 강의를 들으며 평가원, 수능 기

출들을 풀었어요. 영어는 절대평가라서 따로 공부를 하지 않을 것 같아 학원을 다녔는데 영어 학원에서 수능 유형들의 스킬들을 배우면서 평가원, 수능 기출들을 풀었습니다. 과학은 개념만 까먹지 않을 정도로 인강을 통해 개념 복습하고 기출들을 풀었습니다. 그리고 제가 수시로 가려고 결정했으므로 생기부를 어떻게 채울지 틈틈이 구상했던 것 같습니다.

**Q. 3학년 때는 그러면 어땠나요?**

**A.** 3학년에는 수능 공부를 거의 못하고 내신이랑 생기부만 챙겼어요. 상대평가 과목이 하나밖에 없었고 학생부 종합 전형은 학교마다 다르지만 정성평가라서 원점수도 신경 써야 했어요. 기하, 물리2, 화학2, 생명2, 심화수학, 심화국어, 심화영어 등 절대평가 과목들도 열심히 공부했습니다. 그리고 교과 시간에 발표도 열심히 하고 동아리 활동이나 대회 참여 등 여러 활동에도 활발히 참여했습니다.

**Q. 생기부는 어떻게 그리고 어떤 방향으로 채웠나요?**

**A.** 일단 제가 전자공학과나 반도체 공학과를 가기로 결정한 뒤, 반도체 설계를 아이템으로 잡아서 반도체와 관련된 내용으로 생기부를 채우려고 노력했어요. 일단 생기부에 세부특기사항(세특), 동아리, 자율활동, 개인세특, 행동발달사항 칸 등에 내용을 채울 수 있게 되어 있어요. 세특 같은 경우는 반도체와 관련된 과목들은 공부하면서 궁금한

것들을 심화 탐구하여 채워 넣었고 관련이 없는 과목들은 억지로 연결하려 하지 않았습니다. 그 과목 내용에서의 심화 탐구 활동을 진행하여 발표하거나 조사 자료를 교과 선생님께 제출했습니다. 그리고 자율 활동 같은 경우는 학급 임원 활동을 하고 가능한 많은 활동들에 참여하면서 쓸 수 있는 내용들이 풍성해지도록 하고 내용들을 학기 말에 정리했습니다. 동아리는 코딩 동아리에 참여하여 저의 희망 전공과 관련 있으면서 교과 세특에 드러내기 어려웠던 역량을 드러나게 했어요. 생기부 전체적으로는 하나의 스토리가 있게끔 하였습니다. 저는 반도체 설계 쪽으로 왜 내가 설계 쪽에 관심을 가지게 되었고, 설계의 단계는 어떻게 되며, 각 단계는 자세히 무엇이고 등을 책을 사서 공부해 보며 각 단계를 간단하게 실행해 보았습니다. 이 과정들을 조금씩 세특이나 동아리, 자율활동 등에 나눠 쓰며 제가 궁극적으로 도전해 보고 싶은 분야가 무엇이고 탐색 과정들을 드러냈습니다.

## Q. 3학년 1학기 때 성적은 어땠나요?

**A.** 절대평가 과목들도 열심히 챙겨서 심화국어를 제외한 나머지 과목들은 100점과 90점 후반의 원점수를 받았습니다. 아쉽게 유일한 상대평가 과목이었던 언어와 매체를 2등급을 받았어요. 그리고 1학기 때 3월, 4월, 6월 모의고사를 봤는데 내신과 생기부에 집중하느라 모의고사에 거의 신경 쓰지 않았습니다.

**Q. 3학년 여름 방학은 어떻게 보냈나요?**

**A.** 내신 공부 때문에 하지 못했던 수능 공부를 하려고 노력했습니다. 그런데 생기부 독서 활동 기록을 위해 책도 읽고 자소서 구상, 지원할 학교들을 찾느라 완전히 수능 공부에만 집중하지는 못했습니다. 그래서 이전 방학들처럼 관리형 독서실에서 공부를 하되, 8시에는 집에 와서 이러한 수시 지원 준비를 했습니다.

**Q. 자소서는 어떻게 완성했나요?**

**A.** 자소서를 쓰려니 쓸 소재들이 없어서 힘들었어요. 1학년 때는 생기부를 챙기지 않았고 2학년 때도 챙기려 노력했지만 공부에 집중을 해서 생기부 내용이 부실했습니다. 화려하게 뽐내기보다는 3학년 때 채운 생기부를 바탕으로 제가 저의 진로를 탐색해 나가는 과정들을 담아, 스스로 탐구하고 발전시킨 과정들을 최대한 진술하게 쓰려고 노력했습니다. 일단은 분량 상관없이 이렇게 자소서를 1차로 완성한 다음에 수시 원서 지원일까지 첨삭하고 분량을 줄여 나갔습니다. 첨삭은 제가 인터넷에서 여러 자소서 예시들을 참고하고 담임 선생님과 부모님께 도움을 요청하여 받았습니다.

**Q. 수시 원서에 쓸 학교들을 어떻게 결정했나요?**

**A.** 저는 2학년 겨울 방학부터 쓸 학교들을 생각했기 때문에 이미 틀은 대략 정해져 있었습니다. 일단 학교별로 내신 성적을 반영하는 방식

이 다르기 때문에 저의 내신이 각 학교에서 어떻고 작년 커트라인, 전형, 수능 최저 등을 분석했습니다. 모의 지원 사이트들에서 지원도 해보고 면접 날짜들을 확인하여 제가 준비할 수 있고 적합한 면접인지를 따졌어요. 그리고 각 원서의 전형이나 면접 여부와 종류, 수능 최저의 스펙트럼을 다양하게 해서 일관된 결과를 가져오지 않도록 했어요. 이렇게 해서 결국 서울대 전기정보 공학부, 연세대 전기전자공학부, 고려대 전기전자공학부, 성균관대 반도체시스템공학과, 포항공과대학교 무은재학부 그리고 포항공과대학교 반도체공학과에 지원했습니다.

## Q. 수시 원서 접수 이후에는 무엇을 했나요?

A. 원서 접수 이후에는 긴장도 되고 마음이 뒤숭숭해서 집중이 잘 안 됐어요. 그래도 수능 공부와 면접 준비를 꼬박꼬박했습니다. 수능과 면접 준비를 동시에 하여서 시간이 부족했지만 이제 거의 다 왔다는 마음으로 최선을 다했습니다. 수능 공부는 이제 슬슬 파이널 기간에 돌입하면서 각 과목별로 N제와 모의고사를 병행했고 겨울 방학 때 공부했던 수능 개념들도 까먹지 않도록 복습하고 N제와 모의고사에서 부족한 부분이 생기면 수능 전에 알아 다행이라고 생각하며 넘어가지 않고 다시 개념 책을 보고 같은 유형의 문제를 반복하여 풀며 채워 넣었습니다. 제가 넣은 원서의 면접은 수학, 과학, 생기부 기반 면접으로 다양했는데 수학과 과학 면접 같은 경우는 학원에서 동영상 강의를 받아서 활용했고 학교에서도 도움을 받았습니다. 생기부 면접 같은 경우

는 생기부를 다시 읽어 보고 제가 했던 활동들도 정독했습니다. 그러면서 예상 질문들을 뽑아서 미리 답변을 생각해 봤어요.

### Q. 수능 성적은 어땠나요?

A. 엄청 잘 보지는 않았지만 최저를 모두 안전하게 맞췄습니다. 바로 직전 모의고사인 10월 모의고사를 잘 못 봤었는데 이후로는 면접 준비보다 수능 최저가 우선이라고 생각해서 수능 준비에만 수능까지 올인했어요. 그 결과 안정적으로 최저를 맞출 수 있었던 것 같습니다.

### Q. 면접은 어땠나요?

A. 면접이 있는 학교는 모두 수능 후 면접으로만 지원을 했습니다. 다행히도 1차는 모두 합격해서 수능이 끝난 당일부터 바로 가까운 면접부터 준비를 했어요. 그때 진짜 저의 한계를 느꼈어요. 진짜 쓰러질 거 같았는데도 2주만 있으면 모두 끝난다고 생각하며 마지막 힘을 짜냈습니다. 그렇게 차례대로 토요일에 연세대, 목요일에 서울대, 토요일, 일요일에는 포항 공대 면접을 보고서 면접 입시 일정이 마무리되었습니다. 면접은 다 잘 봤다고 느껴져서 뿌듯했습니다.

### Q. 대학에 합격하고 고등학교를 돌아보면서 아쉬웠던 점이 있나요?

A. 3년 동안 힘든 입시 일정을 달려오면서 쉬지 않고 열심히 한 것 같아요. 하지만 고등학교 시절에도 그렇고 지금도 돌아보면서 열심히 했

음에도 더 최선을 다할 수 있었는데 그러지 못한 것에 대해 아쉬움이 남아요. 앞 질문들에서 말씀드린 빡빡한 스케줄을 소화하려고 노력했지만 가끔씩 일탈도 하고 시험 기간에도 잠이나 전자기기 조절을 하지 못한 적도 있었습니다. 이런 부분에 있어서 결과에 대한 후회는 전혀 없지만, 과정에는 후회가 남습니다. 그리고 두 번째로는 성적들에 너무 스트레스를 받은 게 아쉽습니다. 이 스트레스가 원동력이 되어서 열심히 한 것도 있지만 수행평가나 시험 한 번의 성적 가지고 스트레스를 많이 받았어요. 결국 이후에는 해결되고 극복했음에도 불안감에 너무 스트레스를 많이 받았던 것 같아요. 수험생 입장에선 쉽진 않지만 지금 돌아보면 아쉬움이 남습니다.

**Q. 마지막으로 대학 입시를 준비하는 분들께 하고 싶은 말이 있나요?**

**A.** 저는 제가 입시에서 좋은 결과를 얻은 것이 제가 공부에 재능이 있어서라고 생각하지 않습니다. 고등학교 때 정말 머리가 뛰어난 친구들을 보면서 느꼈습니다. 하지만 저는 꾸준했고, 잘 절제했기 때문에 이런 결과를 낼 수 있었다고 생각해요. 옆에 스마트폰이나 컴퓨터, 태블릿이 있으면 머리는 하면 안 된다는 것을 알면서도 자기도 모르게 손이 가잖아요. 그래서 저는 스스로 조절이 어렵다는 것을 인정하고 전자기기를 바꾸고 차단 앱을 설치하는 등 부모님께 도움을 받았습니다. 저는 이 전자기기 절제가 입시에서 가장 중요하다고 생각해요. 여러분들도 스스로 인정하고 절제한다면 대학 입시에서 분명히 원하는 결

과를 얻으실 수 있다고 생각합니다. 마지막으로 시간이 생각보다 정말 빨리 지나가요. 입시 동안 스트레스도 받고 몸도 매우 힘들겠지만, 좀만 참고 견디시면 엄청난 뿌듯함과 함께 좋은 결과가 기다리고 있을 것입니다. 감사합니다.

# 9

# 미리 준비해서 감 잡고,
# 담력을 길러서 용감하게 도전하기

{ 이승민 – 서울대학교 인문 계열 }

**Q. 안녕하세요. 자기소개부터 해 볼까요?**

**A.** 네. 안녕하세요. 저는 서울대학교 인문계열 23학번 신입생 이승민이라고 합니다.

**Q. 어렸을 때부터 공부를 잘하는 아이였나요? 아니면 다른 것에 관심이 많았나요?**

**A.** 어렸을 때는 공부를 잘하지도 관심이 있지도 않았어요. 다만 독서를 좀 좋아했던 것 같아요. 또래보다 한글을 일찍 배워서 다른 친구들이 막 한글 배우기 시작할 때 전 혼자 그림책을 읽었다고 어머니가 말씀해 주셨던 기억이 나네요. 그리고 상상력이 풍부하다는 얘기를 많이 들어서 공부보다는 예술 쪽에 어릴 때부터 관심이 많았어요.

**Q. 그렇다면 공부를 처음 시작하게 된 시점은 언제였나요?**

**A.** 전 초등학교 때에는 학원을 다니지 않았어요. 하루 종일 책상에 앉아 있기보다는 여러 친구들과 만나는 것을 훨씬 좋아했었거든요. 본격적인 공부는 예비 중1 때부터 시작했던 것 같네요.

**Q. 그럼 선행 학습도 딱히 되어 있지 않은 상태에서 중학교 진학을 한 건가요?**

**A.** 네. 선행 학습의 기억은 없고 중학교 때 처음 영어 학원을 다녀봤어요. 영어 학원은 토플을 위주로 가르치는 학원이었는데 중간 정도의 반을 들어가서 영어 공부에 점점 재미를 붙였죠. 수학은 학원을 다니긴 했었는데, 혼자 공부하는 비중이 더 컸던 것 같아요. 고등 과정 선행은 하지 않았고요.

**Q. 중학교 성적은 어느 정도였나요?**

**A.** 저랑 수학이라는 과목이 별로 맞는다고 생각하지 않았기 때문에 수학 공부를 다른 과목에 비해 많이 하지는 않아서 수학 성적은 크게 좋지는 않았습니다. 다른 과목들은 집에서, 또 독서실 등에서 열심히 공부했기 때문에 성적이 잘 나왔어요. 등수로 치면 전교 5등 안에 들 정도죠.

**Q. 고등학교를 진학할 때 선택 기준이 뭐였을까요?**

**A.** 학업이죠. 얼마나 친구들이 공부를 잘하는지, 분위기는 어떤지 등이요. 그렇기 때문에 입학 컷이 높은 학교를 가고 싶었어요, 제가 사는 지역이 비평준화 지역이었기 때문에 학교 별로 학업 분위기 차이가 컸었는데, 누구나 원하던 제일 입학 컷이 높은 학교는 가지 못했고 두 번째로 높은 학교에 진학했습니다.

**Q. 그렇다면 예비 고1 겨울 방학 때에는 어떤 공부를 했나요?**

**A.** 우선, 수학을 제일 우선으로 공부 계획을 짰습니다. 하루 5시간 넘게 수학 개념을 익혔고, 국어의 경우는 비문학과 문법을 위주로 공부했습니다. 영어의 경우, 그다지 공부할 포인트를 찾을 수 없었기에 하루 10문제 내외로 유형을 익히는 연습을 했어요. 그 당시 다녔던 수학 학원에서 오전 10시부터 오후 10시까지 12시간 동안 학원을 열어 주었기에 하루에 8~10시간 정도 공부했던 것 같습니다. 하루도 빠짐없이요.

**Q. 그렇다면 고등학교를 처음 진학했을 때, 정시 위주로 공부했다는 이야기인가요?**

**A.** 네, 애초에 저는 수능 위주로 공부하고 싶어서 이 고등학교에 진학한 것이기 때문에 정시 공부를 위주로 하였습니다. 그렇다고 1학년부터 내신을 아예 놓은 것은 아니었어요. 다만 성적이 잘 나오지 않는 것을 보고 2학년으로 올라가기 전 거의 완전히 포기했습니다.

**Q. 고등학교 1학년 때에는 그렇다면 어떤 공부를 했으며, 성적은 어느 정도였나요?**

A. 고등학교 1학년 때에는 수학은 개념을 완벽히 정리한다는 느낌으로 공부하였고, 국어 같은 경우는 문법과 비문학을 위주로 공부하였습니다. 3학년으로 올라가기 전 문법을 다 끝내겠다는 일념으로 공부했고, 비문학의 경우, 학교 내신과 겹치는 기출을 위주로 훑으며 감을 키웠습니다.

**Q. 고2로 올라가며 계열 선택을 하였을 텐데, 문과를 선택한 이유는 무엇인가요?**

A. 제가 다니던 학교가 과학 중점 학교였기 때문에, 문과인 친구들이 정말 소수였습니다. 제가 그 당시 꿈꿨던 직업이 법조인이었기에 문과에 진학하게 되었죠.

**Q. 그렇다면 고2 시절의 공부법은 어땠고, 또 성적은 어느 정도였나요?**

A. 저는 고2 때부터 완전히 정시로 방향을 틀었기 때문에, 약 2년 정도의 계획을 세웠습니다. 우선 고2 때 국어를 완벽히 익힌 후 고3 때에는 사설 모의고사를 하루에 하나씩 푼다는 느낌으로 공부했습니다. 그렇기 때문에 하루 5시간 이상을 기출 분석에 쏟았고 성적 또한 좋게 나왔습니다. 수학은 개념 범위를 모두 끝내고 실전 개념을 어느 정도 익혀야겠다는 느낌으로 공부했습니다. 기출 또한 열심히 공부했고 문제에

서 원하는 답을 찾을 수 있을 때까지 연습했습니다. 영어의 경우 하루 10문제 정도를 풀고 모르는 단어를 외웠으며, 사탐은 개념만 끝낸다는 느낌으로 공부를 했어요. 성적은 무난하게 전부 1등급이 나왔습니다. 한국사를 제외하고요. 한국사는 수능 3주 전부터 조금씩 보는 것을 권장합니다.

## Q. 고3 시절에 가장 집중했던 부분은 뭐였고, 또 그것을 이루기 위한 공부법은 무엇이었나요?

A. 고3이 되면서, 수학을 가장 실전에 맞게 효과적으로 풀 수 있는 방법이 뭘까에 대해 고민했습니다. 수학이 아슬아슬하게 1등급이었기 때문에 실전에서 시간 내에 100점을 맞을 수 있게끔 공부법을 연구했습니다. 고민 결과, 문제에서 원하는 것이 뭔지를 파악한 후 기계적으로 실전 개념을 조합하여 문제 풀이 루트를 확실하게 세우는 것이 중요하다는 것을 알게 되었습니다. 그렇게 하기 위해서는 평가원 기출에서 반복적으로 나오는 패턴을 추출하여 노트에 적었고, 외우다시피 하며 몸에 익혔습니다. 국어의 경우, 20분 안에 3개 남짓의 비문학 지문들을 뚫기 위해서 생각의 흐름을 일정하게 연결시키는 노력을 많이 했던 것 같습니다. 이 또한 기출 분석을 열심히 하며 제 생각의 흐름을 파악하고 그것이 정형화되게끔 마인드 컨트롤을 계속 했습니다.

**Q. 그렇다면 수능 당일 어땠나요?**

**A.** 저는 수능 당일 평소보다 2시간 정도 일찍 시험장에 도착하여 30분 가량의 산책을 하였습니다. 그리고 전날 미리 뽑아 둔 예열 지문 3개 정도를 풀고, 답을 보진 않았습니다. 글을 평소대로 연습한 대로 읽기 위한 일련의 연습이었죠. 그리고 국어 1교시가 시작되고, 긴장하지 않도록 노력했습니다. 떨고 있는 제 손이 보이는 순간 실전에서는 무너지기 때문입니다. 국어는 연습에서나 실전에서나 시간을 되도록 보지 않으려고 노력했는데, 그것 또한 시간을 보며 긴장하지 않기 위해서였습니다. 그 결과 좋은 성적을 거둘 수 있었습니다.

수학에서 가장 중요한 것은 2개라고 생각하는데요. 첫째는 바로 그 직전 교시인 국어에 대한 확신 혹은 망각입니다. 잘 봤다면 잘 봤다는 확신이 서야 하고, 잘 보지 못한 것 같다면 빨리 떨쳐 버리고 다음으로 넘어가야 한다는 뜻입니다. 둘째는 바로 평소와 똑같이 풀기입니다. 평소에 자기가 풀던 방식과 방법을 똑같이 따라 하여 푼다는 생각을 갖고 있어야 합니다. 그리고 국어와 다르게 수학은 시간을 주기적으로 확인하며 배분하는 것이 매우 중요합니다. 영어의 경우, 듣기를 무사히 통과하고 독해를 시간 내에 다 풀 수만 있다면 완벽합니다. 저의 경우는 듣기 문항 풀이와 동시에 독해를 34번 정도까지 풀어 놓는 편이었는데, 실전에서는 31번 정도까지밖에 풀지 못했습니다. 그래도 이전에 시간 분배 연습을 열심히 한 결과 좋은 결과를 얻을 수 있었습니다. 사회탐구의 경우, 평소 시간 분배를 원활히 하는 습관을 들여 놓았다면 큰 무리 없이 잘 볼 수 있을 것입니다. 까먹은 개념이 없다면요.

**Q. 마지막으로 후배들에게 해 줄 조언이 있나요?**

**A.** 정시 선배로서 후배들에게 해 줄 조언은 겁을 먹지 말라는 겁니다. 물론 시험 당일 아예 떨리지 않을 수는 없겠죠, 하지만 적어도 떨지 않으려는 노력은 할 수 있잖아요? 수능은 시간 싸움, 집중력 싸움도 있지만 가장 중요한 것은 바로 '담력'입니다. 담이 크다는 것은 아무리 어려운 문제, 지문이 나와도 겁먹지 않고 정해진 시간 내에 정확히 풀 수 있다는 것을 의미합니다. 수능 때에는 정말 사소한 것도 영향을 줄 수 있기 때문에, 자신의 떨리는 손이 보인다면 바로 멘탈이 깨져요. 그렇기 때문에 무슨 일이 있어도 멘탈을 잘 잡고, 그 순간 마주한 문제에 집중하는 능력을 기르면 좋을 것 같습니다. 이상입니다.

# 10

# 공부를 통한 가치 증명,
# 어떤 순간이 와도 포기하지 말고 버티기

{ 이승빈 - 서울대학교 경영학과 }

**Q. 자기소개 부탁해요.**

**A.** 안녕하세요! 저는 올해 서울대 경영학과, 연세대 경영학과, 고려대 경영학과, 성균관대 글로벌경영학과에 최초합하여 서울대에 진학하게 된 이승빈입니다.

**Q. 문과 학생으로서 가장 좋은 입시 결과를 냈는데, 본인이 생각하는 한국 입시에서 가장 중요한 요소는 무엇인가요?**

**A.** 가장 중요한 요소는 독기라고 생각해요. 그러니까 멘탈 같은 정신적인 부분이죠. 한국 입시는 흔히 성적으로 줄 세우기라고 하잖아요. 그만큼 자신의 성적만큼 다른 주변 학생들의 성적에도 관심을 가지게 되는 게 자연스러운 것 같아요. 아무래도 3년 동안 입시를 향해 달리

면서 본인 스스로 타인과 비교하고 우월감이나 열등감을 느끼게 될 수 있거든요. 자기 페이스 그대로 유지하면서 계속 달리려면 주변이 어떻든 '난 그냥 계속 할 건데?' 이런 마인드, 독기가 필요한 것 같아요.

**Q. 어렸을 때는 어떤 학생이었나요? 탐구심이나 모험심, 의지가 강한 학생이었나요?**

A. 사실 전 어렸을 때 많이 산만했고, 둘째다 보니 부모님도 학업적인 면에서 개입이 전혀 없었어요. 초등학생 때는 반에서 15등을 할 정도로 공부에 관심도 없었고 노는 걸 좋아하는 학생이었어요. 하지만 저는 원래 성격 자체가 관심이 생기면 몰입해서 열심히 하고 또 한다면 하는 편이어서 재밌는 수업 공부나 학교, 학원 숙제는 항상 빠뜨리지 않고 해 갔어요. 그 이상의 공부를 스스로 하지는 않았죠. 그리고 저는 성격상 무언가를 깜빡하거나 빠뜨려서 일을 그르치는 것을 정말 싫어했어요. 그런 성격 때문에 중학교 때 수행평가나 시험 이런 일정들을 빠짐없이 제 노트에 적기 시작했던 것 같아요. 그렇게 자연스럽게 일정을 정리하고 대비하면서 안정감을 느꼈어요.

**Q. 본인이 생각하기에 어렸을 때 공부를 많이 했나요? 중, 고등학교 때 큰 도움이 되는 것 같나요?**

A. 어렸을 때도 여러 학원을 다니면서 공부했고, 친구들 사이에서 똑똑하다는 소리를 자주 들었어요. 그래서 솔직하게 말씀드리자면 어릴

때 공부가 중, 고등학교 때 당연히 도움이 된다고 생각해요. 하지만 중요한 건 뭘 공부하느냐가 아니라, 공부를 하면서 배움의 태도나 공부 습관을 직접 교정해 나갈 수 있다는 점이에요. 초등학교 때의 공부는 무식하게 선행만 쭉 빼거나 겉핥기식으로 학습하기보다는 적어도 '오 신기하네?' 정도의 호기심, 관심만 끌어내도 충분히 성공한 공부라고 생각합니다.

또 저는 어렸을 때 충분히 놀아 두는 것도 중요하다는 걸 느꼈어요. 그래야 미련이 없거든요. 쉽게 말해, '놀 만큼 놀았으니 이제 해 볼까?' 이런 생각으로 시작한다고 생각하면 좋을 것 같아요. 활동적으로 노는 걸 질릴 때까지 해 두어야 의자에 오랜 시간 앉아 있는 생활도 할 수 있는 것 같아요. 제 주변을 살펴보면 어릴 때 많이 놀아 둔 친구들이 나중엔 괜히 시간 많이 뺏기는 놀이에 뒤늦게 빠지지 않고 공부에도 방해받지 않더라고요.

**Q. 중학교 때 미국으로 갔다고 했는데? 그곳에서의 생활은 어땠나요?**

**A.** 네. 중1 2학기 때 아버지가 주재원이셔서 가족 모두 이민을 목적으로 미국으로 갔어요. 한국인도 거의 없는 완전히 새로운 환경에 놓이게 되니 처음엔 많이 방황했고 외로움도 많이 느꼈어요. 그런데 오히려 전 이때부터 학업에 더 열심히 치중했던 것 같아요. 이방인으로서 내가 받아들여지려면 어떤 방식으로든 증명해야겠다는 생각을 무의식적으로 한 게 아닐까요? 내가 너네보다 더 똑똑하니 도움이 될 거라

는 가치 증명이었다고 생각해요. 한국인인 제가 수학을 꽤 잘하니 중학교가 아닌 고등학교 2학년 수업도 듣고 월반도 계속해서 학교 신문, 지역 신문에도 났었어요.

**Q. 그렇다면 결국 가치 증명이 본인의 공부에 대한 원동력이었나요?**

A. 네. 물론 공부를 열심히 한 데에는 여러 이유가 있지만, 엄밀히 말하자면 저에게 있어 가장 큰 이유는 스스로의 가치를 높이고 증명하기 위함이었어요. 학생이라는 신분으로 유일하게 가지고 있는 도구는 공부이고, 그 도구를 통해 제 가치를 높여 사회에 적어도 제 옆의 소중한 사람들에게는 유능한 사람이 되고 싶었어요.

이걸 바꿔 말하면 능력주의 사회에서 살아남기 위함이죠. 고등학교 때 친구들이 장난으로 "넌 공부 왜 하냐.", "죽을 만큼 공부해서 뭐 해."라고 자주 물어봤었는데, 그럴 때마다 저는 "각박한 세상에서 생존하려면 해야지." 이렇게 대답했던 것 같아요. (웃음)

**Q. 미국에서의 경험이 본인의 공부에 영향을 많이 미쳤군요. 그렇다면 어떻게 미국에서 다시 한국으로 돌아오게 된 건가요?**

A. 가족 모두가 한국으로 돌아오게 된 이유는 미국보다 한국에서의 삶이 더 마음에 들어서예요. 미국에서도 각자 좋은 어른들, 친구들을 사귀고 적응해 나가는 삶이 나쁘진 않았지만 개인주의로 인한 외로움, 미묘한 문화 차이 때문에 한국 생활이 더 그리워지더라고요. 저는 사

실 돌아오면 일반 고등학교 1학년으로 전학을 가야 하는 상황이었어요. 미국 학교 공부만 했지 한국 수능이나 고등학교 공부는 손을 뗀 지 오래였거든요. "1년을 꿇을래?" 가볍게 부모님이 물으셨는데 제가 그러겠다고 답해서 다들 놀랐었어요. 보통 다들 안 꿇고 친구들이랑 같이 가겠다고 하니까요. 제 소중한 인생인데 제가 좀 더 통제하고 책임지고 싶다고 생각했어요. 막무가내로 가서 어영부영 지내기보다는 좀 더 준비를 해서 특목고를 가겠다고 다짐했어요. 그때 제가 1년 꿇는 것을 인생에서 한 발 늦어지는 게 아니라고 생각한 게 참 잘한 것 같아요.

**Q. 원래 상산고를 목표로 했다가 국제고에 지원했다고 했는데, 그 이유는?**

**A.** 저는 수학, 과학을 더 잘하는 완전한 이과였어요, 그래서 상산고를 가려 했는데 이사 온 집이랑 너무 멀어서…. 지금 생각해 보면 참 황당한 이유로 지원 학교를 바꾼 것 같아요. 그렇게 단순하게 집이랑 가까운 국제고에 지원을 했고 4명 뽑는 외국 거주 특례 전형에 다행히 들어갈 수 있었어요. 그때는 5:1 경쟁률을 보고 정말 걱정했는데 지금 생각해 보니 한국말만 잘하면 뽑힐 수 있었던 것 같아요.

**Q. 국제고에 다니기 전 중3 생활은 어땠나요? 그때 공부는 어떻게 준비했나요?**

**A.** 그때도 열심히 공부했어요. 그때는 또 나름 특목고 입시가 눈앞이니까 간절하게 내신 공부를 했었어요. 시험 점수는 대략 95점에서 100

점 사이에서 움직였던 것 같아요. 그런데 전학 온 뒤 첫 과학 시험에서 70점대를 받고 울었던 기억도 있어요. 과학은 나름 잘한다고 생각해서 교과서만 보고 들어갔다가 어버버 하고 문제를 많이 못 풀었던 거죠. 특목고 가겠다고 1년 꿇어 놓고 실패하면 안 되겠다 싶어서 그때 과학 과목에 매우 집중했어요. 그리고 다음 시험에서 100점을 맞았죠. 그때 엄청 큰 성취감과 행복을 느꼈어요. 마치 게임하듯이 노력만으로 결과를 변화시킨다는 게 그땐 나름 신기하고 재밌었어요.

그리고 중3 생활은 친구들과 놀면서 즐겁고 평화롭게 보냈어요. 시험 기간엔 공부했지만 나머지 시간에는 자주 나가 놀았어요. 특목고 입시를 열심히 살아야 하는 유일한 목적이라고 생각하지 않았어요. 그렇게 생각하면 쓸데없이 부담만 커지니까요. 그냥 '순간순간 최선을 다한다.' 이렇게만 생각하고 잘 지냈어요.

그렇게 생각한다고 해도 중3 말, 특목고 입시 면접도 다니고 자소서도 쓰면서 스트레스가 극에 달했었어요. 난생처음 겪는 면접 분위기에 숨 막혔고, 자소서도 엄청 헤맸거든요. 면접 보던 중 못하겠다고 울면서 집에 가 버린 적도 있어요. 간절함이 없다며 면접 선생님께 혼났던 적도 많고 자소서 전체를 다 갈아엎은 적도 수차례 있었어요. '이렇게까지 해서 떨어지면 어떡하지?'라는 생각을 안 할 수가 없었죠. 하지만 저는 딱 한 가지 생각만 하면서 버텼어요.

밑져야 본전이다. 내가 최선을 다했는데 운이 나빠서 떨어진다 해도 최선을 다하지 않은 것보다 낫다. 이런 생각이요. 어쨌든 그땐 죽을 만큼 힘들었지만 합격해서 너무너무 기뻤어요.

## Q. 국제고등학교에 합격한 후엔 어땠나요?

A. 제가 국제고 면접을 보고 집으로 돌아오는 길에 스스로 한 약속이 하나 있었어요. 만약에 합격하면 진짜 3년 내내 뼈 빠지게 누구보다 열심히 하겠다고, 제발 붙여 달라고 혼자 속으로 간절히 기도했었거든 요. 근데 정말 합격 소식을 들으니 의지가 샘솟고 정말 초심을 잃지 말 자고 다시 각오했었어요. 그때부터 정말 미친 듯이 공부를 했던 것 같 아요, 그리고 지금까지 가장 공부를 많이 한 시기가 언제냐고 물으면 바로 이 겨울 방학이라고 답할 것 같아요.

## Q. 겨울 방학은 무슨 공부를 하며 어떻게 보냈나요?

A. 아무래도 국제고는 사회 과목 중점 학교다 보니 사회 과목을 대비 하는 것은 불가능하다고 생각했어요. 암기 과목이기도 하고, 내용도 학교 선생님들께서 개인적으로 심화 자료를 준비해서 가르쳐 주실 테 니까요. 굳이 감도 없고 나중에 처음부터 해야 할 과목을 힘 빼서 할 필 요는 없다고 판단해서 국, 수, 영을 완벽히 하자는 생각을 했어요.

그래서 국, 수, 영 딱 3개 학원만 다니면서 공부를 했어요. 공부를 하면 서 느꼈던 것은 선생님들은 다들 실력이 확실하시고 중요한 건 제가 하기에 달려 있다는 점이에요. 무슨 학원을 다닐지 오랫동안 고민하는 게 쓸모없다는 걸 저는 그때 깨달았어요. 수업을 하면서 잘 받아먹는

공부라는 여정

게 중요하고, 못 했으면 집에 가서 뒤늦게라도 꼭 다 이해하고 내 걸로 만드는 게 중요하다는 걸 느꼈어요. 그래서 그때부터 '수업 시간 동안 선생님 말씀 하나도 안 빼먹고 다 이해할 거야.' 이런 각오로 들었어요. 이렇게 스스로 이상한(?) 목표를 세우는 것도 나쁘지 않은 것 같아요.

**Q. 그 겨울 방학 동안 얼마나 열심히 했는지, 체감이 잘 안 되는데, 하루 몇 시간 정도 공부했나요?**

A. 세 본 적은 없는데, 수면 7시간, 식사 1시간, 휴식 2시간 정도 빼면 14시간 정도…? 했던 것 같아요. 생각해 보니 몰입이 잘되는 날에는 15시간도 여러 번 해 본 것 같아요. 겨울 방학 때는 처음 고등학교 공부를 하니까 궁금하고 신기해서 중독된 듯이 했던 것 같고, 막상 학교를 다녔을 때나 지금 와서 다시 하라 그러면 절대 못할 것 같아요. (웃음)

**Q. 공부량을 들어 보니 아무리 노력이 있었다 할지라도 학습 능력이 상대적으로 좋았기 때문에 가능한 일이 아니었을까요? 보수적으로 잡아도 평균 이상은 되었기에 이런 퍼포먼스가 나올 수 있었다고 생각하지는 않는지?**

A. 사실 저는 살면서 제가 머리가 아주 좋은 편이라고 생각한 적은 없어요. 왜냐하면 단기 기억력도 무척 안 좋고 이해가 안 되는 건 몇 시간을 들여도 끝까지 이해가 안 돼서 절망한 적도 꽤 있거든요. 그렇지만 응용력이 좋아서 설명할 수 있을 정도로 이해가 되면 그것을 응용한 심화 문제는 쉽게 적용하고 풀어냈어요. 스펀지같이 착착 잘 흡수

한다는 칭찬을 많이 들었던 것 같아요.

공부가 재능이냐 노력이냐는 질문을 받는다면 솔직히 재능이 압도적으로 중요하다고 생각해요. 천재적인 머리를 타고난 사람을 이기는 건 힘드니까요. 하지만 저는 어느 정도 평범한 수준의 재능은 노력으로 충분히 이길 수 있다고 생각합니다. 저를 포함해 대부분의 아이들은 적당한 수준의 재능을 타고나요. 누군가는 암산을 잘하고 누군가는 단기 기억이 좋고 누군가는 문제 응용을 잘할 수 있죠. 자신에게 아무 능력이 없다 해도 노력으로 따라잡을 수 있는 수준의 사람들끼리, 노력도 재능이라며 시도도 안 하고 포기해 버리는 모습을 보면 안타깝다는 생각이 들어요.

**Q. 고등학교 첫 시험을 잘 봤다고 했었는데, 어느 정도인지?**

A. 원격 수업으로 수업을 듣다 보니 잘 못 들은 부분은 다시 들을 수도 있고, 체력도 많이 안 쓸 수 있어서 공부량이 절대적으로 많았어요. 겨울 방학 때 정도였죠. 그래서인지 첫 시험에서 8과목 중 6과목을 100점을 맞았고 중국어는 1개, 한국사는 2개를 틀렸어요. '이 정도로 잘할 줄은 몰랐는데 생각보다 할 만하네?' 이런 생각도 들었고 엄청 놀랐고 기뻤어요. 그래서 그 후에도 열심히 성적을 유지해서 매우 중요하다고 생각했던 1학년 시험은 전교 1등으로 마감했어요.

공부라는 여정

**Q. 1학년 시험을 잘 보는 게 매우 중요하다고 강조했는데, 그 이유가 무엇인지?**

**A.** 1학년 시험을 강조한 이유는 그 성적이 바로 공부 자극, 동기로 직결되기 때문이에요. 특목고는 공부를 잘해 왔던 친구들이 모여 있는 곳이에요. 그런 곳에서 공부로 압도한다는 말은 쉽게 말해 경주마처럼 내 앞길만 보고 달리겠다는 거죠. 공부에 있어서는 '난 내 갈 길을 갈 테니, 너도 너 길을 가라.' 이런 마인드로 분위기를 가지는 거예요.

저는 학원을 다닐 때도 수업 시간에 선생님들께서 잠 깨라고 하시는 농담이나 이야기, 쉬는 시간 이런 자투리 시간에 다른 공부를 했어요. 방금까지 개념을 공부했다면 자습서를 본다던지 방금 배운 영어 지문을 외운다던지 쉬는 시간이라면 다른 과목 공부도 했었죠. 다들 폰 하고 떠들고 놀 때 열심히 공부하면서 마치 경주마처럼 분위기를 압도하는 게 앞으로의 내 공부 습관을 결정짓고 태도를 만든다고 생각했습니다.

**Q. 그래서 1학년 1학기 때의 좋은 성적을 계속 유지할 수 있었는지?**

**A.** 높은 성적을 계속 유지하고 싶다는 생각을 했는데 건강이 문제가 되기 시작했어요.

공부할 시간이 없다 보니 줄 서고 배식 받는 시간 때문에 학교에서는 아침을 항상 안 먹었어요. 점심도 거의 안 먹어서 살이 엄청 많이 빠졌었고, 원래 굶다가 갑자기 먹으려 하면 힘들잖아요. 구역질도 나고 그래서 힘도 너무 빠져서 병원에 갔죠. 병원에서 건강이 너무 안 좋다고 규칙적으로 밥을 먹어야 한다고 그래서 그제서야 제 건강 상태를 깨닫고 신경 쓰기 시작했죠.

**Q. 1학년 여름 방학은 어떻게 보냈는지?**

**A.** 여름 방학 때는 나름 2학기를 준비하면서 보내긴 했는데 1학기 동안 힘들었던 몸과 마음을 달래는 데에 썼던 것 같아요. 그리고 공부에 너무 많은 에너지를 비효율적으로 썼다는 걸 깨닫고 해결하려고 애썼어요. 예를 들어, 강박이 좀 있어서 자습서를 보는데 문장이 잘 안 외워지면 안 넘어가고, 별로 안 중요한 문장인데도 몇 분을 들여 외우려 드는 나쁜 습관이 있었어요. 이것만 줄여도 잠을 더 자고 많이 쉴 수 있을 것 같아서 중요한 것과 덜 중요한 것을 정도별로 구분하기 시작했죠. 그런 공부법을 적용해서 2학기 때는 좀 더 효율적으로 공부를 했어요, 1학기 때 내신은 너무 좋았지만 활동이 없어서 활동을 채우기 시작했죠. 처음엔 어느 정도로 일을 벌여야 할지 모르겠으니까 욕심내지 않고 조금씩 늘리기 시작했어요. 공부의 효율성을 찾고, 그렇게 번 시간을 활동에 분배시켜서 세특을 풍부하게 채워 갔어요.

**Q. 2학년 겨울 방학은 어떻게 보냈는지? 특히, 수학 성적이 가장 좋았다고 했는데, 어떻게 공부했는지?**

**A.** 2학년 겨울 방학 때도 마찬가지였어요. 사회 과목은 어차피 공부 범위도, 깊이도 감을 잡을 수가 없으니 '차라리 시험 기간 때 할 국영수

공부를 지금 다 해 두자.' 하는 마인드로 미리 끝까지 공부해 두었어요. 기본 과목에 대한 실력은 겨울 방학에 미리 장착을 해 두어야 학기 중에 암기 과목을 손댈 여유가 생기거든요.

저는 2학년 1학기 때까지는 수학 학원을 다녔어요. 엄청 실력이 뛰어나신 선생님이셨고, 저도 열심히 따라가서 계속 1등급을 받았어요. 계속하려 했지만 학교 과제량과 학원 과제량이 너무 많아 버거워서 끊었어요. 그 후에 수학 과외로 또 엄청 좋으신 과외 선생님을 만나 계속 1등급을 받을 수 있었어요. 수학 과목을 구체적으로 어떻게 공부했는지 물으신다면 일단 평범하게 개념 배우고 기본 문제와 심화 문제 풀었어요. 하지만 개념은 정말 많은 질문들로 틈새를 빼곡하게 매울 정도로 개념을 필기해서 궁금한 게 없을 정도로 채웠었고, 심화 문제는 풀 수 있는 온갖 풀이 과정은 다 배우면서 풀이법이 5개든 6개든 몽땅 이해하면서 넘어갔어요.

### Q. 방학 동안엔 자유가 주어지는데, 쉬지 않고 계속 공부를 했는지?

A. 저는 학기 중이 아닌 방학 동안엔 훨씬 많이 쉬었어요. 대신 전략적으로 쉬었죠. 이 정도 쉬면 다시 힘 좀 나겠다 싶은 정도까지 쉬었어요. 방학이 두 달이라고 하면 저는 2, 3주는 쉬었어요. 학원 위주로만 간단하게 스케줄을 잡아 두고 최소한 필수적인 숙제와 복습만 하고 더 이상의 공부는 하지 않았어요. 그러다가 힘이 돌아오면 학기 중보다는 당연히 힘을 좀 더 빼고 차근차근 힘을 좀 회복시키면서 공부를 이어

갔죠.

방학은 누군가에겐 진도 역전의 기회일 수도 있지만 누군가에겐 학기 중에 쏟아야 할 에너지를 모두 뺏겨 번 아웃을 부추기는 시기가 될 수도 있어요. 그래서 저는 학기 중에 많이 쉬었다면 상관없지만 열심히 했다면 방학 동안은 스스로 보상도 해 주고 휴식을 취하는 게 중요하다고 생각합니다.

**Q. 번 아웃 얘기를 했는데, 번 아웃이라는 개념 자체가 추상적이고 스스로 판단하기가 쉽지 않은데, 대체 어떻게 번 아웃을 판단하고 언제까지 쉬어야겠다라는 경계를 정할 수 있는 걸까요?**

**A.** 사실 저는 스스로 번 아웃인지 아닌지 판단하다 보면 그냥 내가 게으른 건가? 아니면 이게 진짜 번 아웃인가? 헷갈릴 때가 많았어요. 학기와 방학을 반복하면서 제가 발견한 기준 중 하나는 "이제는 펜을 쥐고 좀 할 수 있을 것 같다."나 이런 마음이 드냐 안 드냐였어요.

번 아웃은 의지와 열정만으로 판단하기보다는 능력으로도 판단해 보는 게 좋을 것 같아요.

누가 공부하고 싶은 마음이 쉽게 들겠어요. '이제 좀 공부를 하고 싶어져. 안 질릴 것 같아.'와 같은 마음이 들기 전까지 번 아웃이라는 핑계로 마냥 기다리는 건 좋은 생각은 아닌 것 같아요. 번 아웃의 경계는 사람마다 당연히 다르겠지만 저는 방학이 며칠이든 휴식 시간을 2주를 잡았어요. 그리고 쉬면서 더 쉬어야 할 것 같다 싶으면 2, 3일을 조금씩 늘려 본다던지, '도저히 못해.' 이런 마음이 사라지기 시작하면 그때부턴 서서히 시작을 했던 것 같아요.

### Q. 2학년 때 생활은 어땠는지?

A. 2학년 때 친구들은 정말 마음이 따뜻했어요. 1학년 때는 제가 너무 공부에만 집중해서 그랬는지 친한 친구도 없고 저를 딱히 좋아해 주는 친구도 없었어요. 그랬는데 2학년 때 반 친구들은 너무 착하고 저를 많이 좋아해 줬어요. 밥 꼭 먹어야 한다며 항상 챙겨 주고, 잘하고 있다며 응원도 해 주고 칭찬도 많이 해 줬어요. 기숙사 룸메이트도 좋은 친구들이 되어서 더 즐겁게 학교생활을 했어요.

2학년 학업은 사실 3년 중 가장 치열하고 정신없었던 것 같아요. 일단 1학년 때보다 과목이 훨씬 많아지고 전과 달리 어느 정도 하면 되겠다라는 분명한 경계선이 안 보여요. 공부를 어느 정도 깊이로 해야 하는지 감도 안 잡혔고 암기량도 많으니까 내신 대비 난이도가 많이 높아졌죠. 과제량도 많아지니까 친구들이랑 학교에 대한 온갖 불평불만 투덜거리면서 나름 열심히는 다닌 것 같아요. 뭐 다른 고등학교랑 별반 다를 바 없이 바쁘지만 또 알차게 추억도 만들면서 다녔어요.

### Q. 그럼 방학 동안 잘 쉰 덕분에 2학년 때 번 아웃은 안 왔는지?

A. 좀 반전이지만 왔어요. (웃음) 그때는 휴식을 충분히 했다고 생각했는데 지금 더 객관적으로 상황을 생각해 보니 힘이 빠진 채로 학기에

들어가서 번 아웃인지도 모르고 다녔던 것 같아요. 공부도 활동도 참여는 하고 있지만 힘은 빠진 채로 하는 그런 느낌이었어요. 그리고 2학년 1학기 이후에도 한 2, 3번 왔던 것 같아요.

**Q. 그럼 번 아웃이 올 때마다 어떤 생각으로 해냈던 것인지?**

A. 내 몸이 지쳐 있는 번 아웃 상태에서 공부를 아예 손에서 놓지 않았던 이유는 주변의 시선이나 잔소리 때문이 아니었고, 그냥 자존심 때문이었어요. 공부하겠다는 열정은 약화된 상태지만, 그래도 1학년 때 해 놓은 게 있으니 정성스레 만들어 놓은 탑을 걷어차 버리고 싶지는 않아서 그저 최대한 버티는 식으로 지냈던 것 같아요. 그래서 다행히 내신도 아주 크게 떨어지지는 않았죠.

그리고 번 아웃이 올 때마다 떠오르는 장면이 머릿속에 하나 있었어요. 마라톤을 하는데 한 명이 결승전 직전에서 주저앉고 포기할 때 뒤처지던 애가 지나쳐서 1등을 하는 그런 장면을 어디서 본 적이 있는데, 그렇게 자괴감을 느끼는 마라톤 선수가 되고 싶지 않아서 그런 자존심 때문에 버텼던 것 같아요.

**Q. 2학년 때 교우 관계가 무척 좋아졌다고 했는데, 고등학교 생활에서 교우 관계란?**

A. 참 공부만큼 쉽지 않은 건데 공부가 더 중요하다 보니 중요성이 무시당하는 것 같아요.

공부라는 여정

저는 사실 1학년 때 교우 관계가 좋지 않았어요. 공부에만 신경 쓰다 보니 남들이 보기엔 재수 없고 무례한 아이로 보였을 것이고, 제 입장에서는 좋은 친구들이 많아 보이지만 교류할 시간이 없으니까 제 맘대로 했었던 거죠. 그렇게 1년을 서로 조금 무관심하게 지내다 보니 뒤에선 안 좋은 소문도 퍼지더라고요. 1학년 때 한 룸메가 절 엄청 싫어했었는데 예를 들어 제가 자기 수행평가 준비 자료를 뺏어가서 안 돌려줬다거나 욕설을 했다 등등 거짓 소문을 뒤에서 많이 퍼트리고 다녔어요. 뭐 그때는 공부하느라 신경을 크게 안 써서 불편만 느끼는 정도였어요. 2학년 때는 좋은 친구들을 만나면서 내가 너무 주변에 무관심했구나라는 걸 깨닫고 반성도 했고, 좋은 친구들을 가지는 것이 얼마나 인생에 있어 중요한지도 느꼈어요. 그래서 물론 내신은 좀 떨어졌지만 번 아웃도 극복해 나가고 좋은 친구도 많이 사귀는 소중한 시간이었다고 생각해요.

**Q. 1학년 때 1.2에서 2학년 때 2.1 정도로 떨어지면서 크게 충격을 받지는 않았는지?**

**A.** 물론 아무렇지 않은 건 아니었죠. '왜 이러지…?'라는 생각을 하긴 했는데, 아무래도 스스로 왜 그런지는 알고 있었기에 충격받고 가만히 있기보단 해결하는 데에 초점을 맞췄죠. 번 아웃 때문이기도 하지만 가장 큰 이유는 과목에 대한 적응이 떨어져서였어요. 새로운 과목이 학기마다 등장하다보니 잘 익숙해지지도 않고 애정이 크게 없는 과

목은 수업 시간에 졸게 되니 놓칠 때도 있었고요. 그래서 어쩔 수 없는 일이라고 생각하고 최대한 익숙해지려고 노력했죠. 알맞은 학습법을 찾으려고 했고, 어차피 3학년 때는 수능 과목이니 괜찮겠다 싶어서 크게 충격받고 그러진 않았던 것 같아요.

**Q. 번 아웃 관련해 가족들과 이야기를 나누지는 않았는지?**

**A.** 저는 가족들과 주로 즐거운 얘기만 나누는 편이었지, 굳이 번 아웃이라서 힘들다라는 얘기를 한 적은 없어요. 학교 얘기는 잘 안 하는 스타일이기도 하고 가족들한테까지 공부 고민을 하고 싶지는 않다는 생각이 들었죠. 그런데, 번 아웃은 아니었지만 1학년 때 제가 공부를 하면서 너무 외로움을 느껴서 반려 동물로 고양이를 데려오게 되었어요. 공부가 원래 좀 고독하잖아요. 그래서 고양이를 키우면서 공부를 했고 우리 가족은 고양이가 제 대학을 보냈다고 인정할 만큼 제가 고양이에게 애정을 쏟으면서 공부를 열심히 했어요.

**Q. 고등학교 연애 경험도 있다고 했는데, 고등학교 때 연애에 대한 생각은?**

**A.** 저는 일단 완전 반대하진 않아요. 어차피 주변에서 반대한다고 본인 생각을 바꾸지는 않는 게 대부분이니까요. 그리고 연애를 하면서 공부를 더 열심히 잘하게 되기도 해요.

말도 안 된다고 생각할 순 있지만, 그만큼 스스로 잘 통제할 수 있어야겠죠. 대입이 끝난 후를 생각하면서 절제하고 인내하는 그런 통제력이

공부라는 여정

있다면 연애를 하면서 힘도 얻고 기분도 좋게 열심히 생활을 하게 되는 것 같아요. 저도 그랬고요. 대신 연애를 반대하는 이유는 필요 없는 감정싸움을 하게 된다는 거예요. 서로의 상황을 아니까 서운한 걸 말하지 못하고 넘기다 보면 쌓이는 게 생기고, 그러다 보면 중요한 시기에 감정싸움을 하게 될 수 있잖아요. 단순히 성적을 넘어 내 몸과 마음을 상하게 하고, 안 좋은 기억으로 남을 수도 있으니까요. 그런 큰 리스크를 감수하게 되니까, 저도 연애가 좋게 작용한다면 좋지만, 안 좋게 작용할 확률이 큰 연애는 반대하고 싶네요.

## Q. 3학년 1학기 때 생활은 어땠는지?

**A.** 고3이 되니까 8~90%는 다 왔다고 생각했어요. '이제 마무리만 잘하면 되겠다.' 이런 마음가짐으로 공부를 했어요. 번 아웃 상태도 아니었고 '듣는 학생 수가 적은 과목 내신을 어떻게 따지.' 이런 걱정하면서 열심히 했던 것 같아요. 특히 경제 과목은 60명도 안 되는 소수 과목이었기 때문에 1등급이 2명, 2등급이 2명 이런 식이었어요. 어쨌든 할 수 있는 최선으로 공부해서 성적은 오히려 2학년 때보다 올라서 최종 1등급대로 내신을 마무리했어요.

## Q. 내신을 마무리하고 여름 방학에는 무엇을 했나요?

**A.** 제가 수능 공부를 본격적으로 시작한 시기가 바로 이때였어요. 지금까지는 내신 공부만 했고, 모의고사 날은 전혀 신경을 안 썼거든

요. "아 내일이 모의고사야?"라고 하면서 모의고사는 그냥 봤었어요. 그래도 내신으로 쌓아 둔 게 있으니 모의고사 석차는 항상 전교 3등 정도였어요. 그러다가 여름 방학부터는 수능 공부에 매진했어요. 내신과 결이 굉장히 다르다는 생각도 했고 이렇게 모의고사만 푼 적도 없어서 신기하고 조금 재밌다는 생각을 하면서 공부하기 시작했어요.

**Q. 방학 동안 수능 최저를 공부했다는 건데, 지원할 학교와 학과는 모두 정했었나?**

A. 제 생기부는 온통 경영을 외치고 있었기 때문에 다른 학과를 지원하는 건 오히려 안 될 것 같다고 생각했어요. 그리고 생기부에서 경영에 대한 진정성이 보였기 때문에 굳이 신뢰성이 떨어질 다른 학과는 지원하지 않았어요.

지원할 학교에 대해서는 고민을 좀 많이 했었는데요. 학교 선생님들과 컨설팅 선생님, 부모님 모두 서울대, 연세대, 고려대까지만 내고 성대는 내지 말라고 했었어요. 왜냐하면 수능 성적도 평소처럼만 받으면 성균관대 이상을 갈 수 있었거든요. 하지만 저는 성균관대를 냈어요. 수능에선 어떤 변수가 있을지 모르고, 스카이 대학은 모두 면접으로 최종 결정이었거든요. 아무도 내 인생을 책임져 주는 건 아니니까 이런 생각을 했어요. 물론, 도전 정신도 중요하겠지만 그때 저는 지금까지 3년 동안 죽어라 쌓아 온 걸 뒤로 하고 재수하고 싶지는 않았어요. 수능을 볼 때도, 대학교 면접을 볼 때도 안전망은 있어야 한다고 생각

공부라는 여정

했어요. 그래서 저는 제 소신 하나로 성균관대를 냈고, 수능 이후에 가장 먼저 4년 장학금으로 최초합했어요.

그리고 여름 방학 때 자기소개서를 10일 정도 잡아서 썼고 면접도 여러 학원을 다니면서 준비하기 시작했어요.

## Q. 수능날은 어땠나요?

A. 저는 수시였음에도 그 전날 긴장을 많이 했어요. 일찍 누웠지만 엄청 늦게 잠에 들었고 아침에도 긴장해서 제대로 먹지도 못했어요. 1교시 국어 시험지가 앞에 놓였을 때는 정말 눈앞이 흐려지는 기분이었어요. '아, 이래서 재수, 삼수를 하는구나.' 싶었죠. 하지만 어쨌든 제가 수능을 지금까지 준비하면서 했던 마인드는 '평소의 70%만 하자.'였어요. 평소에 엄청 열심히 해 두면 실전에서 좀 덜 열심히 해도 어느 정도 성과가 있을 거라는 생각으로 수능 공부를 했거든요. 어쨌든 시험을 봤고, 국어 시험은 작년보다 난이도가 훨씬 쉽다는 생각을 했어요. '수학 시험은 비슷했고, 영어 시험은 꽤 어렵게 냈네. 사탐은 꽤 쉽네.' 생각하면서 봤어요. 정말 하루 종일 머리를 쓰고 허리에 힘이 들어가니까 제2외국어를 볼 때는 거의 완전 지쳐서 누워서 볼 정도였어요. 수능날 이른 새벽에 들어가서 해가 다 진 저녁에 나왔죠. 부모님과 집으로 돌아가면서 등급 원점수 컷을 짐작해 보았는데, 잘 모르겠더라고요. 그냥 수능 최저를 다 맞췄다는 생각을 하고 면접에 임했죠.

**Q. 대학교 면접은 어땠나요? 최초합 결과를 보면, 모두 잘 본 것 같은데?**

**A.** 성대는 100% 서류라, 제가 면접을 간 대학교는 서, 연, 고 3개였어요. 일단 수능 보고 이틀 후에 연세대 면접을 봤는데, 면접관이 없고 영상 녹화를 하는 형식이었어요. 연세대 면접 제시문은 문제 유형은 거의 고정인데 시간 압박이 엄청 심해서 준비할 때 답변을 제대로 못한 경우도 정말 많았어요. 제가 본 질문은 두 개였는데, 첫 질문은 나름 잘 답변을 했고 두 번째 질문은 가장 마지막 소질문에 대한 답변을 하다가 끊겨 버렸어요…. 두괄식으로 답변만 하고 이제 이유를 설명하려고 했는데 딱 영상 녹화가 종료되었어요. 망친 것 같다는 생각을 했고 넋이 좀 나갔던 것 같기도 해요. 그리고 일주일 동안은 서울대, 고려대 면접에 집중해서 면접 대비를 했어요. 그때 저희 학교는 수능 후 일주일 동안 지필 평가를 봤어요. 그래서 가정학습이나 현장체험학습도 못 내고 학교를 가야 했죠. 그래도 저는 면접 대비 때문에 학원을 가야 하니까 오전에 지필평가만 보고 바로 나왔죠. 면접 전날 학원 선생님께서 평소처럼만 하면 붙을 거라고 하셔서 용기를 갖고 서울대 면접을 먼저 봤어요. 면접 보고 직후에는 못했다고 생각했는데, 답변을 복기하고 합격 수기를 쓰는 과정에서 내용과 논리를 정리해보니 그래도 나쁘진 않았던 것 같아요. 제시문 답변은 무척 약했지만, 추가 질문이 3, 4개 정도 있었는데 그 질문에 대한 답변을 잘했던 것 같아요.

하나 말씀드리고 싶은 면접 팁이 있는데, 교수님이 추가 질문을 했을 때, 교수님의 의견을 부정하면 안 돼요. 당연한 것인데도 무의식적으로 내 의견을 변호하다 보니 그렇게 많이 되는 경우가 있더라고요. 예를 들어, 제게 교수님께서 "너의 이러이러한 주장은 이러이러한 가정을 세운 채로 이야기한 것 아니냐?"라고 다소 공격적인 질문을 하셨어요. 많이 당황했었는데, 차근차근 생각을 해 봤어요. 시간이 좀 걸리더라도 생각하는 모습을 보였고, 그 가정을 세운 게 맞다고 인정을 한 뒤, 가정을 세우지 않더라도 주장이 변하지 않는다는 것을 논리적으로 설명했어요.

고려대 면접은 3개 대학 중 가장 난이도가 쉬웠고, 다행히 질문에 꼭 맞는 사례도 생각나서 가장 잘 답변했던 것 같아요. 물론 면접에서도 어느 정도 좋은 모습을 보여서 합격한 것이겠지만, 제 합격을 결정지은 중요한 요소는 아무래도 서류평가 점수였던 것 같아요. 컨설팅을 받으면서 세특 퀄리티도 좋아졌고 효율적으로 활동을 하면서 번 시간을 공부에 더 투자할 수 있었어요. 특히 특목고에서 내신 1등급이 쉽지 않으니까 큰 경쟁력을 발휘한 것 같아요. 이번에 전교권에서 1등급대가 5명인데, 5명이 모두 서울대에 수시로 붙었거든요. 물론 붙은 친구들이 모두 1등급은 아니지만, 1등급의 경우 면접을 어느 정도만 봐도 학교에서 감안하고 바로 합격시킨 것으로 보여요.

**Q. 마지막으로 본인의 인생관이나 입시에 도움이 될 만한 이야기가 있는지?**

**A.** 음…. 고등학교 과정이 정말 누구한테나 힘들잖아요. 그리고 그 마지막 문턱을 넘는 것도 너무너무 힘이 빠진 상태에서 넘어야 하기에,

진짜 그냥 면접에 딱 들어간 순간에 포기하고 싶은 기분이 들기도 하거든요. 그런데 시험 공부를 밤새 할 때, 수능 공부를 할 때, 면접 준비를 할 때 항상 옆에서 저희 엄마가 했던 말이 있어요. 포기만 하지 말라고. 더 잘 할 필요도 없고 그냥 포기만 하지 말고 버티라는 말이죠. 힘든 순간이 정말 많겠지만, 그렇게 3년을 포기만 하지 않고 순간순간 무언가를 놓지만 않았으면 좋겠어요. 사실 말이 쉽지 실천이 어려운 말이기는 해요.

그리고 사실 대입 결과라는 게 진짜 가혹한 게 모두가 노력을 하거든요. 정말 피나는 노력을 한다고 해도 결국 한두 단계 더 높거나 더 낮은 학교로 가게 되는 건 행운이라고 생각해요. 결국엔 운이 결과에 영향을 미치지만, 일단 최소한 자기가 할 수 있는 노력은 모두 다 해 놓고, 그 이후에 모든 걸 운에 맡기는 게 중요하지 않을까 하는 생각을 해요. 공부하다가 알게 된 고사성어인데, '진인사대천명'이라고 하더라고요. '사람으로서 할 수 있는 최선은 다 하고 그 뒤의 일은 하늘의 뜻을 기다린다.' 이런 뜻이에요. 이렇게 도움될 만한 말을 할 수 있는 것도 사실 퍼포먼스가 잘 나온 사람이, 성공한 사람이 할 수 있는 거지, 실패한 사람이 똑같은 말을 해도 잘 받아들여지지 않는 게 현실이니까 많이 안타까워요.

각자에게 크게 와닿은 말도 다 다를 테고 스스로를 움직이는 자기만의 가치관을 찾는 시기도 다 다를 테지만 조금이라도 빨리 그걸 찾고 행운도 깃들어서 대입에서 좋은 결과 냈으면 좋겠습니다.

# 11

# 다양한 입시의 길.
# 자퇴 후 대학은 어떻게 가야 할까요?

{ 전제민 - 성균관대학교 시스템경영학과 }

**Q. 자기소개 부탁해요.**

**A.** 저는 성균관대학교 공학 계열로 입학해 지금은 시스템경영공학과에서 공부를 하고 있는 전제민이라고 합니다.

**Q. 공부를 해야겠다고 인지한 건 언제부터인가요?**

**A.** 저는 솔직히 초등학교, 중학교 때까지는 큰 노력 없이 시험을 잘 보는 편이었어요. 그래서 공부에 대해 생각을 많이 하지는 않았어요. 그때는 그냥 당연히 좋은 대학교에 입학할 수 있을 거라고 생각했죠. 그러다가 고등학교에 진학해서 공부하다 보니 중학교 공부와는 다르게 많이 어렵고 성적도 안 나오더라고요. 그 시점부터 공부에 집중도 못하고 의욕도 많이 잃었어요. 그러다가 2학년 2학기가 시작할 때 즈음

에 이러다가는 정말 아무 대학교도 못 가겠다 싶어서 공부를 시작하게 됐어요.

**Q. 그러면 초등학교, 중학교 때는 공부를 얼마나 잘했던 건가요?**

A. 초등학교 때는 시험 보면 전체에서 1~2개 틀리는 정도였고 중학교 때도 항상 평균 90점 이상은 나오는 상위권이었어요.

**Q. 그때는 어떤 방법으로 공부를 했죠?**

A. 그때는 그냥 수업 열심히 듣고 숙제하고, 시험 전날에 교과서 열심히 봤던 것 같아요. 그러다가 중학교 2학년 말쯤부터는 종합 학원을 다녔어요. 다들 그 나이 때는 친구들이랑 다 같이 학원 등록하고 그러잖아요. 저도 친한 친구가 다닌다는 학원에 같이 다니고 싶어서 등록했죠. 그때부터 종합 학원 열심히 다닌 게 성적에 크게 영향을 미친 것 같아요.

**Q. 고등학교는 어떤 기준으로 선택했나요?**

A. 저희 지역은 비평준화 지역이었기 때문에 공부를 잘 하는 학교와 아닌 학교가 어느 정도 구분이 되어 있었어요. 하지만 저는 이때까지 공부에 크게 생각이 없었기에 그냥 집에서 가장 가까운 학교를 가야지 하고 생각하고 있었죠. 그런데 원서 접수 하루 전날에 친한 친구들이 지역에서 공부를 좀 잘하기로 유명한 학교에 같이 넣어 보자고 했고,

저는 오직 친한 친구들과 같은 학교를 다니고 싶은 마음에 같이 원서를 넣게 되었죠. 이때까지는 공부를 해야겠다는 생각도 전혀 갖고 있지 않았어요. 그마저 다니던 종합 학원마저도 중학교 3학년이 끝나 가면서 그만 다녔죠.

**Q. 그러면 중학교 졸업하고 고등학교 입학 전까지 공부는 거의 안 했던 건가요?**

**A.** 그렇죠. 그때는 정말 아무 공부도 안 하고 놀기만 했던 것 같아요.

**Q. 고등학교 입학 후에는 어떻게 공부했나요?**

**A.** 제가 나온 고등학교가 아까 말씀드렸다시피 주변 학교에 비해 상대적으로 공부를 잘하는 학교였어요. 그러다 보니 같은 반 친구들도 정말 열심히 수업 듣고, 공부하더라고요. 그 모습을 보면서 저도 되게 열심히 공부했어요. 그 상태로 고등학교에서의 첫 시험, 1학년 1학기 중간고사를 봤는데 정말 망했죠. 나름 열심히 공부했다고 생각했는데 성적이 너무 안 좋았어요. 지금 생각해 보면 성적이 좋을 수가 없죠. 혼자 공부해 본 적이 없으니 공부하는 방법도 모르고 집중도 못하고 시험 문제도 정말 어려웠거든요. 어쨌든 제가 처음으로 나름 열심히 공부해서 본 시험을 이렇게 크게 망치다 보니, 그 다음부터는 공부에 대한 의욕이 많이 사라졌어요. 뭐라도 해 보겠다고 단과 학원을 다녀 봐도 집중을 못 하고 자주 빼먹다가 결국 그만두게 되고, 야자 때도 핸드

폰을 만지작거리거나 몰래 도망가서 놀고, 그렇게 저는 공부에서 손을 뗀 채로 1학년을 보냈어요.

## Q. 2학년 때는 어땠나요?

A. 1학년이 끝나고 2학년이 되기 전 겨울 방학 때 그래도 공부를 해야 하지 않을까라는 생각에 처음으로 독서실을 등록했어요. 하지만 큰 의지로 시작한 것이 아니었기 때문에 공부가 잘될 리가 없었죠. 독서실에 가는 날도 점점 줄어들었고 가서 앉아 있는다고 해도 의미 없이 친구들 푸는 문제집 따라서 풀거나 대충 교과서만 읽는 등 제대로 공부를 하지 못했어요. 결국 그 상태 그대로 2학년이 되었고, 제 마음가짐의 변화는 크게 없었어요. 그나마 달라진 건 공부를 해야겠다는 생각을 조금은 더 하게 된 것? 그마저도 항상 3학년 때 공부하면 되겠지라는 생각으로 바뀌었지만요.

## Q. 수시나 정시에 대해서는 어떤 생각을 하고 있었나요?

A. 사실 저희 학교 특성상 내신 따기도 쉽지 않았고, 그렇다고 제가 그 중에서 공부를 잘하는 편도 아니었기 때문에 저는 1학년 때부터 계속 정시로 대학교를 가야지라고 생각하고 있었어요. 실제로 저뿐만이 아니라 주변 친구들도 대부분 수시보다는 정시를 준비하고 있었고, 결정적으로 제 내신 성적도 정말 안 좋았고요.

**Q. 공부를 하게 된 결정적인 계기는 무엇이었나요?**

A. 1학년 때와 비슷하게 제대로 공부를 하지 못한 채 2학년 1학기가 끝나고 저는 여름 방학을 즐기고 있었어요. 그 날도 평소와 같이 유튜브를 보고 있었죠. 그러다가 정말 우연히 이국종 교수님이 출연하신 다큐멘터리를 보게 되었어요. 제가 원래도 성격이 많이 급해서 영상들을 볼 때 가만히 못 보고 5초 10초씩 건너뛰면서 보는데 그 다큐멘터리는 1시간이 넘는 영상이었는데도 불구하고 1초도 안 넘기고 집중해서 봤죠. 넘기지 않으면서 본 게 아니라 못 넘겼다는 표현이 더 정확할 것 같아요. 아무 생각 없이 살던 제가 그 영상을 보고 깨달음을 얻은 느낌이었어요. 저도 이국종 교수님처럼 가치 있는 사람이 되고 싶었고, 그렇게 되기 위해 고등학교 2학년이었던 제가 할 수 있는 최선은 공부라고 생각했죠. 그때부터 좋은 대학교에 가서 제가 원하는 공부를 하고 싶다는 확실한 목표가 생겼어요. 그래서 제가 어떻게 하면 목표를 이룰 수 있을까 생각했는데, 그때까지의 제 내신 성적으로 좋은 대학교에 가는 것은 아무래도 무리라고 생각했어요. 그래서 완전히 정시의 길로 들어서게 됐죠. 그러던 중에 제가 본 몇몇 사례 중에, 아예 고등학교는 자퇴를 하고 혼자 공부하며 정시 공부에 집중을 하는 경우가 있더라고요. 저는 그 방법이 저에게 되게 좋은 방법이라고 생각했어요. 여름 방학 동안 고민도 해 보고 부모님과 이야기도 나눠 본 후에, 결국 자퇴를 하기로 결심했어요. 그리고 실제로 2학년 2학기가 시작하고 거의 직후에 자퇴를 하고 혼자 공부하기 시작했죠.

**Q. 자퇴를 한 후에는 어떻게 생활한 거예요?**

**A.** 일단은 학교를 안 가니까 시간이 정말 많아져요. 그리고 저는 그 시간을 허투루 쓰지 않으려고 되게 노력을 많이 했어요. 특히 규칙적으로 생활하며 계획을 세워서 공부하려고 정말 많이 노력했던 것 같아요. 예를 들면 제가 자퇴한 후에 생활하면서 가장 중요하게 지킨 규칙이 무슨 일이 있어도 아침 9시까지 독서실에 가는 거였어요. 그래서 저는 만약에 조금 늦게 일어나서 8시 40분, 50분쯤에 일어났다면 아침밥을 거르는 일이 있더라도 아침 9시까지 독서실에 갔어요. 저 자신과 약속했던 거죠. 제가 무엇보다 이 규칙을 중요하게 생각했던 이유는 자퇴를 하게 되면 사실 아무도 저를 건들지 않아요. 9시까지 학교에 가야 하고, 졸지 않고 수업을 들어야 하는 이런 규칙이 없잖아요. 당장 제가 10시, 11시에 일어나서 놀든 게임을 하든 저를 건드는 사람이 아무도 없어요. 그래서 한두 번 늦잠 자고 나태하게 생활하다 보면 나중에는 이를 돌이킬 수 없겠다는 생각도 했어요.

또한 제가 자퇴를 한 이유 중 하나가 시간이었어요. 학교에 가서 수업 듣고 공부하는 것보다 그 시간에 제가 혼자 공부하는 게 낫다고 판단했기 때문에 자퇴를 한 것인데, 원래대로라면 학교 가서 공부할 시간에 제가 자고 있다면 자퇴를 한 의미가 아예 없어지는 거죠. 계획을 세워서 공부하는 것을 정말 중요하게 지켰어요. 제가 8월에 자퇴를 했기 때문에 저에게 수능까지 남은 시간은 대략 1년 3개월 정도였어요. 저는 그 긴 기간 동안 언제 어떻게 무슨 공부를 할 건지 다 세세하게 계획을 세워 놓았고요.

## Q. 구체적으로 어떻게 계획을 세운 거죠?

A. 먼저 몇 월까지는 어떤 개념서로 공부를 할 거고, 또 그 다음부터 몇 월까지는 어떤 문제집을 풀 건지, 이렇게 큰 틀로 계획을 다 짜 놓았어요. 그다음에는 내가 저 계획을 지키려면 한 달 동안 얼마나 공부를 해야 하는지, 그러면 1주일, 하루 동안은 얼마나 공부를 해야 하는지. 다 고민해 보고 하루 단위까지 구체적으로 계획을 세워 놓았어요.

## Q. 그럼 하루 생활 패턴은 어떻게 되나요?

A. 일단 아침 8시 20분에 일어나서 밥 먹고 샤워하고 독서실에 가요. 독서실에서는 수능 시간표대로 공부를 했어요. 보통 그날 하기로 계획한 국어 공부를 끝내고 수학을 하다 보면 12~13시쯤에 슬슬 배가 고파요. 그러면 집이나 밖에 음식점 가서 점심을 먹고 와서 다시 수학, 영어 그리고 탐구 순서로 공부를 하죠. 그리고 18시쯤에 배가 고프면 또 저녁을 먹고 오고요. 그렇게 그날 계획한 공부가 다 끝나면 더 공부하고 싶은 과목들을 공부하거나 부족한 부분들을 채우고, 22~24시쯤에 집에 왔어요.

**Q. 자퇴하기 전까지 공부를 열심히 안 했던 걸로 들었는데, 어떻게 갑자기 공부를 열심히 할 수 있었나요?**

**A.** 먼저 자퇴는 정말 중요하고 큰 선택이잖아요. 그런데 그 선택을 할 수 있게 해 준 계기가 저에게 정말 컸어요. 이국종 교수님 영상으로 인해 제가 어떻게 살아야 할지 깨닫게 되었고 그로 인해서 열심히 공부를 할 수 있었던 것 같아요. 제가 공부를 해야 할 이유를 알게 되었고, 할 의지를 가지게 됐어요.

**Q. 공부를 제대로 안 해 봤다면 혼자 공부 계획을 세우는 게 힘들었을 텐데 시행착오를 겪어 가면서 터득한 건가요?**

**A.** 처음에는 저도 많이 혼란스러웠어요. 당장 공부를 하기로 마음을 먹기는 했는데, 어떻게 공부를 해야 할지, 뭘 어디서부터 시작해야 할지 모르겠는 거예요. 독서실에 딱 앉기는 했는데 뭘 해야 할지 모르겠는 거죠. 정말 사소한 것에서부터 고생을 많이 했어요.

한 과목을 예로 들면 개념을 얼마나 어떻게 무슨 문제집으로 공부해야 하는지, 개념 공부는 얼마의 기간 동안 해야 하는지, 강의를 듣는다면 무슨 강의를 들어야 하는지 등 모든 부분에서 고민이 많았어요. 그래서 제가 사용한 방법 중 가장 쉬웠던 방법은 인터넷 검색이었어요. 요즘 인터넷에는 없는 게 없잖아요. 다른 사람들은 어떻게 공부하고 있는지, 저와 같은 상황이었던 사람들은 뭘 하고 있는지 등 많이 검색을 했죠. 한 가지 더 중요한 방법은 주변에 공부 잘하는 친구들에게 물어

공부라는 여정

보는 거예요. 그렇게 여러 친구들에게 물어보면 비슷하게 해 주는 말이나 공부 방법이 있어요. 그렇게 여러 정보들을 수집한 후에, 저랑 가장 잘 맞을 것 같은 개념서나 문제집을 풀고 강의를 듣기 시작했어요.

**Q. 자퇴를 하고 2학년까지는 주로 어떤 공부를 어떻게 했나요?**

**A.** 2학년 때는 개념을 다지기 위해서 많이 노력했어요. 특히 저는 이과이다 보니까 수학과 과학에 집중했죠. 기본이 중요하다는 건 누구나 다 아는 사실이잖아요? 저는 개념을 완벽히 채우지 못하면 그 후에 심화 단계로 나아가는 것이 무의미하다고 생각해서 개념 공부에 정말 많이 신경 썼어요.

**Q. 그럼 자퇴한 후에는 계속 혼자 공부를 했나요?**

**A.** 그렇지는 않아요. 이게 자퇴하고 독서실에서 공부하다 보니까 하루 종일 독서실에 앉아 있는데 평일 오전에 독서실에 누가 있겠어요. 제가 다니는 독서실은 항상 저밖에 없었거든요. 친한 친구들은 학교에서 다 같이 공부하고 놀기도 하는데 저는 매일 혼자 공부하니까 정말 많이 외로웠어요. 그래서 저도 사람들 사이에서 같이 공부하려고 10월 말쯤부터 독재학원에 다니기 시작했어요. 하지만 그 학원도 11월에 수능이 끝나고, 사람들이 다 나가니 또 저만 남더라고요. 그래서 저도 어쩔 수 없이 다시 혼자 독서실에서 공부를 했어요. 그렇게 또 시간이 지나면서 새로운 해가 밝고, 3월부터 학원에 다니면서 공부를 했어

요. 그 학원은 원하는 단과 수업도 들을 수 있고, 수업을 안 듣는 시간에는 자습실에서 자습을 할 수 있는 학원이었는데 다니다 보니 또 수업이 저랑 잘 안 맞더라고요. 그래서 4월 중순쯤에 학원을 그만두고 다시 독서실에서 혼자 공부하게 됐어요. 그때부터는 그래도 어느 정도 외로운 것에도 익숙해지고 나름 괜찮았던 것 같아요. 누가 공부시키고 관리해 주는 것보다는 혼자 계획 세워서 공부하는 게 저에게는 더 편하기도 했고요.

**Q. 혼자 공부하면서 슬럼프는 없었나요?**

**A.** 4월 중순부터 학원을 끊고 혼자 공부하면서 거의 3~4주간 슬럼프가 왔었어요. 독서실에 가도 공부에 집중이 안 되고 다른 생각만 하고, 결국 어느 순간 공부는 안 하고 앉아만 있다가 집에 가는 제 모습을 발견하게 됐어요. 다행히 5월이 넘어가면서 6평에 대한 압박감 때문에 슬럼프는 자연스럽게 극복하게 되었어요.

**Q. 6평 성적은 어땠나요?**

**A.** 사실 6평을 꽤 잘 봤어요. 성적은 국어 1등급, 수학 2등급, 영어 1등급, 생명과학 1등급, 지구과학 2등급이 나왔는데 꽤 만족했죠. 저에게는 자퇴하기 전에 2학년 때 본 6월 모의평가 이후에 처음으로 본 모의고사였거든요. 성적이 많이 오르니 제가 지금까지 잘해 왔다는 생각도 들고 뿌듯했죠. 하지만 중요한 시험을 잘 봤다는 생각에 마음가짐이

조금은 느슨해졌어요.

## Q. 6평 이후부터 9평 이전까지는 어떻게 공부했나요?

A. 이 부분은 꼭 강조하고 싶은 게 6평을 보고 나서 저는 그날 시험지를 들고 독서실에 가서 제가 맞은 문제들은 어떻게 풀었는지, 틀린 문제들은 왜 틀렸는지를 확인했어요. 그렇게 해서 제 문제점을 파악했고 그 부분을 중심적으로 9월까지 공부를 했어요. 저는 6평에서 수학이 2등급이 나오기도 했고, 문제 풀면서 문제점이 많다고 느꼈기 때문에 수학이 약하다고 판단해서 이전보다 수학 공부의 비중을 늘렸어요.

## Q. 구체적으로 수학을 어떻게 보완한 건가요? 수학 공부에 팁이 있을까요?

A. 제가 수학 문제를 풀 때 했던 실수가 예를 들어 미분 문제를 푼다고 하면 문제를 제대로 읽지도 않고 일단 문제에 나온 식들을 미분을 하고 보는 거예요. 이게 사실 시간이 낭비될 뿐더러 문제를 어떻게 풀지 생각을 안 하고 행동하는 안 좋은 습관이거든요. 제가 생각했을 때 수학 문제를 풀 때 가장 중요한 것은 문제를 주의 깊게 읽고 내가 어떠한 방법으로 문제에 접근할 건지 전략을 세우는 거예요. 그래야 필요 없는 행동은 줄이고, 더 침착하게 문제를 파악할 수 있어요. 또한 수학 문제를 풀 때는 어떠한 행동을 하는 이유가 중요하다고 생각해요. 예를 들어 킬러 문제들은 문제를 푸는 데에 요구하는 것도 많고, 접근하는 방법도 여러 가지이기 때문에 사람에 따라서 문제를 푸는 방법이

많이 달라요. 저는 최대한 많은 사람들의 풀이를 봤고, 그 사람들이 문제를 왜 그렇게 풀었는지, 무슨 이유로 어떠한 공식으로 풀었는지에 대해 많이 생각했어요. 그 이유를 파악하지 못한다면 다른 문제에서 비슷한 상황이 나왔을 때 절대 그 풀이를 떠올릴 수가 없거든요. 그래서 저는 혼자 문제를 풀면서 근거 있는 행동을 하는 습관을 들이려고 노력했죠.

**Q. 그렇게 공부한 후에 9평 성적은 어땠나요?**

**A.** 먼저 수학에 많은 노력을 쏟은 것치고는 3등급이 나와서 많이 속상했어요. 어이없는 실수도 많이 했고, 공부를 열심히 했으니 잘 봐야 한다는 압박감도 컸거든요. 국어는 1등급이 나오기는 했지만 다른 과목들도 다 2등급이 나오는 등 6평보다는 성적도 많이 떨어졌고요. 어쨌든 수능 전 마지막 평가원 모의고사 성적이 많이 안 좋았기 때문에 이때 마음을 다잡았어요. 이쯤부터 수학 단과 학원도 다니기 시작했고요.

**Q. 9평 이후부터 수능 전까지는 어떻게 공부했나요?**

**A.** 공부 패턴과 시간은 웬만하면 유지를 했어요. 그 대신 수학 공부의 비중을 더 늘렸어요. 나머지는 다 비슷하게 했던 것 같아요. 그러다가 10월 중순부터는 정말 수능이 다가왔다는 생각에 긴장도 너무 많이 되고 저도 많이 예민해지더라고요. 그래서 멘탈 케어에도 신경을 썼어요. 혼자 너무 걱정하지 않으려고 하고, 너무 부담감을 갖지 않으려고

공부라는 여정

많이 노력했어요. 공부에 너무 스트레스 받지 않으려고 했고요. 수능 직전에는 지금까지 공부했던 것들 총정리를 했어요. 마지막으로 개념 보고, 오답노트들 확인하고 암기할 것들 암기했어요.

## Q. 수능 날 이야기도 부탁할게요.

A. 저는 수능 날 아침에 머리도 풀고 긴장도 풀 겸 일찍 출발해서 6시 40분에 시험장에 도착했어요. 도착해서 시험장 구조와 제 자리에 적응도 하고, 미리 가져간 지문도 읽고 머리를 좀 풀어 줬어요. 그리고 드디어 시험이 시작해서 국어 시험지를 받는데, 이전까지는 수능이 아닌 모의고사를 풀었으니 시험지 위에 무슨무슨 모의고사라고 써져 있잖아요. 그런데 그날 받은 시험지에는 대학수학능력시험이라고 써져 있으니 뭔가 위압감이 느껴지면서 엄청 긴장되더라고요. 그래도 제 생각에 국어는 정말 무난하게 풀었다고 생각이 들었어요.

그 다음 수학은 정말 문제가 잘 풀리는 거예요. 제가 그때 40분 동안 킬러 3문제를 제외하고 다 풀었거든요. 그래서 60분이 남으니까 이거 잘 하면 96, 100점이 가능하다고 생각했죠. 그런데 제가 거기서 1문제를 거의 45분 동안 풀었어요. 한 문제가 너무 오래 안 풀려서 멘탈도 나가고, 다른 문제를 풀어야 하나 생각도 했었는데 일단은 어떻게든 1문제를 마무리하고, 남은 2문제는 결국 다 못 풀고 찍으면서 마무리했어요. 점심시간에 저는 친구랑 같이 밥을 먹었어요. 물론 먹으면서 멘탈 관리를 위해 일부로 시험 이야기는 일절 하지 않았고 무난한 이야기만 했던 것 같아요.

그 후에 무난하게 영어, 한국사 그리고 탐구 과목 시험을 봤어요. 저는 과학 탐구에서 생명, 지구를 선택했는데 제가 시험 볼 때 지구과학이 되게 어려운 편이었거든요. 그래서 지구과학 풀면서 멘탈이 조금 나갔었는데, 그게 마지막 과목이라 다행히 다른 시험에 영향을 주지는 않았어요. 어쨌든 그렇게 제가 대략 1년 넘게 준비한 시험이 끝났어요. 한 가지 꼭 말하고 싶은 건 시험을 볼 때 정말 다른 사람들 말처럼 그냥 모의고사 보는 것 같고, 국어 끝나고부터는 긴장도 덜 되고 실감도 안 나더라고요. 내가 지금 수능을 보는 게 맞는 건지. 그래도 다들 꼭 마지막까지 긴장 놓지 말고 시험 보기를 바랄게요.

## Q. 성적은 어떻게 나왔나요?

**A.** 사실 만족할 만한 성적이 나오지는 않았어요. 6평보다는 못 봤고 9평보다는 잘 본⋯, 되게 아쉬운 성적이 나왔죠. 제가 6월, 9월 모의고사에서 국어가 안정적인 1등급이 나와서 조금 방심했던 게 안 좋은 결과로 나왔어요. 수학은 다행히 1등급이 나와서 정말 공부한 보람을 느낀 것 같아요. 그래서 사실 재수를 아예 생각하지 않은 것은 아니에요. 분명히 아쉬운 부분도 많았고 혼자서 생각을 정말 많이 해 봤는데, 합격하게 된 학교와 전공이 나름 마음에 들었어요. 그래서 일단은 잘 다녀 보기로 결정했어요.

**Q. 자퇴를 생각하고 있는 친구들에게 하고 싶은 말이 있나요?**

**A.** 먼저 자퇴하면 시간이 정말 많아져요. 하지만 그 시간을 어떻게 쓰는지는 정말 모두 본인에게 달렸어요. 저 같은 경우는 혼자 독서실에서 공부를 했기 때문에 모든 게 제 선택이었어요. 오늘 독서실에 갈지 말지, 공부를 얼마나 하고 올지, 오늘 무슨 공부를 어떻게 할지. 그렇기 때문에 계속해서 계획의 중요성을 강조할 수밖에 없는 것 같아요. 완벽하게 계획을 짜고 그것을 실행할 수 있어야 시간을 효율적으로 쓰는 것이니까요. 그래서 저는 본인이 계획을 짜고 그것을 잘 지킬 자신이 있는 친구들만 고민을 해 봤으면 좋겠어요. 아까 말한 부분도 있지만 단점도 많거든요. 먼저 혼자 공부하는 것도 생각보다 우울하고, 저 같은 경우에는 학교생활의 추억을 남들보다 덜 가지고 있어요. 저는 2학년 체육대회에도 참가하지 못했고, 고등학교 졸업 앨범도 없어요. 이 부분은 계속 아쉬울 것 같아요. 또 자퇴했다고 하면 종종 안 좋게 보시는 분들도 있어요. 한번은 평일 오전에 머리를 자르러 미용실에 갔었는데, 학생이 학교 안 가고 밖에 있으니까 저를 약간 노는 학생으로 보시더라고요. 아침부터 독서실에서 공부하다가 왔는데 억울했죠. 또 한 가지 중요한 건 자퇴를 하고 수능을 응시하려면 그 전에 검정고시를 먼저 합격해야 해요. 그런데 검정고시 시험이 1년에 2회밖에 실시하지 않고, 자퇴한 후에 일정 기간이 지나야 시험에 응시할 수 있거든요. 그래서 늦어도 2학년 2학기 초에는 자퇴를 해야 그 다음 해 수능을 응시할 수 있어요. 이 부분도 꼭 잘 알아보고 결정하세요.

어쨌든 그래서 본인이 정말 자퇴를 한다면 자퇴하는 이유는 뭔지, 자퇴 후에 어떻게 생활할 것인지 등을 꼭 잘 생각해 보고 선택했으면 좋겠어요.

**Q. 대학 입시를 앞두고 있는 친구들에게 하고 싶은 말이나 공부 팁이 있다면?**

**A.** 저는 수시 쪽은 생각도 못 해 봤고 당연히 준비도 안 해 봐서 정시를 중심으로 말을 해 볼게요. 아마 대부분 학생들이 고등학교 2학년 끝나면서부터 공부를 열심히 하기 시작할 거예요. 거의 1년이라는 긴 시간 동안 다른 하고 싶은 것들 참아 가면서 공부할 거고요.

가장 먼저 말하고 싶은 건 저는 여러분들이 이렇게 공부하는 과정에서 너무 스트레스를 받지 않았으면 좋겠어요. 물론 어느 정도 스트레스를 받고 힘들 수밖에 없을 거예요. 하지만 내가 정말 열정을 갖고 무언가를 배우려는 마음가짐으로 공부를 하는 것과 너무 하기 싫은데 억지로 앉아서 공부를 하는 것은 공부 효율에 있어서 정말 큰 차이가 날 수밖에 없거든요. 공부하다 보면 당연히 졸릴 때도 있고, 너무 공부가 안 되는 날이 있을 거예요. 저는 졸릴 때 계속 꾸벅 졸기만 하면서 시간을 날리기보다는 그냥 20분 정도 엎드려서 잤어요. 차라리 그렇게 자고 일어나면 잠도 깨고 집중도 잘 됐거든요. 그리고 너무 공부가 하기 싫은 날은 더 이상 스트레스 받지 않고 집에 와서 하고 싶은 것 하면서 쉬었어요. 그런 날은 억지로 문제집을 부여잡고 있어도 끝까지 잘 안 되거든요.

또 강조하고 싶은 것은 잠자기 전에 꼭 하루를 되돌아보세요. 저는 하루 공부가 끝나고 집에 와서 잘 준비를 하고 침대에 누워서 바로 잠에 들지 않았어요. 내가 오늘 무슨 공부를 했는지, 어떤 새로운 사실을 알게 되었는지 그리고 내일은 무슨 공부를 할 건지 이런 것들을 머릿속에서 정리하고 잤어요. 이게 하루를 정리하고, 그다음 날에 시간 낭비하지 않고 내가 세워 놓은 계획대로 공부하는 것에 큰 도움을 줬어요.

공부하는 곳과 쉬는 곳을 분리하는 것도 큰 도움이 돼요. 저는 집에서는 잘 때 침대에 누워서 생각을 정리하는 시간을 제외하고는 공부에 대한 생각을 아예 하지 않으려고 노력했어요. 집에서까지 공부 생각으로 스트레스 받고 고민하고 싶지 않았거든요. 그 대신에 독서실에 가서는 최대한 잡생각 하지 않고 공부에만 집중하려고 노력했어요.

마지막으로 입시 기간이 거의 1년이잖아요 정말 길어요. 그 시간 동안 다들 꼭 나중에 후회하지 않게 열심히 공부했으면 좋겠어요. 그리고 아마 대부분의 친구들이 저와는 다르게 자퇴를 하지 않고 학교를 다닐 텐데, 제 친구들은 다 고등학교 생활 중 3학년 때의 생활이 가장 기억에 남고 재미있었다고 말하더라고요. 제가 아까 말한 것처럼 너무 스트레스 받고 힘들어하지는 말고, 어느 정도 즐기면서 보람 있는 시절이 되었으면 좋겠어요.

# 12

# 대학이 전부가 아닌 요즘, 개편된 수시
# 효율적이고 전략적으로, 즐겁게 정복하기

{ 최미선 - 이화여자대학교 사회학/국제개발협력학과 }

**Q. 자기소개 부탁해요.**

**A.** 안녕하세요. 저는 현재 이화여자대학교에 재학하며 사회학과 국제
개발협력학을 공부하고 있는 최미선이라고 합니다.

**Q. 어렸을 때 공부를 잘했다고 알고 있는데 공부를 열심히 하게 된 계기
가 있나요?**

**A.** 초등학교 3학년 때 우연히 영재교육 선발 시험에서 좋은 결과를 얻
게 되었고 이를 통해 초등학교 6학년 때까지 약 3년간 영재 교육을 받
게 되었어요. 그걸 받으니까 괜히 특별한 학생이 된 느낌이었던 것 같
아요. 그리고 일단 여러 학교에서 온 잘하는 아이들과 공부를 하면서
자극을 많이 받았어요. 모르는 걸 티 내고 싶지 않더라고요.

공부라는 여정

이 과정에서 단순히 학업적인 성장보다도 한 군데에 몰입하는 집중력과 공부에 대한 의지와 자기주도성, 끈기나 욕심이 많이 길러졌던 것 같아요. 지적 호기심도 정말 많이 생겼고요. 영재교육을 받으면서 매 학기 연구 발표를 했는데, 그때마다 흥미 있던 주제를 직접 깊게 탐구하고 연구했어요. 방에서 곰팡이도 길러 보고, 수십 명의 쌍꺼풀을 들여다보며 유전에 대해 증명도 해 봤어요. 이런 과정에서 자연스럽게 공부나 탐구가 재밌어졌던 것 같아요. 호기심이 정말 많이 길러진 거죠. 덕분에 지금까지도 세상 모든 게 다 궁금하고 재밌어요. (웃음)

그리고 사실 개인적으로 초등학교부터 고등학교까지 정규과정에서의 공부는 재능보다 스스로 하고 싶다는 의지와 자기 주도적 학습 태도가 결정한다고 생각해요. 실제로 주위를 봐도 다들 그랬어요. 물론 학업적으로 천재성을 띄는 친구들도 있지만, 천재가 아니더라도 노력한다면 충분히 커버 가능한 게 정규 과정이라고 생각하거든요. 얼마나 스스로 하려고 하는지, 얼마나 욕심을 가지고 꾸준히 하는지가 중요한 것 같아요. 그리고 저는 운이 좋게도 딱 이 시기에 그런 능력을 기를 수 있었어요.


**Q. 초등학교에서 중학교로 올라가면서 마음가짐은 어땠나요? 중학교에 가서도 열심히 해야겠다는 생각이 이어졌나요?**

**A.** 저는 항상 '부끄럽지 말자.'였던 것 같아요. 영재교육도 받았고 학교에서 성적 좋기로 유명한데 갑자기 뒤쳐지면 부끄러울 것 같았거든요.

그리고 중학교 입학 후에 학교에서 전교생 대상으로 IQ 테스트를 했었어요. 그런데 결과가 전교에서 가장 높은 수치로 나왔었고, 그 뒤로 선생님들의 시선이 달라지는 게 느껴지더라고요. 저를 따로 불러서 "너는 좋은 고등학교에 갈 수 있다. 그러니까 지금부터 준비를 하자."라고 하시더라고요. 특별 관리라면 특별 관리인데, 막 드라마처럼 엄청난 게 있었던 건 아니고, 어떻게 보면 일종의 압박이면서 동기 부여였던 것 같아요. '이만큼 너를 신경 쓰고 기대치를 가진 사람들이 있으니 열심히 해라.' 이런 거? 사람들의 눈빛이 달라지는 걸 경험했고, 그 기대감을 만족시키고 싶다는 욕심에 공부를 열심히 하려고 했던 것 같아요.

**Q. 중학교 때 성적은 어떤 편이었나요?**
**A.** 저는 그냥 꾸준한 편이었어요. 항상 전교 1등은 아니었지만 그래도 항상 전교 10등 안에는 들었고 잘하면 전교 2~3등 하는 수준? 반에서는 늘 1등이었던 것 같고요. 아 3년 내내 전교 1등을 놓치지 않던 친구랑 같은 반이었을 때 빼고!

**Q. 자사고나 특목고 같은 학교들을 준비하기도 했었나요?**
**A.** 앞서 말했던 선생님의 특별 관리 중 하나가 중학교 1학년 학생한테 가고 싶은 고등학교를 정해 오라고 하신 거였어요. 어릴 때니까 이 학교는 커리큘럼이 어떻고 합격자 배출 추이가 어떻고 이런 게 중요한 게 아니라 말 그대로 '가고 싶은 학교', '티비에 나온 예쁜 학교'. 정말 단

순하고 1차원적인 목표였어요. 중학생한테 좋아하는 드라마에 나왔던 학교라는 건 정말 대단한 동기 부여였죠. 그러다 보니 내가 좋아하는 드라마에 나온 그 학교를 가야 한다는 생각 하나로 공부도 열심히 하고, 생기부를 위해 소심한 성격을 이겨 내면서 학교생활도 정말 열심히 했던 것 같아요. 목표가 생기니까 노력을 하게 되더라고요.

그리고 그 준비 과정에서 정말 많은 걸 경험했어요. 청소년기에는 직접 겪어 보고 활동해 보는 걸로 꿈이나 목표가 크게 좌우되잖아요. 교내 활동을 하면서 자치법정이라는 활동을 접하게 되었어요. 그 전에는 법조인이라는 직업을 알고만 있었지 한 번도 하고 싶다고 생각해 본 적이 없었거든요. 그런데 막상 직접 자치법정 활동을 하면서 검사, 변호사가 되어 보고 법정의 중심에 서서 이야기를 하다 보니까 너무 재밌는 거예요. 그러면서 또 변호사가 되고 싶다는 꿈이 생겼어요. 변호사가 되려면 뭘 해야 하는지 정확히 알지 못했지만 막연하게 법조인은 '공부 열심히 한 사람'이라는 공식이 있잖아요. 그러니까 학생인 내가 현실적으로 할 수 있는 건 공부밖에 없다고 생각했어요.

이렇게 우연히 만나고 접했던 기회들 속에서 저는 공부의 동기를 얻고 꿈을 찾아갔던 것 같아요. 처음에는 막연히 주위의 기대감 때문에 공부를 했지만 천천히 정체성을 찾아가면서 목표 설정을 하고, 주체적으로 공부를 하게 된 거죠.

**Q. 살았던 지역이 비평준화 지역이었으니까, 고등학교 선택을 직접 했을 텐데 어떤 기준을 가지고 선택했나요?**

**A.** 일단 자사고 입시는 떨어졌어요. 사실 당연한 결과였어요. 당시에 제가 지원했던 학교가 공항 직원 자녀들을 대부분 우선 선발하고, 전국 단위 모집은 정말 극소수로 거의 하지 않던 학교였거든요. 그래서 더 담담히 받아들이고 일반고 진학 고민을 시작했죠. 저는 중학교 3학년 때부터 애초에 정시로 대학교를 갈 생각이 없었던 것 같아요. 자연스럽게 수시로 대학을 가기에 유리한 고등학교를 찾게 되었죠. 여러 학교들 입시 설명회를 가 보고 교장, 교감 선생님들도 만나 보고, 정말 많은 고민을 했어요.

**Q. 중학생이 그때부터 그런 생각을 해요?**

**A.** 저는 그랬던 것 같아요. 어느 순간부터 정말 좋은 교육을 받고 싶다는 생각을 했었거든요. 좋은 곳에서 내 지적 호기심을 충분히 채워 줄 재밌고 좋은 교육을 받고 싶다. 그러다 보니까 내 인생을 행복하게 만들어 줄 좋은 대학에 가기위한 전략을 빨리 짜는 게 좋겠다고 생각을 했어요.

**Q. 수시를 선택했던 이유가 있나요?**

**A.** 고입 준비를 하면서 자연스럽게 저는 중학교 3년간 학교생활을 하면서 즐거웠던 게 생각이 났고, 그럼 나는 교내 활동과 성적을 모두 챙

길 수 있는 사람이라는 판단이 내려졌던 것 같아요. 일관되게 모든 과목에서 성적이 좋았고, 저는 생기부와 성적을 병행하는 게 자신 있었어요. 중학교 생활을 하면서 그런 교내 활동들이 너무 재밌었고 좋았거든요. 그래서 수시를 선택하게 된 거죠. 재밌게 대학에 가고 싶었어요. 저한테 대학은 더 좋은 교육과 미래를 위한 수단이었지 최종 목표는 아니었거든요. 그 과정에서 너무 힘들거나 지치고 불행하고 싶지 않았어요.

**Q. 수시도 사실 현실적으로 교과 성적이 중요하잖아요. 중학교에서 고등학생으로 올라가는 겨울 방학 때 했던 준비가 따로 있나요?**

**A.** 일단 학업적인 부분보다, 고등학교 생활 전반에 대한 컨설팅을 받았어요. 단기적으로 1, 2회 정도? 막 하나하나 다 짜 주는 게 아니라 대략적인 고등학교 생활의 방향성을 잡아 주고, 고등학교 가서 어떤 걸하게 될 거고 어떤 거에 집중을 해야 하는지 미리 알려주는 상담 느낌이었어요. 그러다 보니까 자연스럽게 고등학교 생활 전반에 대한 예상을 하고 어느 정도의 계획을 세우면서 입학할 수 있었던 것 같아요. 내가 3년 동안 어느 정도 성적을 유지해야 하고 어떤 활동을 언제 얼 만큼 해야 할지 머릿속으로 직접 그려 보고 입학하게 된 거죠.

그리고 학원에서 하는 윈터 특강 이런 걸 좀 활용했어요. 앞서 말한 것과 같은 맥락으로 일종의 경험이었는데, 특강에서는 겨울 방학 약 2달간 고등학교 때 배우게 될 내용들을 선행하잖아요. 저도 당시에 들으면서는 도대체 이게 다 뭔 소린가 싶었어요. 이해도 하나도 안 가고 낯설고 생소하고. 그런데 그걸 배우고 들어가니까 입학 후에 훨씬 수월한 게 그때 체감되더라고요. 어떻게 보면 복습하는 거니까 이해도 더 빠르고, 남들보다 시간도 덜 투자해도 되고. 그러니까 다 이해를 못하고 문제를 못 풀어도 미리 배우고 맛보고 들어가는 게 정말 도움이 되는 것 같아요. 그냥 경험해 보는 거.

전반적으로 고등학교 때 생각보다 어려운 걸 배우고 많은걸 하게 되겠구나라는 사실을 겨울 방학에 인지를 하고 좀 각오를 하고 입학을 하게 됐던 것 같아요. 내가 어떤 부분에서 부족한지도 좀 깨닫게 되고요.

**Q. 그렇게 준비를 하고 고등학교에 딱 갔잖아요. 어땠나요?**

**A.** 저는 고등학교를 수석으로 입학을 한 상태여서 애초에 교장, 교감 선생님을 비롯한 모든 선생님들과 학생들의 관심이 좀 쏠려 있는 상태였어요. 교실에 들어오는 선생님들마다 "네가 걔구나?" 이런 말을 하셨으니까요. 그러다 보니 압박이 좀 심했어요. 그래서 첫 시험을 정말 열심히 준비했죠. 그리고 1등을 했어요. 그런데 그러고 나서 약간 긴장을 놔 버렸어요. 이 정도만 하면 되는구나? 하는 자만심에 기말고사에 좀 떨어진 거죠. 1학년 1학기에는 그런 기복이 살짝 있었어요.

**Q. 기말고사에서 성적이 떨어지고 기분이 어땠나요?**

**A.** 저한테는 정말 청천벽력 같은 일이었어요. 저는 수시로 학교를 갈

생각이었으니까, 입학 전부터 계획이 있었거든요. 1.0으로 내신 등급을 맞추고 졸업하는 거. 그런데 1학기부터 거기서 멀어지게 생겼잖아요. 정말 말 그대로 멘붕이었어요. 그리고 전교 1등을 뺏기니까 자존심도 엄청 상하더라고요 정말. 그리고 나서 진짜 열심히 해야겠다고 마음을 다잡았어요.

### Q. 그럼 2학기는 어땠어요?

**A.** 경험을 통해서 마음을 다잡고, 그 후에는 계속 잘했던 것 같아요. 그리고 컨설팅이나 제 스스로의 고민을 통해서 나름대로의 기준을 다시 세우게 됐어요. 성적도 성적이지만, 일단 성적은 일정 수준 이하로만 절대 안 떨어지게끔 유지를 하되, 대신 생기부, 그러니까 비교과 영역을 정말 열심히 채우려고 세부 목표를 다시 세웠던 것 같아요. 전교 부회장 같은 학생회 활동부터 정규 동아리, 자율 동아리, 학교에서 하는 대회나 봉사 활동까지 정말 단 하나도 안 빼놓고 활동에 다 참여했어요.

### Q. 교과와 비교과 활동 사이의 밸런스를 맞추는 게 어렵지 않나요? 결국 교과 공부를 할 시간을 빼서 비교과 활동을 해야 하잖아요. 시간 분배를 어떻게 했나요?

**A.** 잠을 줄이는 것밖에 없었던 것 같아요. 안 놀고 안 자는 것? 고3 때를 생각해 보면 매일 독서실에 가서 새벽 2시쯤 집에 왔고 일어나서 학

교 가고 이런 생활의 반복이었던 것 같아요. 그리고 주말에는 매주 봉사 활동을 했고요. 저는 노는 걸 정말 너무 좋아하거든요. 그래서 비교과 활동을 노는 시간이라고 생각했던 것 같아요. 어쨌든 교과는 아니니까. (웃음) 친한 친구들이랑 같이 대회에 나가고, 개인적으로 참여하는 활동들도 굉장히 즐기면서 재밌게 했어요. 봉사에서도 가치를 찾으려고 진심을 다했고요. 차라리 비교과가 더 재밌으니까 거기서 스트레스를 풀었던 거죠.

**Q. 고등학교 2학년 때는 어땠나요? 아무래도 1학년 때 보다는 학업량이 늘어나잖아요. 학년이 올라가면서 마음가짐이나 각오가 있었나요?**

A. 1학년에서 2학년으로 올라가면서 이제 난 예비 고3이다! 라는 생각을 많이 했어요. 그만큼 긴장도 하고. 고3이 아니라 '예비' 고3인거죠. 저한테는 그 마음가짐이 좀 컸어요. 특히 고2 생활이 중요했던 게, 고3 때는 비교과 활동을 거의 할 수 없잖아요. 그러니까 막판 스퍼트 느낌으로 모든 걸 다 쏟아서 교과와 비교과 활동 사이의 밸런스를 더 잘 맞춰야 했어요. 학업량이 늘어난 만큼 비교과도 더 많이 집중해서 해야 했거든요. 지금 입시와 결이 좀 다르긴 해요. 제가 입시를 할 때까지만 해도 수상기록에는 3년간 받았던 모든 상이 싹 다 기록됐고, 독서 부분에도 모든 책이 종류별로 입력 가능했거든요. 봉사 활동도 마찬가지. 말 그대로 '다다익선'이었어요. 그러다 보니 끝이 없더라고요. 정말.

**Q. 그럼 고2 때 비교과적인 활동을 더 많이 했던 건가요?**

**A.** 그렇죠. 제가 귀찮은 걸 싫어해서 정말 효율을 극단적이게 중요시하는 사람이거든요. 그래서 효율적으로 많은 양의 비교과 활동을 소화하려고 전략을 짰어요. 저는 교과 성적도 챙겼어야 하니까 비교과 활동에서 최소한의 시간투자로 최대한의 결과물을 얻어 내려고 노력했던 것 같아요. 방송부 활동을 예로 들어 보자면, 1학년 때는 좀 보조적인 역할과 일을 배워 가는 느낌이 강했다면, 2학년이 되어서는 저희가 주축이 되어 생기부에 적힐 활동들을 직접 만들어서 채울 수 있었어요. 동아리 부장 제의가 왔지만 저는 성적을 챙겨야 하니 그 정도의 시간 투자는 어렵겠다고 판단을 하고 차장을 선택해서 동아리 내 주도적 역할을 하되, 교과를 챙길 시간 모두를 잡으려고 했어요. 또 전교 회장 선거에 나가는 대신 학생회 부장 활동을 선택했고요. 1학년 때 이미 전교 부회장 스펙을 쌓아 놨으니 필요가 없다고 생각했거든요. 비교과 활동의 결과물과 교과를 챙길 시간을 동시에 확보하려고 노력한 거죠.

**Q. 그럼 비교과 활동은 최대한 재밌어 하는 걸 하는 게 좋겠네요?**

**A.** 그렇죠. 그런데 저는 앞서 말했다시피 그냥 다, 많이 했어야 하는 입장이었던지라 최대한 재미없는 것들도 재미있게 즐기려고 노력을 많이 했어요. 사실 하고 싶은 것만 할 수는 없었거든요. 재미없는 활동들도 좋아하는 친구들과 같이 하면 재밌었어요. 저 같은 경우에는 정규동아리를 방송부를 하고, 생기부를 채우기 위해서 자율동아리를 직

접 만들었어요. 그 동아리를 친구들이랑 함께 만들어서 했거든요. 그러니까 동아리 활동 자체가 '단순히 생기부를 위한 부담스러운 일'이 아니라 친구들이랑 모여서 수다도 떨고 같이 뭔가를 해 나가는 '재밌는 일'이 된 거죠. 시사토론동아리였는데, 동아리 시간이 되면 친구들이랑 모여서 신문에서 본 주제를 몇 개 던져 놓고 열심히 토론을 해요. 저한테는 그 시간이 그냥 친구들이랑 수다 떠는 즐거운 시간으로 느껴지도록 했던 거예요. 그런데 막상 자소서나 생기부에 쓸 내용들은 정말 많았거든요. 그러니까 비교과 활동을 더 적극적이고 재밌게, 효율적으로 잘 활용하게 되는 거죠.

그리고 비교과 부분은 어느 방향으로나 활용 가능한 것들 위주로 많이 만들어 나갔어요. 나중에 자소서를 쓰거나 면접을 준비할 때 이용하기 좋도록. 일단 저는 고등학교 1학년 때부터 고등학교 3학년 때까지 생기부에 적힌 꿈이 다 달랐어요. 보통 그걸 통일시키는 게 정석이라고 하잖아요. 그런데 저는 각각 꿈의 변화를 이어 줄 만한 다리가 될 소재, 명확한 스토리가 있다면 장래희망이 다 달라도 아무 상관없다고 생각해요. 그 인과관계가 명확하다면 오히려 자신의 성장과정을 더 명확하고 독특하게 보여 줄 수 있거든요. 그리고 그 연결고리나 스토리가 되어 줄 소재들을 비교과 활동에서 찾는 거죠.

**Q. 그런 생각을 스스로 했던 거예요?**

A. 그렇죠. 아까 말씀드렸다시피, 고등학교 입학 전에 학원이나 컨설

팅을 통해서 고등학교 생활을 미리 봤잖아요. 그러니까 내가 어떤 식으로 고등학교 생활을 해 나가야 할지 계획을 세우고 시작을 할 수 있었던 거예요. 그 덕에 학교생활을 하는 내내 목표가 뚜렷했고, 덜 헤맸던 것 같아요.

### Q. 사실 그런 생각을 한다고 해도 실천하기가 쉽지 않잖아요.

**A.** 맞아요. 그래서 특히 대입, 그러니까 고등학교 과정은 정말 의지력 싸움이라고 생각해요. 계획은 누구나 세울 수 있어요. 사실 성적이 좀 낮은 친구들도 어떤 게 공부에 도움이 되고, 뭐가 맞는 방향인지 다 잘 알아요. 얘기를 많이 들으니까 다들 이론은 정확한 거죠. 다만 그걸 얼만큼 어떻게 의지를 가지고 실천하냐의 차이인 것 같아요.

### Q. 2학년 때 공부하면서 힘들었던 건 뭐가 있었나요?

**A.** 수능 최저를 맞춰야 했고, 수능 공부에 더 많은 시간을 쏟아야 했어요. 필요한 시간이 몇 배로 늘어난 거죠. 그런데 결국 고등학교에서 배우는 것도 수능에서 다루는 것들이고 내신과 수능이 전혀 연관이 없다고 생각하지 않았어요. 그래서 시간을 좀 더 효율적으로 써야 하니까, 학교 수업, 그러니까 내신 공부를 수능 준비와 함께 갈 수 있게 하려고 노력했어요. 수능 공부 하면서 모르는 걸 학교 선생님을 적극 활용해 질문하고, 수능 인강 듣는다는 생각으로 학교 수업을 듣고. 왜냐하면 학원이나 독서실에 있는 시간에 비해 학교에 있는 시간이 가장 길잖아

요. 그 시간을 정말 잘 써야겠다는 생각이 들더라고요.

**Q. 그럼 그렇게 고3으로 넘어가는 겨울 방학에 특별히 준비한 게 있었나요?**

A. 저는 내신의 경우 시험 전 2~3주만 열심히 하면 충분하다고 생각해서, 그 겨울 방학에는 오로지 수능에만 올인했던 것 같아요. 정확히 몇 시간씩 공부를 했는지는 기억이 안 나지만, 정말 매일 독서실에 갔어요. 독서실도 친구랑 같이 다녔는데, 친구랑 같이 밤에 독서실에서 제일 늦게 마지막으로 나오면 또 그게 그렇게 뿌듯했거든요. 왜 그런 거 있잖아요, 내가 이 독서실에서 공부를 제일 잘하는데 제일 늦게까지 남아 있는 것도 나네? 그렇게 소소하게 즐거움이나 뿌듯함, 좋은 감정들을 찾으면서 지치지 않고 꾸준히 매일매일 제 하루 루틴을 지키려고 노력했어요.

그리고 확실히 학원이나 학교에서 뭔가를 배우는 것도 물론 중요하지만, 가장 중요한건 혼자 온전히 스스로 공부하는 시간이거든요. 오로지 나한테 집중해서 공부를 해야 내 약점이 뭐고 강점이 뭔지 명확하게 파악이 되고 훨씬 높은 집중도와 효율로 그걸 해결해 나갈 수 있어요. 그래서 독서실에 앉아서 혼자 공부하는 시간을 최대한으로 늘리려고 노력했죠. 평일에는 내내 혼자 공부하면서 모르겠거나 질문할 것들을 모아 놓고 주말 이틀 동안 학원을 몰아서 가면서 모르는 걸 배우고 질문들을 해결하는 거예요. 혼자 스스로 공부할 수 있는 시간을 확보하는 게 제일 중요해요.

공부라는 여정

**Q. 혹시 고3 때 슬럼프는 따로 없었나요?**

A. 저는 슬럼프가 좀 자주 오는 편이었어요. 한 번 크게 오는 게 아니라 얕게 자주 오니까 슬럼프가 와도 '아, 또 왔네.' 이런 느낌이었어요. 그래서 그걸 슬럼프라고 크게 생각안 하고 평소보다 조금 우울한 기간 정도로 생각했던 것 같아요. 그런 시기가 오면 그 스트레스도 독서실이나 그 주위에서 풀었어요. 스트레스가 막 감당하기 힘들 정도로 쌓이면 일단 독서실에 가요, 그런 다음에 가방만 던져두고 친구랑 독서실 건물에 있는 노래방이나 카페를 갔어요. 그리고 다시 독서실로 돌아와요. 또 뭐 좋아하는 것들을 사 모은다던가. 시간 투자가 적은 자잘한 것들을 통해서 풀었던 것 같아요. 제가 정해둔 루틴에서 많이 벗어나지 않으려고 했어요. 스트레스도 그 안에서 풀려고 한 거죠.

딱 노력한 만큼 결과가 나오는 게 공부라는 걸 느껴서, 그 마음가짐으로 수능까지 달렸죠. 밥도 독서실에서 먹고 낮잠도 독서실에서 자고, 쉬어도 독서실에서 쉬었어요. 독서실에서는 잠들어도 일어나서 바로 또 공부를 할 수 있잖아요.


**Q. 그럼 이제 고3 1학기 생활을 마무리하면서 이 정도면 만족스럽다라는 생각이 들었나요?**

A. 네, 수시를 준비하면서 교과와 비교과를 모두 잡은 것 치고는 나쁘지 않다고 생각했어요. 내신도 1.25 정도로 당시 높은 편이었으니 사실 꽤 만족했던 것 같아요. 그리고 비교과 활동을 하면서 성적이나 학

업을 떠나 인간적으로 배운 것들이 정말 많았거든요. 조금 더 성숙해
질 수 있었어요. 그리고 일단 그렇게 괴롭지 않았어요. 행복하고 즐겁
게 학교생활을 했다는 게 가장 뿌듯했던 것 같아요. 3년을 돌아보니
즐거웠던 추억들이 참 많더라고요.

**Q. 여름 방학 때는 어떤 걸 했나요?**
A. 저는 수시로 학교를 갈 예정이었으니 그때는 자소서를 중심으로 마
무리를 계속했고, 면접 같은 수시 전형 준비를 좀 했죠. 최저가 있으니
까 수능 공부도 일정 부분 시간 투자를 했고요.

**Q. 수시는 어떻게 준비하는 게 좋을까요?**
A. 특히 요즘 수시는 많은 부분이 축소, 간소화되었더라고요. 선택을
정말 잘해서 자기를 돋보이게 할 수 있는 생기부를 꾸며 나가야 할 것
같아요. 그리고 무엇보다 내신의 중요성이 더욱 높아질 것으로 보여
요. 워낙 생기부에서 보는 부분이 줄어들었기 때문에 사실상 내신 반
영 비율이 높아질 것 같은데, 그렇다면 제가 했던 다다익선보다는 과
유불급 전략이 낫겠죠? 적당히 학교생활에 투자하고 내신 성적을 놓
치지 않기 위해 노력하는 게 좋아 보입니다. 이제는 양이 문제가 아니
라 활동의 질을 보겠다는 거죠. 하나를 하더라도 더 나은 것.
또한 자소서가 폐지되고 생기부가 축소된 대신 그 역량을 면접에서 확
인하려고 할 가능성이 높아요. 사실 면접은 자소서처럼 준비하고 첨삭

한다고 단기간에 늘지는 않거든요. 평소에 잘 기억해 두고 메모해 두고 그 생생한 기억들을 활용하는 게 효율적일 것 같아요. 그리고 수상 실적이나 독서 기록을 보지 않는 것으로 보아서는 남들 다 하는 것 말고 정말 나만의 독특한 무언가가 필요해졌어요. 단순히 상을 많이 받고 책을 많이 읽은 게 더 이상 우수한 학생의 지표가 아니라는 거죠. 말 그대로 '창의적'인 체험 활동들을 하고, 학생기록부 세특 관리 잘하시고, 그러니까 평소 행실을 바르게 늘 열심히 잘 챙기고. 면접에 강조점을 두어 효율적으로 준비하는 게 현명한 수시 준비일 것 같습니다. 제가 입시를 치렀을 때와 정책적으로는 많은 게 바뀌었지만, 열심히 하면 좋은 결과를 얻는다는 사실은 언제나 바뀌지 않으니까요.

## Q. 면접을 준비하기 위한 팁이 있나요?

A. 우선 그 본인 학생기록부의 전체 내용과 특징, 나의 고등학교 학창 시절을 명확하게 꿰고 있는 게 중요해요. 몇 페이지에 무슨 내용이 있고 이런 걸 외우라는 게 아니라, 돋보이는 정확한 스토리 라인을 알고 있어야 하는 거죠. 1학년 때 장래 희망이 뭐였는데 어떤 비교과 활동을 통해서 변화가 생겼고, 그 과정에서 뭘 느껴서 2학년 때 꿈이 어떻게 바뀌게 된 건지, 이런 식으로 기승전결이 완벽하게요. 자기 학생부를 많이 읽어 보고 그 당시에 어떤 걸 느꼈는지 회상해 보면서 그 연결고리들을 떠올리는 게 중요해요.

그런 맥락에서 다이어리나 메모하는 습관이 정말 중요하다고 생각해요. 글로 쓰면서 미리 정리해 두는 습관. 저 같은 경우에는 1학년 시작과 함께 일부러 학교생활이나 기타 일상생활을 하면서 문득 문득 떠오르는 것들, 느낀 점들을 그냥 수시로 적어서 모아 뒀어요. 내가 A라는 비교과 활동을 하면서 뭘 느꼈고, 뭘 배웠고, 그 과정에서 뭐가 힘들었고 이런 것들을요. 소재를 축적하는 거죠. 그리고 실제로 고3 때 자소서를 쓰면서 이 모든 것들이 제 글감으로 활용됐어요. 꼭 글감이 되지 않더라도 나중에 그 당시를 생생하게 떠올리는데 또 도움이 되거든요. 이제는 자소서가 폐지되지만, 그렇다는 건 생기부에서 다른 부분들을 더 꼼꼼하게 보고 면접의 비중을 확대하겠다는 거잖아요. 고3 때는 시간 분배를 잘하는 게 정말 중요한데, 미리미리 생기부 내용을 파악해 두고 있으면 면접 준비에 엄청나게 시간 절약을 할 수 있는 거죠.

그리고 사전에 꾸준히 글을 쓰면서 그 활동들이 이미 스스로한테 복습하듯이 체화가 되었기 때문에 면접이 정말 수월해져요. 경험한 일을 내가 직접 요약 정리해서 느낀 점까지 적어 두고, 시간이 지난 뒤에 그걸 다시 한번 읽어 보면서 준비를 하게 되잖아요. 면접 보러 가서도 그냥 하나의 재밌는 경험담을 풀듯이 편하게 말하게 되는 거죠. 저는 실제로 면접관과 주어진 시간 동안 수다 떤다는 느낌으로 면접을 보고 나왔어요. 웃으면서 그때의 감정을 공유하고 여유가 생기더라고요. 진짜 내 경험이고 내 감정이잖아요.

공부라는 여정

**Q. 과는 왜 사회학과를 선택하게 됐나요?**

**A.** 제가 중학교 때부터 친했던 언니가 있어요. 딱 1살 차이인데 저한테는 선생님 같은 존재였어요. 제가 고3이었고 언니도 대학교에 입학을 해서 학교생활을 좀 하던 시기에 고등학교로 학교랑 과 설명을 하러 온 거예요. 사실 그냥 친한 언니니까 얼굴 보러 저도 들으러 갔어요. 그 당시에는 사회학과라는 과가 있는지도 몰랐고 뭘 배우는지는 당연히 몰랐어요. 그런데 설명하는 걸 들으면 들을수록 제가 관심 있고 재밌어 했던 모든 것들을 다 다루고 있더라고요! 사회 전반에 대한 관심이 원래 많았고 그 현상들을 분석하거나 고민하는 걸 좋아했어요. 사회학과라는 과를 알기 전에는 그런 공부를 할 수 있는 과가 없는 것 같아서 고민이 정말 많았거든요. 그래서 더 애착이 갔고 결국 사회학과만 6개를 수시에 쓰게 됐어요.

이런 식으로 평소에 과나 학교를 접할 기회를 많이 잡는 게 중요한 것 같아요. 주위에 물어볼 사람이 있다면 적극 활용하는 것도 정말 좋고요. 같은 맥락으로 학생 때 이화여대의 탄핵 시위를 보면서 학교 자체를 동경하게 되었었어요. 저런 학생들, 교수님들과 함께 공부하면 얼마나 행복할까 싶더라고요. 단순히 남들이 말하는 입결 좋은 과, 입결 좋은 학교를 떠나서 내가 공부하고 싶은 곳과 내가 공부하고 싶은 전공을 골랐어요. 앞서 말했듯이 저한테 대학은 더 나은 나를 위한 수단이었지 목표가 아니었거든요.

**Q. 합격자 발표가 난 뒤에는 어땠나요?**

**A.** 아직도 정말 생생해요. 해외여행을 마치고 딱 한국에 입국한 날이었거든요. 세상에서 가장 벅차고 행복한 순간이었던 것 같아요. 엄청 울기도 했고. 더 그럴 수밖에 없었던 게, 심지어 가장 가고 싶었던 학교였어요. 지원했던 서울대, 연대, 고대 다 너무 좋은 학교들이고 정말 가고 싶었던 학교들이지만 앞서 말했던 이유로 이대에서 꼭 공부를 하고 싶었거든요. 겉으로는 떨어지면 재수해서 다시 도전하지 뭐, 하면서도 속은 그게 아니잖아요. 주위에서 남들은 다들 "예비 2번이면 그냥 이미 붙은 거다~." 이렇게 얘기하는데 당사자는 왠지 내 앞사람은 안 빠질 것 같고, 괜히 불안하고 그렇더라고요. 합격 확인을 한순간 머릿속으로 중학교나 고등학교 때 학교생활하고 독서실 다녔던 기억들이 다 스쳐 지나가는 거예요. 그러다보니 새삼 감사한 분들도 너무 많아서 울면서 합격했다고 감사 전화를 돌렸던 것 같아요.

**Q. 그럼 입시를 다 끝낸 입장에서 봤을 때, 대입 과정에서 제일 중요한 게 뭐라고 생각이 드나요?**

**A.** 물론 가장 예민할 시기고 너무 힘들겠지만 책임감을 가지고 긍정적으로 생각하는 게 제일 중요한 것 같아요. 과정을 즐기는 것도 중요하고요. 시험을 한 번 못 봐도 그 충격에서 빠져나오지 못해 그다음 시험까지 망치는 것보다는 이미 지나간 일이니, 그다음 시험을 더 열심히 준비해서 그 전 시험에 대한 책임을 지는 게 낫잖아요. 성적이 떨어

공부라는 여정

져도 이걸 계기로 다음 시험은 더 잘 보겠다는 다짐을 하는 거죠. 내가 스트레스를 받고 있다는 건 그 결과가 이미 나왔거나 해결이 안 되고 있다는 거니까 이미 지난 일이라는 거잖아요. 힘들어하거나 우울해한다고 해결되는 건 아무것도 없거든요. 에너지를 힘들어하는데 쓰는 게 아니라, 내가 저지른 결과물을 책임지기 위해 효율적으로 사용하는 게 나아요. 내가 컨트롤 할 수 있는 것만 하는 거죠. 후회를 해 봤자 시간을 되돌릴 수는 없잖아요. 거기서 배울 점이 있었다고 생각하고 오히려 좋은 기회, 발판이라고 생각하며 앞으로 나아가야죠. 과거의 내가 망쳐 둔 건 지금의 나와 미래의 내가 책임져야 해요.

## Q. 마지막으로 꼭 해 주고 싶은 말이 있나요?

A. 중·고등학생 친구들이 공부하기 어려워하는 가장 큰 이유가 하고 싶은 게 없어서라고 생각해요. 하고 싶은 게 없으니까 뭘 위해서 지금 당장 힘든 공부를 해야 하는지 필요성을 못 느끼고 의지가 안 생기는 거거든요. 그런데 그런 생각을 했으면 좋겠어요. 지금 내가 하고 싶은 게 없다고 아무것도 하지 않아 버리면, 미래의 내가 선택할 수 있는 일의 폭이 정말 좁아져요. 반대로 지금 좀 힘들더라도 좀 열심히 해 두면 선택지가 끝도 없이 많아져요. 저는 꿈이 정말 많았고 지금도 많거든요. 하고 싶은 게 너무 너무 많아요. 그렇게 많은 하고 싶은 일들 중에 나중에 가장 하고 싶어질 일을 잘 선택하기 위해서는 지금 공부를 하고 그 선택을 할 수 있는 베이스를 만들어 둬야 해요. 언젠가는 분명

원하는 일이 생길 텐데, 그런 미래의 나에게 선택지를 주기 위해 중고등학생의 신분에서 할 수 있는 가장 큰 저금이자 투자인 공부를 하는 거죠. 저는 그 덕에 지금 원하는 학교에 와서 원하는 공부를 하고 있는 것 같아요. 그러니까 지금 당장 하고 싶은 게 없어도 괜찮아요. 현실에서 할 수 있는 것에 최선을 다하면 돼요.

각기 다른 학생들을 인터뷰를 진행하면서 몇 가지 공통점을 발견했습니다. 첫째는, 각자 다르긴 하지만 본인들만의 확실한 공부에 대한 철학이 있었다는 것입니다. 수많은 시행착오를 거치며 자신에게 가장 맞는 자신만의 공부에 철학을 확립하여 본인만의 공부법을 완성했습니다. 둘째는, 확실한 목표 의식을 가지고 있었습니다. 본인이 무엇을 하고 싶은지를 명확하게 알고 있었고, 그 목표를 위해 입시라는 과정을 반드시 통과해야 하는 과정으로 인식하였습니다. 셋째는, 어려움을 극복하는 의지입니다. 영어에 'resilient'라는 단어가 있습니다, 한국말로 하면 '회복 탄력성이 있는' 정도로 번역할 수 있습니다. 인터뷰에 응했던 학생들은 공부를 하는 과정 속에서 여러 가지 어려움이 발생했을 때, 그 어려움에 굴복하지 않고 주어진 상황 속에서 어떻게든 이겨내려는 마음가짐이 강했습니다. 넷째는, 공부를 하면서 본인이 무엇을 알고 있고, 무엇을 모르고 있는지에 대한 정확한 판단을 했습니다. 그리고 그 판단을 기반으로 자신이 모르는 것들을 하나하나 채워 나가는 과정을 반드시 거쳤습니다. 마지막으로, 프로 의식(profesionalism) 입니다. 분야를 막론하고 어느 한 분야에 종사하며 그 분야에서 두각을 나타내기 위해 온 힘을 다해 최선을 다하는 사람들을 우리는 '프로'라고 부릅니다. 인터뷰를 진행하면서 만났던 모든 학생은 '공부하는 것'을 자신들이 두각을 나타내야 할 분야로 인식했습니다. 그리고 공부라는 분야에서 두각을 나타내기 위해 마치 프로 야구 선수들처럼 목표를 설정하고 훈련하고, 분석함으로써 자신들의 목표를 이루어 갔습니다.

앞에 언급한 공통점들은 무엇을 할 때마다 항상 발휘되는 각자 개인이 가진 타고난 성향일 수도 있고, 자라 오면서 주변의 환경에 의해 형성된 습관일 수도 있습니다. 그리고 모든 이들에게 적용될 수 있는 일반화된 요소는 아닐 수 있습니다. 하지만, 입시에서 어느 정도 성과를 낸 서로를 모르는 12명의 학생에게서 공통적으로 찾아볼 수 있다는 점에서는 한번 생각해 볼 가치가 있다고 봅니다.

자신 처한 상황에서 최선을 다하며 성과를 이룬 훌륭한 젊은이들을 만나며 인터뷰하는 과정 속에서 저 역시 삶의 교훈과 지혜를 얻을 수 있었습니다. 혹시, 이 책에 서술된 내용을 부적절하게 여기시는 분이 있다면 그건 전적으로 인터뷰를 글로 옮기는 과정에서 범한 저의 잘못입니다. 인터뷰에 응한 학생들은 모두가 진지하게 그리고 진솔하게 자신들의 공부 이야기를 해 주었습니다. 책을 읽으시면서 불편함을 느끼셨다면 넓은 이해와 양해 부탁드립니다. 이 책에서 언급된 내용들이 부디 공부에 대한 방향성을 찾는 모든 분들에게 조금이나마 도움이 되길 소망합니다.

치열했던 12인의 대학 입시 이야기

# 공부라는 여정

ⓒ 유청훈 · 최미선, 2023

초판 1쇄 발행 2023년 7월 18일

지은이      유청훈 · 최미선
펴낸이      이기봉
편집        좋은땅 편집팀
펴낸곳      도서출판 좋은땅
주소        서울특별시 마포구 양화로12길 26 지월드빌딩 (서교동 395-7)
전화        02)374-8616~7
팩스        02)374-8614
이메일      gworldbook@naver.com
홈페이지    www.g-world.co.kr

ISBN    979-11-388-2135-3 (03370)

- 가격은 뒤표지에 있습니다.
- 이 책은 저작권법에 의하여 보호를 받는 저작물이므로 무단 전재와 복제를 금합니다.
- 파본은 구입하신 서점에서 교환해 드립니다.